新编21世纪
高等职业教育精品教材
旅游大类

邮轮餐饮服务与管理

主　编　王　昭
副主编　杜金玲　顾燕云
　　　　钱茜璐　张水芳

中国人民大学出版社
·北京·

图书在版编目（CIP）数据

邮轮餐饮服务与管理 / 王昭主编. -- 北京 : 中国人民大学出版社, 2024.10

新编21世纪高等职业教育精品教材. 旅游大类

ISBN 978-7-300-32437-1

Ⅰ. ①邮… Ⅱ. ①王… Ⅲ. ①旅游船—饮食业—商业服务—高等职业教育—教材 Ⅳ. ①F590.7②F719.3

中国国家版本馆 CIP 数据核字（2024）第 016700 号

新编 21 世纪高等职业教育精品教材 · 旅游大类

邮轮餐饮服务与管理

主　编　王　昭

副主编　杜金玲　顾燕云　钱茜璐　张水芳

Youlun Canyin Fuwu yu Guanli

出版发行	中国人民大学出版社		
社　　址	北京中关村大街 31 号	邮政编码	100080
电　　话	010-62511242（总编室）		010-62511770（质管部）
	010-82501766（邮购部）		010-62514148（门市部）
	010-62515195（发行公司）		010-62515275（盗版举报）
网　　址	http:// www. crup. com. cn		
经　　销	新华书店		
印　　刷	北京密兴印刷有限公司		
开　　本	787 mm × 1092 mm　1/16	版　　次	2024 年 10 月第 1 版
印　　张	13.75	印　　次	2024 年 10 月第 1 次印刷
字　　数	297 000	定　　价	45.00 元

前言
PREFACE

党的二十大报告指出，“发展海洋经济，保护海洋生态环境，加快建设海洋强国”，这成为接下来我国政府的重点工作之一。在国家“海洋强国”“交通强国”的战略指引下，我国已建成世界级港口群，港口规模稳居世界第一。同时，我国在大力发展自主研发和制造大型邮轮的道路上不断精进和前行，推动了邮轮产业的快速发展。

由于邮轮旅行的环境特殊性，邮轮餐饮不同于岸上餐饮，在服务品质和管理方面有着更高的要求。本书作为“邮轮餐饮服务与管理”专业核心课程的配套教材，以培养新时代国际高素质服务技能人才为目标，以邮轮餐饮服务与管理岗位要求为导向，以职业岗位能力、职业基本素质培养和职业资格证书获取为要求，优化理实一体化教学。本书通过细化邮轮餐饮岗位的工作任务和工作过程，整理和分析符合岗位规范的服务流程、服务语言，并根据邮轮餐饮服务中的行业标准、真实场景，提供了“知识拓展”“业务链接”等板块，辅助“岗位小贴士”，让学习者能够及时了解邮轮工作的真实情景和业务资讯，从而为更专业地做好邮轮餐饮服务打下坚实的基础。另外，本书匹配已建成的国际邮轮乘务管理专业国家级教学资源库的“邮轮餐饮服务与管理”，该教学资源库采用生动的语言、真实的案例、形象的动画、海量的图片以及专业的技能实训，为学习者提供了多方位、多角度的知识获取通道。

本书共分为三个模块，即邮轮餐饮基础认知、邮轮餐饮服务和邮轮餐饮管理。这一教材结构安排的主要意图在于：其一，可以使内容的模块特点更加突出；其二，在进度方面力争由浅入深，形成循序渐进的梯度；其三，就全书而言，既可以做到三个模块分开使用，自成一体，又能整合使用，合三为一，形成一个完整的体系。十个项目包括：邮轮餐饮概述、餐饮服务基本常识、餐饮服务基本技能、餐饮服务方式及流程、邮轮酒水服务、邮轮特色餐饮服务、邮轮餐饮卫生与安全、菜单的设计与制作、厨房及餐饮原料管理和邮轮餐饮服务质量管理。每个项目下又分为若干个任务，每个任务涵盖案例引入、任务描述、任务准备、知识储备、任务实施、任务评价和思考练习等内容。本书重视培养学习者的学习能力，训练学习者的服务技能。“任务实施”环节中的任务设置能够使学习者通过特定情景的模拟训练，解决工作中可能会遇到的问题，灵活运用相应流程的服务技巧。本书清晰地展示了邮轮餐饮服务中各岗位的工作和服务技能，供学习者模仿和练习。

本书编写分工如下：项目一、项目二、项目三、项目四、项目六和项目八由浙江旅游职业学院王昭老师负责；项目五由杜金玲老师负责；项目七由钱茜璐、王昭老师负责；项目九由张水芳老师负责；项目十由顾燕云老师负责。

目前，针对餐饮服务与管理方面的教材有很多，但关于邮轮餐饮服务与管理的教材并不多。本书恰好可以填补这一类型教材的空白，具有较大的实用性。本书在编写的过程中得到了歌诗达邮轮、“鼓浪屿号”邮轮、“招商伊敦号”邮轮的大力支持与帮助，是高职高专酒店管理与数字化运营专业校企合作教材。

本书既可以作为邮轮专业餐饮服务与管理教学的学生指导用书，亦可以作为邮轮、酒店餐饮企业人员的培训和学习资料。

由于编者水平有限，书中难免有疏漏和不足之处，敬请各位专家和广大读者批评指正。

编者

目 录
CONTENTS

Module 1

模块一

邮轮餐饮基础认知

项目一 邮轮餐饮概述

项目描述

饮食文化与旅游文化是分不开的，邮轮旅游更是如此。在邮轮上，客人除了近距离与碧海蓝天深度拥抱、欣赏精彩纷呈的各种表演外，更可以享受到不同国度的舌尖诱惑、沉浸式体验别具特色的饮食文化。在邮轮上，美食与美景互为花叶、相得益彰，独具匠心的美食更为海上之旅增添了无与伦比的愉悦感受。本项目主要介绍了主要的邮轮餐厅类型、邮轮餐饮部的组织结构及岗位职责，分析了邮轮餐饮经营的特点。通过本项目的学习，学习者可以对邮轮餐饮及邮轮餐饮部有初步认识，能够熟悉和把握邮轮餐饮经营的各种特点，从而对邮轮餐饮工作环境、工作岗位有框架性的认知。

项目目标

知识目标

1. 掌握邮轮餐饮的概况、邮轮餐厅的类型及特点；
2. 理解邮轮餐饮经营的特点；
3. 掌握邮轮餐饮部的组织结构的设置，明确主要岗位的职责。

能力目标

1. 能够通过分析不同邮轮上餐厅的特点及经营特点，训练理解力和分析问题的能力；
2. 能够了解和掌握不同邮轮餐饮部的组织结构的设置及主要岗位的职责；
3. 能够把握未来邮轮餐饮工作的工作职责。

素养目标

1. 培养良好的职业道德和踏实的工作态度；
2. 培养良好的责任心和职业荣誉感。

任务一　认识邮轮餐饮

案例引入

餐饮是邮轮度假体验中最重要的元素之一。客人对于一艘邮轮的评价很大程度上取决于其在邮轮上是否享受到美食及良好的服务。这表现在三个方面：一是食物质量，这是由品种、配方和烹饪技术三个因素决定的；二是良好的个性化服务，餐厅侍应生的工作不仅是上菜、收盘以及对客人致以简单、程式化的问候，还要针对不同的客人提供个性化服务，让每位客人都有宾至如归的感觉；三是优美的用餐环境。一般而言，大型邮轮的载客量在 2 000 人以上，为这么多的客人提供餐饮服务是一项极为艰巨的任务。客人须在邮轮的主餐厅分批次用餐，如一艘邮轮可以容纳 3 000 人，那么每个批次应同时容纳 1 500 名客人用餐。与陆地上的 75～250 座的中型餐厅对比，邮轮每个用餐批次的接待量相当于 6～20 个中型餐厅的规模，即便是用作举办活动和仪式的酒店宴会厅，同时为 500 名客人提供服务也已经是极限了，而邮轮仅仅一个批次就是酒店宴会厅的 3 倍。

思考：邮轮是如何做到既满足客人美食享受的需求，又同时容纳这么多客人同时就餐的？

任务描述

通过本任务的学习，学生能够了解邮轮和邮轮餐饮的相关概念，并对邮轮上各类餐厅有初步认识。本任务要求学生了解并掌握邮轮餐厅的不同类型和特点。

任务准备

1. 收集邮轮及邮轮餐饮发展历程、现状等相关资料，包括教材、参考书籍、相关网络资料。

2. 成立学习小组，每组 5～8 人。各组成员观看相关视频、案例，完成课前思考任务。每组选出一名组长，由其负责任务的实施。

知识储备

“民以食为天”，饮食是人类赖以生存的重要的物质条件之一。人类饮食的发展同人类本身的发展一样历史悠久。它经历了由简单粗糙到复杂讲究、由蒙昧到文明的过程。饮食活动中的礼仪、礼节、观念和习俗也应运而生。

邮轮旅游始于 18 世纪末，兴盛于 20 世纪 60 年代。邮轮度假风潮是由欧洲贵族开创的。这种优雅、闲适、自由的旅游是欧美人最向往的度假方式之一。自从 2006 年 7 月，歌诗达邮轮首次开启以中国为母港运营的国际邮轮航线以来，邮轮旅游已越来越为国人所熟知，并逐渐走进寻常百姓家。

一、什么是邮轮

邮轮在国外已经有几百年的历史，曾经的“邮轮”是邮政部门专用的运输邮件的交通工具之一。在邮递服务的初期，洲际的邮递服务都是依靠邮务轮船将信件和包裹由此岸送到彼岸，彼时的英国轮船往往悬挂英国皇家邮政的信号旗。1850 年以后，英国皇家邮政允许私营船务公司以合约形式运载信件和包裹。这个转变，使一些原本只是载客船务公司旗下的载客远洋轮船摇身一变，成为悬挂英国皇家邮政信号旗的远洋邮务轮船，“远洋邮轮”一词便因此诞生。

后来，由于喷气式客机的出现，远洋邮轮渐渐丧失了它的载客、载货功能和竞争力；远洋邮轮的角色亦由邮轮演变为只供游乐的游轮。所以严格上来说，现在一些旅程或长或短的玩乐式邮轮由于丧失了运载信件和包裹的功能，已经不再是传统意义上的“邮轮”了。

现代邮轮是指海洋上的定线、定期航行的大型客运轮船。但它的功能不仅仅局限于运送客人，现代邮轮是与旅游紧密结合的。众所周知，旅游包括“食、住、行、游、购、娱”六大要素。从这个意义上说，现代邮轮不仅仅扮演“行”的角色，而且能够满足客人“食、住、游、购、娱”五个方面的全部需求。

二、认识邮轮餐饮

旅游活动的“食”这一要素，不是简单地满足客人的生理需求，而是在此基础上满足客人“猎奇”的心理，使其品尝到不同国家、地区的特色美食、风味小吃等。同样，在邮轮上，也不会仅仅满足客人一日多餐的需求，客人可以在旅程中享用丰富多样的各地美食。一般来说，邮轮上的餐厅主要有主餐厅、特色餐厅、快餐厅、自动餐厅、酒吧、咖啡厅。除此之外，邮轮餐饮服务还包括客舱送餐服务。

（一）主餐厅

邮轮上的主餐厅（宴会餐厅）是指能够同时容纳较多客人的规模较大的餐厅，一般只在晚餐时段开放。主餐厅主要是为客人提供固定餐位的一种宴会餐厅。如果客人人数过多，则会分时就餐，如将客人分成两批，分别在晚上 6 时和 8 时进餐。主餐厅也会为客人提供点餐服务。菜点以西餐菜品为主，每餐为客人提供一定品种的菜式，按照西餐方式服务，餐费及服务费用包括在船票价格中。

（二）特色餐厅

邮轮上的特色餐厅一般以某个国家或地区的特色菜点为主，为客人提供相应的特色美食和优雅的用餐环境体验。客人需要提前预订特色餐厅的餐位，菜点及酒水由客人自主选取，餐费及服务费不包括在船票价格中。虽然特色餐厅需要自费，但相对于陆地上的高档西餐厅来说，价格还是比较实惠的，特色餐厅会经常开展优惠活动。

（三）快餐厅

邮轮上的快餐厅即提供特色小吃的餐厅，提供简单的食品、饮料，价格相对较低。

（四）自助餐厅

邮轮上的自助餐厅是最受客人欢迎的餐厅之一。自助餐厅提供了各种各样的食品和饮料，客人可自助取用，非常方便。早、午、晚餐时段自助餐厅都会供应餐食，餐费包含在船票价格中。

（五）酒吧

邮轮上的酒吧是重要的娱乐和社交场所之一，是客人晚上放松、消遣的好去处。酒吧一般在晚上营业，酒水是额外收费的。

（六）咖啡厅

邮轮上的咖啡厅也是客人最喜欢去的地方之一。相对于酒吧的喧嚣，咖啡厅更适合喜欢安静的客人。咖啡厅为客人提供各种咖啡及小食品，也是单独收费的。

（七）客舱送餐服务

客舱送餐服务也是邮轮上为客人提供餐饮服务的一种方式，一般不收费，但菜式品种较少，服务时间也有限制。当客人需要客舱送餐服务时，既可以通过电话直接点餐，也可以用门把手菜单点餐。在有下船游览的活动的早上，各个餐厅都会人头攒动，这时客人如果提前订了客舱送餐服务，不失为一种明智的选择。

在邮轮上用餐是一种难得的享受。白天有各种不同的用餐选择，如在主餐厅、在甲板上的比萨店或者咖啡厅，这些只是其中的一部分。大多数邮轮在晚间提供多个用餐场所，某些餐厅提供 24 小时餐饮服务。在邮轮上，每一餐客人都会享受到各种风味的餐点，都是一次愉悦的美食之旅。

任务实施

1. 各组通过对邮轮餐饮相关资料的搜集和讨论，了解各邮轮公司和品牌的邮轮餐厅的相同点与各自的特色。具体步骤如下：

（1）通过课前预习掌握的资料、相关知识的介绍，设计表格并对比不同邮轮上的餐厅情况。

（2）每组分别选取 3 艘不同邮轮品牌旗下的邮轮（包括且不限于皇家加勒比国际游轮、嘉年华邮轮、MSC 地中海邮轮、爱达邮轮等）进行调研分析。

（3）汇总、整理、分析资料。

（4）制作汇报材料，包括分析报告、汇报 PPT、短视频等。

2. 以小组为单位，在课堂上汇报和展示分析结果。

任务评价

根据各组汇报情况，教师和学生共同讨论、评分。不同邮轮公司餐厅调查分析评价表如表 1-1 所示。

表 1-1

表 1-1　不同邮轮公司餐厅调查分析评价表

评价内容	评价标准	分值	组内自评（20%）	小组互评（30%）	教师评价（50%）	综合得分
完整性	内容丰富、完整	25				
专业性	材料真实、无专业术语错误	15				
时效性	材料数据具有时效性、有现实意义	15				
图文并茂	配以合适图片	15				
分析制作	资料翔实、报告完整、逻辑清楚、图文清晰	15				
团队精神	分工明确、协作完成	15				
合计得分：						
评分标准（100 分制）：81 ～ 100 分优秀；71 ～ 80 分良好；60 ～ 70 分合格；60 分以下不合格						

思考练习

【客观题（判断题）】

1. 邮轮的自助餐厅是免费餐厅。（　　）

2. 邮轮上的特色付费餐厅是不需要提前预订的。（　　）

3. 邮轮上的酒吧是重要的娱乐和社交场所之一，是客人晚上消遣、放松的好去处。酒吧一般在晚上营业，酒水是额外收费的。（　　）

4. 客舱送餐服务也是邮轮上为客人提供餐饮服务的一种方式，一般不收费，但菜式品种不多，服务时间也有限。（　　）

【综合题（简答题）】

请你谈谈邮轮主餐厅的特点有哪些。

知识拓展：皇家加勒比“海洋光谱号”——新升级的奢华美食体验

任务二　邮轮餐饮经营的特点

案例引入

邮轮上设有多个餐厅、多套菜系供客人选择。每天专业厨师都会精心设计菜品，烹饪别具风格的各式美味。邮轮上的生活几乎完全被“吃”串联起来：除早、午、晚三餐外，还有下午茶、夜宵及五餐之间的比萨、三明治、中式汤面和茶、咖啡、水果、茶点等不间断供应。客人尽情享受美食所带来的幸福之时，还会参与邮轮上的厨艺表演、鸡尾酒会、甲板餐会等活动。邮轮上用餐分为自助餐和正餐，邮轮为客人提供各式佳肴，多数是西餐。邮轮公司也会根据不同航线准备餐品，如亚洲航线除西餐外还会准备中餐、日本料理、印度菜等。

思考：上述案例中体现了邮轮经营的什么特点？你认为还有其他特点吗？

任务描述

由于海上旅游的特殊性，邮轮餐饮和酒店餐饮有诸多不同之处。通过本任务的学习，学习者能够了解邮轮餐饮和酒店餐饮的不同，熟悉邮轮餐饮经营的特点，从而对邮轮餐饮工作的性质、形式和要求等方面有框架性的基础认知。

任务准备

1. 通过查找和阅读邮轮餐饮相关资料、网站，了解和分析邮轮上的餐厅经营的特别之处，收集 4～5 个不同的邮轮品牌餐厅经营的特点。

2. 成立学习小组，每组 5～8 人。各组成员通过视频、网站和相关资料的收集和查阅，了解邮轮餐饮经营的特点。每组选出一名组长，负责工作任务的实施。

知识储备

一、客人相对固定

邮轮的每一个航次所搭乘的乘客就是邮轮餐厅所要服务的客人，所以说邮轮餐厅所面对的客人是相对固定的。客人相对固定的特点意味着邮轮餐厅必须给客人更多的选择。无论是就餐的形式，还是菜肴的种类，邮轮餐厅必须保证客人在整个航行中不会感觉单调、重复。

二、就餐形式多样

事实上，客人在邮轮上就餐是完全不会感觉到单调、重复的。邮轮上有主餐厅、特色餐厅、快餐厅、自助餐厅、酒吧、咖啡厅等多种场所，这些场所为客人提供各种各样的餐饮服务。如果你想享受浪漫的西餐，可以去特色餐厅；如果你想品尝更多的菜品，可以去自助餐厅；如果你不想走出客舱，也可以叫客舱送餐服务。

三、用餐时间集中

邮轮的日程表安排十分紧凑，各种各样的活动接连不断，完全可以满足不同客人的不同需求。如果客人想参与其中，邮轮上有运动项目、互动项目；如果客人只想欣赏，邮轮上有歌舞表演、最新的电影。最精彩的节目莫过于每天晚上大剧场的现场演出，这是每位客人都不愿错过的项目，所以每天的晚餐时段客人就会非常集中。这不仅是对邮轮餐饮工作人员的巨大考验，客人也面临着等待菜品的问题。除此之外，每当邮轮到达停靠港口，安排下船游览时，客人用餐也会更为集中。有的客人为了不错过下船时间不得不饿着肚子。

四、开餐时间较长

邮轮上各种不同的餐厅会在不同的时段开放，从而为客人提供 24 小时不间断的餐饮服务。例如，自助餐厅在早餐（7:00—10:30）、午餐（11:00—14:30）、晚餐（18:30—21:30）三个时段开放；主餐厅主要在晚餐（18:00—21:00）时段开放，遇到邮轮靠港时也会根据需要在早餐、午餐时段开放；特色餐厅主要在晚餐（18:00—21:00）时段开放；快餐厅主要在午餐（11:00—14:30）、晚餐（18:00—21:00）两个时段开放；酒吧主要在晚上（18:00—24:00）开放；咖啡厅一般全天 24 小时开放。

五、原料一次性补给

为数千人提供餐饮服务，邮轮需要准备大量的食物原料。每次起航前，邮轮都要在邮轮母港一次性补给一个航次所需要的全部食物原料，出于卫生检疫的要求，中途停靠的港口一般不进行补给。例如，皇家加勒比国际游轮公司的“海洋航行者号”邮轮需要为一次 7 天的航程准备 10 吨牛肉、28 吨蔬菜、7 万个鸡蛋……邮轮厨房配置有巨大的冷库以贮存数百吨的食物，提供邮轮一个航次所需的餐饮原料。

六、烹饪不用明火

出于消防安全的要求，邮轮上不能使用明火，烹饪加热主要是用电磁炉、电烤箱、扒炉、电煮锅、电蒸锅等。例如，扒炉可以用来烹制牛排、鱼排、煎蛋、串烤等食物；电煮锅可以用来烹制意面、各种汤类菜肴。

七、注意垃圾分类

邮轮上所有垃圾都需要进行严格的分类处理，尽可能地回收利用，以尽可能地减少垃圾量。这一方面是出于环境保护的考虑，尽可能地减少海洋垃圾排放量；另一方面是为了尽量减少占用船上的空间。例如，玻璃、纸张、铝制品等都可直接在邮轮上回收利用，对于不可利用的废物应尽可能焚烧以利用其热能。

知识拓展：餐饮生产的特点

任务实施

1. 各组通过对邮轮餐饮经营相关资料的搜集和整理分析，掌握邮轮餐饮经营的特点。具体步骤如下：

（1）通过课前预习掌握的资料、相关知识的介绍，设计表格并汇总不同邮轮上的餐饮经营的特点。

（2）每组分别选取 1 个邮轮品牌（包括且不限于皇家加勒比国际游轮、嘉年华邮轮、MSC 地中海邮轮、爱达邮轮等），以此邮轮品牌为背景，搜集和查阅相关案例（要求每个特点搜集 1 个案例）。

（3）汇总、整理、分析案例资料。

（4）制作短视频、汇报 PPT。

2. 以小组为单位，进行视频展示和课堂汇报。

任务评价

根据各组汇报情况，教师和学生共同讨论、评分。不同邮轮公司餐厅经营特点调查分析评价表如表 1–2 所示。

表 1–2

表 1–2　不同邮轮公司餐厅经营特点调查分析评价表

评价内容	评价标准	分值	组内自评（20%）	小组互评（30%）	教师评价（50%）	综合得分
完整性	内容丰富、完整	25				
专业性	材料真实、无专业术语错误	15				
时效性	材料数据具有时效性、有现实意义	15				
创新性	有一定创意	15				
设计展示	设计精巧、逻辑清楚、图文清晰	15				
团队合作	分工明确、团结协作	15				
合计得分：						
评分标准（100 分制）：81 ～ 100 分优秀；71 ～ 80 分良好；60 ～ 70 分合格；60 分以下不合格						

思考练习

【客观题（判断题）】

1. 出于消防安全的需要，邮轮上不能使用明火，烹饪主要用电磁炉、电烤箱、扒炉、电煮锅等。（　　）

2. 玻璃、纸张、铝制品等都可直接在邮轮上回收利用。（　　）

【综合题（简答题）】

请你谈谈餐饮生产有哪些特点。

知识拓展：怎样减少邮轮食物垃圾

任务三　邮轮餐饮部的组织结构及主要岗位职责

案例引入

邮轮公司餐饮部（部分）招聘岗位如表 1–3 所示。

表 1–3　邮轮公司餐饮部（部分）招聘岗位

公司名称	招聘岗位名称		招聘所需人员性别
皇家加勒比国际游轮公司	COMMIS 2	2 级厨师助理	女
皇家加勒比国际游轮公司	COMMIS 2 SUSHI	寿司 2 级厨师助理	女
皇家加勒比国际游轮公司	PASTRY COOK	面点厨师	男
皇家加勒比国际游轮公司	PASTRY COOK-TRAINEE	面点厨师实习生	女
皇家加勒比国际游轮公司	COMMIS 2 PANTRY	食品贮藏室 2 级助理	女
皇家加勒比国际游轮公司	COMMIS 2 BUTCHER	肉类加工 2 级助理	男
皇家加勒比国际游轮公司	RESTAURANT ATTENDANT	自助餐厅服务生	男
皇家加勒比国际游轮公司	WAITER ASSISTANT	助理服务生	男 / 女
皇家加勒比国际游轮公司	PUBLIC AREA ATTENDANT	公共区域清洁工	男 / 女
精致邮轮公司	ASST WAITER	助理服务生	30% 男 70% 女
精致邮轮公司	SNACK ATTENDANT CASUAL DINING	小食餐厅服务生	30% 男 70% 女
精致邮轮公司	ROOM SERVICE ATTENDANT	客房送餐服务生	男 / 女
精致邮轮公司	CLEANER	清洁工	30% 男 70% 女

资料来源：根据笔者走访情况自行整理。

思考：请阅读表 1-3 中的招聘岗位，思考这些岗位分别属于邮轮上哪些部门。讨论这些岗位的主要职责是什么。

任务描述

餐饮部组织结构的设置是餐饮经营管理的基础，也是餐饮经营管理的重要组成部分，它不仅关系到餐饮服务与管理体系的建立，而且对实现经营管理目标起到十分重要的作用。餐饮部必须建立一个完整、健全的组织结构，以保证独立、顺利地执行本部门的各种功能。通过本任务的学习，学习者能够掌握邮轮餐饮部的组织结构设置的基本原则和方法，并能明确主要岗位上下级关系及岗位职责。

任务准备

1. 通过阅读餐饮管理资料，查阅相关资料、网站，了解不同类型酒店、邮轮餐饮部组织结构的设置方法，收集关于邮轮餐饮部岗位设置和职责的相关问题。

2. 成立学习小组，每组 5～8 人。各组成员通过线上线下采访邮轮公司餐饮部在职工作人员，或者上船参观和考察邮轮上不同类型的餐厅，了解不同类型餐厅的组织结构设计及岗位职责。每组选出一名组长，由其负责工作任务的实施。

知识储备

知识拓展：餐饮组织结构的设置方法和步骤

一、邮轮餐饮部的组织结构设置

组织管理学家巴克斯指出：领导的职责就在于成功地设计一种组织，并委派最恰当的人选，然后致力于按照组织原则使大家达到目标。餐饮组织结构就是这种组织原理的具体运用。与普通餐饮企业组织结构的设置原则相同，邮轮公司的餐饮部组织结构设置应根据各邮轮的大小和载客量进行相应的调整。

在一艘邮轮上，1 000 多名员工一起生活和工作，热情地为超过 3 000 名客人服务。您可以想象，如果没有一个非常明确的结构，这是不可能实现的。

邮轮由三个主要部门组成（见图 1-1）：甲板部、轮机部、酒店部。其中规模最大的部门是酒店部，酒店总监的工作需要由餐饮总监协助。

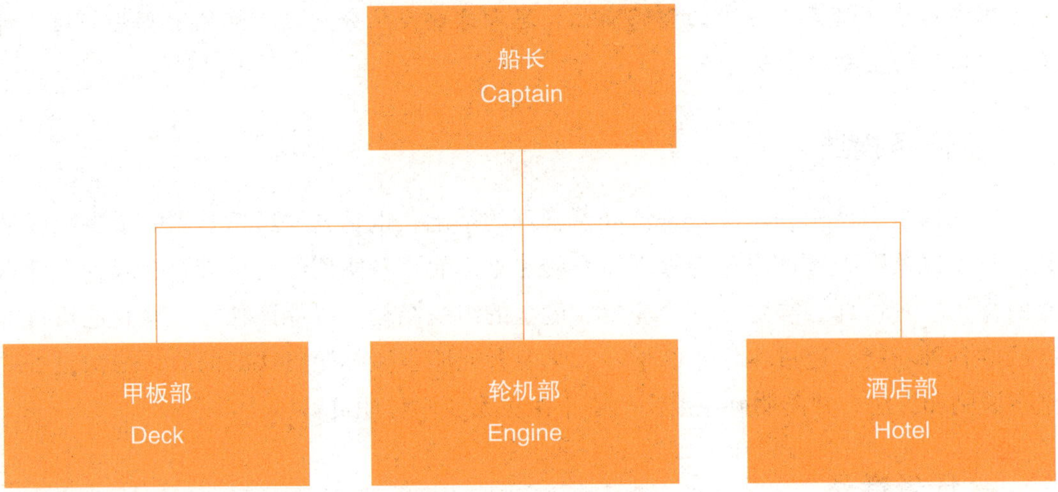

图 1-1　邮轮三大主要组成部门

酒店部是指直接与客人接触，为客人提供面对面服务的部门，包括前台、客舱、餐饮、娱乐、康体等部门。酒店部也是与客人的邮轮旅行关系最为密切的部门之一。

邮轮餐饮部是邮轮酒店业务最大、最重要的部门之一，主要负责邮轮乘客的餐饮服务工作。它是邮轮唯一生产实物产品的部门，集生产、销售、服务于一身，管理过程全、环节多；它拥有的员工数量居邮轮首位，并且工种多、员工来自全球各地、员工文化差异大。因此，餐饮部是邮轮最难管理的一个部门，这种说法是有一定道理的。近年来，不少邮轮的餐饮部收入超过船票收入，成为邮轮主要的收入来源，更体现了其重要性。

邮轮餐饮部下设餐厅、酒吧和厨房三个部门。总负责人是餐饮总监，负责餐饮部的全面工作，直接上级是酒店部总监，直接下级是餐厅经理、酒吧经理和行政总厨。

二、各部门组织结构

（一）餐厅

邮轮上不同类型的餐厅，所需岗位也有所不同。一般而言，邮轮餐厅设有餐厅经理（总管）/ 餐厅服务经理、餐厅秘书、餐厅经理助理、特色餐厅经理、餐厅培训经理、客房送餐经理。餐厅经理助理下设服务生主管、服务生领班 / 领位、餐厅服务员（生）、餐厅服务员（生）助理、自助餐厅服务员（生）、咖啡厅服务员（生）、员工餐厅服务员（生）、送餐主管、送餐服务员（生）等职位。

不同类型、大小、品牌邮轮的餐饮部组织结构也会有相应区别。有些邮轮公司会将主餐厅和自助餐厅岗位分开设置。例如，歌诗达邮轮（亚洲航线）餐厅组织结构如图 1-2 所示。

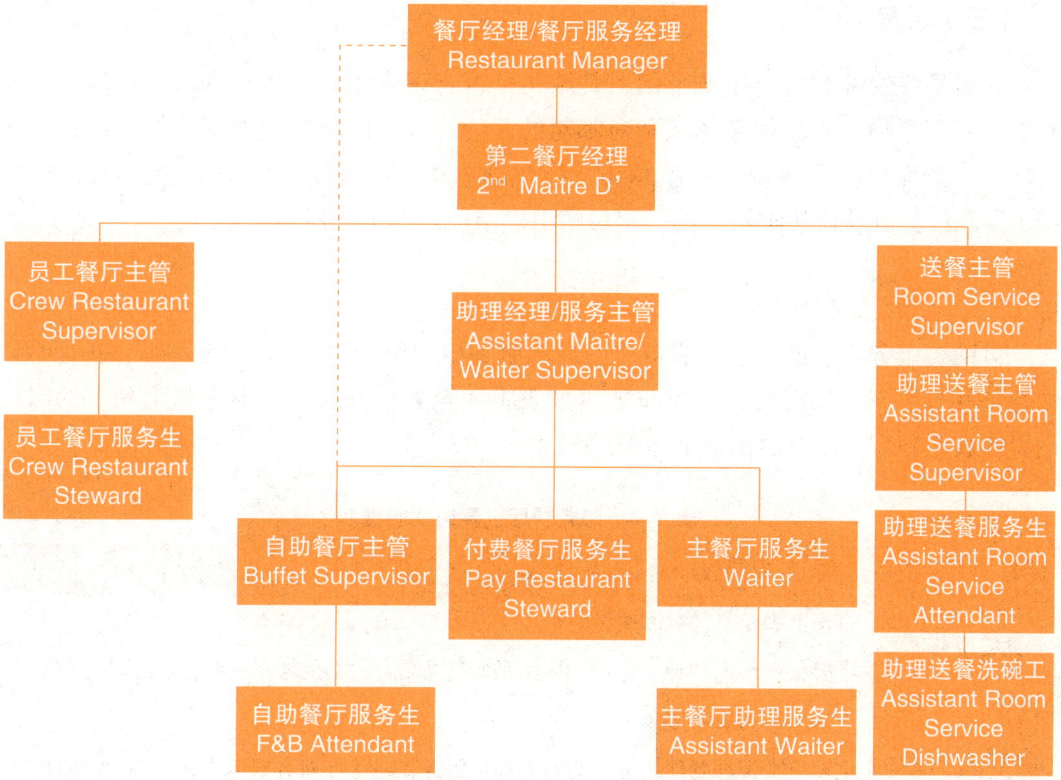

图 1-2 歌诗达邮轮（亚洲航线）餐厅组织结构

（二）酒吧

作为餐饮部重要的销售收入来源，酒吧的重要性不言而喻。酒吧设有酒吧经理、助理酒吧经理、首席调酒师 / 酒吧服务生主管、酒吧服务生领班、调酒师、助理调酒师、服务生等职位。不同邮轮上酒吧的组织结构设置不同。以歌诗达邮轮为例，酒吧组织结构如图 1-3 所示。

图 1-3 歌诗达邮轮酒吧组织结构

业务链接——员工酒吧

员工酒吧是专供船员使用的，其是员工放松、社交和聊天的地方。员工可以和朋友们玩游戏、跳舞、参与有奖竞赛等。

（三）厨房

厨房是餐饮部的重要生产部门，其结构是否合理直接影响厨房的出菜速度、菜品质量，从而影响客人的就餐体验和对邮轮的评价等。不同邮轮上的厨房组织结构设置不同。一般而言，厨房设有行政总厨、行政副总厨、厨师长、厨师主管、厨师领班、厨工等职位。以歌诗达邮轮为例，厨房的组织结构如图 1–4 所示。

三、邮轮餐饮部的主要岗位职责

自助餐服务生、助理餐厅服务生、酒吧服务生、厨工等是邮轮上常见的岗位配置。邮轮餐厅、酒吧、厨房的主要岗位职责如表 1–4 至表 1–6 所示。表中从上到下的岗位设置代表了餐厅员工今后的职业晋升路径。

表 1–4　邮轮餐厅主要岗位职责

职位名称	岗位职责
自助餐服务生	直接上级是自助餐厅主管
	主要负责传送和补充食物，从而保证自助餐台食物能够不间断地供应
助理餐厅服务生	直接上级为餐厅服务生
	主要负责配合餐厅服务生为客人提供服务，在餐厅对客服务中，帮助餐厅服务员递送所需的餐具、食物及各种物品，并从厨房取好食物送到各服务站
餐厅服务生	直接上级是餐厅服务员主管，下级为助理服务生
	负责为客人提供点单服务并负责餐厅内客人桌边就餐的各个环节
自助餐厅主管	直接上级是餐厅经理，下级是自助餐厅服务生
	主要负责自助餐厅日常运转与管理
经理助理	直接下级是餐厅服务员领班 / 餐厅服务员主管
	负责各层级服务生的日常管理，配合餐厅副经理、经理执行餐厅各项确定的程序
餐厅副经理	直接下级是餐厅经理助理 / 服务生主管
	主要负责配合餐厅经理执行餐厅内各项确定的程序
餐厅经理	直接下级是餐厅副经理
	主要负责整个餐饮部的日常运营和柔性运转，包括主宴会厅、各种特色餐厅、快餐厅、客舱送餐服务和邮轮员工餐厅等

表 1–5　邮轮酒吧主要岗位职责

职位名称	岗位职责
酒吧服务员	直接上级是酒吧主管
	主要负责酒吧的酒水运送工作、全面清洁工作

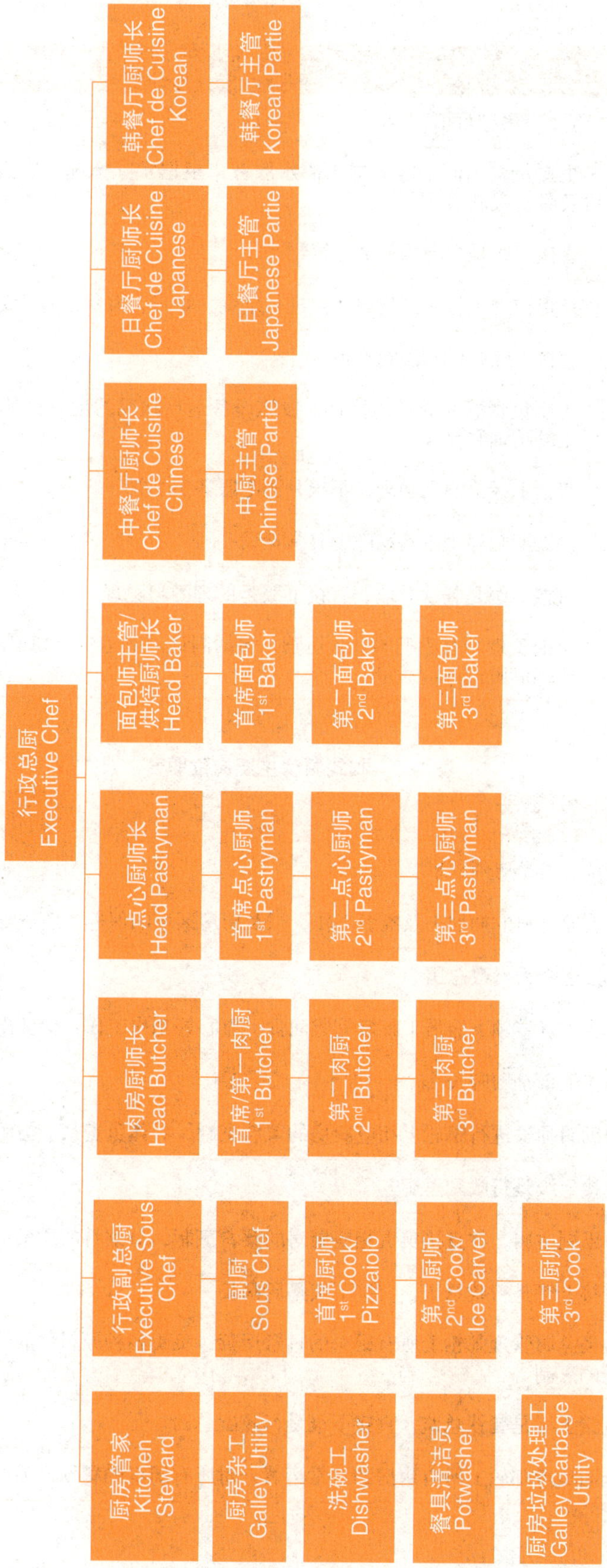

图 1-4　歌诗达邮轮（亚洲航线）厨房组织结构

续表

职位名称	岗位职责
酒吧调酒师	直接上级为酒吧主管
	主要负责为酒吧客人提供酒水服务，根据实际情况向客人推销相应的酒水，及时上报酒水库存
酒吧服务员领班	直接上级是酒吧服务员主管
	负责协助主管对酒吧服务员进行培训、督导，确保酒吧设施设备的完好运行
酒吧服务员主管	直接上级是助理酒吧经理
	主要负责酒水品种的检查、设施设备运行状况的检查、员工值班安排、新员工的培训和督导等
助理酒吧经理	直接上级是酒吧经理，下级是酒吧服务员主管
	协助酒吧经理维持酒吧的日常运营
酒吧经理	直接上级是餐饮总监，直接下级是助理酒吧经理
	全面负责所有酒吧的日常运营，包括制订酒吧运营计划、制定财务管理制度，确保酒吧服务的质量

表 1-6　邮轮厨房主要岗位职责

职位名称	岗位职责
厨工	直接上级是厨师领班
	负责原材料的初加工及准备工作，以及厨房区域的保养、清洗等工作
糕点主管	直接上级为行政总厨
	主要负责带领下级员工积极完成面食、点心等制作工作，保证出品的及时供应
厨师主管	直接上级是厨师长
	协助厨师长进行邮轮上相应厨房的菜肴烹制，具体负责某一类菜肴的烹制等
厨师长	直接上级是行政副总厨
	协助副主厨，并直接负责相应厨房的菜肴烹制，对菜肴的质量负责
行政副总厨	直接上级是行政总厨，直接下级是厨师长
	协助总厨管理邮轮上所有厨房的日常运营，负责各种原材料的管理，并督导各类菜肴的烹制
行政总厨	直接上级是餐饮总监，直接下级是行政副总厨
	全面负责邮轮上所有厨房的日常运营，对所有厨房的餐饮产品的品质负责

业务链接——做好履职准备

船员因疾病或其他原因缺勤时，可按以下流程进行：（1）如有助理餐厅服务生缺席，将由自助餐服务生代替其工作；（2）一名自助餐服务生可以代替任何缺席的助理餐厅服务生。因此，每个人都要做好履行助理餐厅服务生职责的准备。

任务实施

1. 通过查阅相关资料、网站，线上线下采访不同邮轮公司的船员或实地登船考察调研，了解不同邮轮公司的餐饮部组织结构的设置及岗位职责的异同，熟悉不同邮轮餐饮部主要岗位的工作职责，从而为未来的邮轮工作岗位认知夯实基础。具体步骤如下：

（1）通过查阅资料、采访或实地考察，学习餐饮管理相关知识，设计表格，汇总和比较不同邮轮公司 / 品牌的餐饮部的组织结构以及主要岗位职责的异同。

（2）每组分别选取 1 个邮轮公司（包括且不限于皇家加勒比国际游轮、嘉年华邮轮、MSC 地中海邮轮、爱达邮轮等），收集其餐饮部的组织结构设置及主要岗位工作职责。

（3）汇总、整理、比较所有资料。

（4）制作介绍短视频、汇报 PPT。

2. 在智慧职教的课程平台上展出经过修订并附有教师点评的各组不同邮轮公司餐饮部组织结构和岗位职责分析报告，供学习者参考和借鉴。

任务评价

根据各组汇报情况，教师和学生共同讨论、评分。不同邮轮公司餐饮部组织结构和岗位职责分析评价表如表 1–7 所示。

表 1–7

表 1–7　不同邮轮公司餐饮部组织结构和岗位职责分析评价表

评价内容	评价标准	分值	组内自评（20%）	小组互评（30%）	教师评价（50%）	综合得分
完整性	材料丰富，特点全面覆盖	20				
专业性	无专业术语错误	20				
时效性	材料数据具有时效性、有现实意义	20				
设计制作	设计精巧、逻辑清楚、图文清晰	10				
展示表达	清晰明确、自然大方、有感染力	10				
团队精神	分工明确、团结协作	20				
合计得分：						
评分标准（100 分制）：81 ～ 100 分优秀；71 ～ 80 分良好；60 ～ 70 分合格；60 分以下不合格						

思考练习

【客观题（单选题）】

1. 邮轮餐饮部是邮轮酒店部的一部分，主要负责邮轮客人的餐饮服务工作。邮轮餐饮部下设餐厅、酒吧和厨房三个部门，总负责人是（　　）。

A. 餐厅经理　　B. 餐饮总监

C. 酒店总经理　　D. 船长

2. 自助餐厅服务生在每班结束时清理所有工作区域，这是由谁来安排的任务？（　　）

A. 自助餐厅经理　　B. 主管

C. 餐厅经理　　D. 餐厅副经理

【综合题（活动题）】

开展酒店餐饮企业与邮轮餐饮部的组织结构与岗位设置异同调研。选择一家酒店餐饮企业和一家邮轮公司旗下邮轮的餐饮部，了解其组织结构及岗位设置，并比较其异同。

知识拓展：一位邮轮餐厅经理的工作实况

Module 2

模块二
邮轮餐饮服务

项目二 餐饮服务基本常识

项目描述

邮轮因其特别的旅行方式，吸引了来自世界各地的游客。由于大多数邮轮的餐厅主要提供西餐，因此餐饮服务人员需要及时掌握以西餐为主的餐饮服务的基本知识，从而更加合理地为客人提供满意的服务。

项目目标

知识目标

1. 了解西餐的发展及文化背景；
2. 掌握西餐的特点及主要菜式；
3. 熟悉邮轮餐饮服务人员必须具备的基本素质；
4. 熟练掌握邮轮餐饮服务人员个人形象要求、餐饮服务礼仪和规范。

能力目标

1. 能够运用正确的西餐上菜顺序进行餐厅对客服务；
2. 能够熟练地为客人介绍西餐各类菜式的名菜名点及特点；
3. 能够理解并逐步积累和践行邮轮餐饮服务人员必备的基本素质；
4. 能够掌握个人形象要求，并且灵活运用服务礼仪进行对客服务，提升自身的职业能力。

素养目标

1. 培养尊重各国饮食文化的品质和不断探索的精神；
2. 逐步养成在不同场景下灵活应变、主动思考的能力；
3. 培养良好的卫生安全意识，逐步养成保持自身卫生、维护他人健康的意识；
4. 逐步养成规范意识，约束自身行为，出色完成工作任务。

任务一　西餐常识

案例引入

“我觉得如果决定去皇家加勒比国际游轮做助理服务生或者厨师之类的工作，最好看看戈登·拉姆齐的相关视频，我最近很痴迷于戈登的拯救厨房的相关视频。他让我认识到助理服务生和厨师的专业对一家餐厅是多么重要。我觉得我之前在皇家加勒比的6个月是不够专业的。我不知道犯了多少错误，将酒撒在客人身上，花了很长时间才打开酒，上菜时不记得菜的名字，让客人久等，有时候还不听上司的意见……现在回头看的话，如果我再次做助理服务生，我一定可以做得更好。因为我会更加严格地要求自己，主动学习餐饮的相关知识，增加对菜单、食物原料、口味描述、食物做法等的了解。看了戈登的视频，会让你明白背后的不容易，不是每个人都能如此轻松地经营一家餐厅，更不用说是邮轮上的餐厅了。我可能以前不知道好的标准应该是怎样的，但是现在知道了，所以我会更有目标和动力，而且会更想做好。如果重来，我会投入更多的精力和时间，成为一个更专业的侍者。”

——皇家加勒比国际游轮公司的一名助理服务生对邮轮餐饮工作的感悟

思考：

1. 根据之前学过的内容，说说助理服务生岗位的名称及主要职责是什么。

2. 在今后工作中该助理服务生应该在哪些方面有待提升？你认为应该如何做一名更专业的侍者？

任务描述

邮轮旅游业自西方国家传入中国。近年来，中国邮轮市场成为全球增长速度最快的市场之一，邮轮餐饮加入了“中国味道”，但是邮轮餐厅还是以提供法、英、美、意、俄式菜肴为主，同时兼收并蓄、博采众长。邮轮餐饮人员只有了解、具备西餐饮食文化知识，掌握其餐饮精髓，才能更好地为各国客人提供优质的服务。

任务准备

1. 阅读有关西餐常识的专业书籍，通过线上线下查阅相关资料、视频，了解西餐相关饮食文化。

2. 收集西餐菜肴中英文介绍资料，了解不同国家菜肴的特点、不同西餐厅的类型，为邮轮餐饮服务的学习打下基础。

3. 成立活动小组，每组5～8人。各组成员深入不同类型的西餐厅，采访和观摩其菜肴特色、上菜顺序和服务方式。每组选出一名组长，由其负责工作任务的实施。

知识储备

西餐是我国人民和部分其他东方国家和地区的人民对西方国家餐饮的统称。从广义上讲，西餐是对西方国家餐饮文化的统称。广义的西餐概念包含法餐、意餐、俄餐、美餐、德餐、拉美餐、英餐、西班牙餐、中东风味餐等。西方各国的餐饮文化都有各自的特点，各个国家的菜式也不尽相同。

一、西餐的发展

（一）古代的西餐

公元前 5 世纪，在古希腊的西西里岛上出现了高度发展的烹饪文化。当时煎、炸、烤、焖、蒸、煮、熏等烹调方法均已出现，技术高超的名厨很受人们的尊敬。当时的调味品由多种原料制作而成，如由蛋黄、柠檬、胡椒粉、芥末等调和而成的调味品。尽管烹饪文化有了相当的发展，但是人们的用餐方法仍是以抓食为主。西餐餐桌上的刀、叉、匙都是由厨房工具演变而来的。

（二）中世纪的西餐

1066 年，定居法国北部的诺曼人入侵了英格兰，使得英格兰民众在生活习惯和烹饪方法等方面受到了影响。如英语中的牛肉、羊肉、猪肉等词都是从法语演变过来的。当时，法语版烹调书详细记录了各种食谱，使英国人打破了传统的、单一的烹调方法。1181 年，英国伦敦出现了第一家西餐厅，该西餐厅售卖以鱼类、牛肉、家禽为原料的西餐菜肴。16—17 世纪意大利的烹调方法传到法国后，烹调技术又经历了一个变化巨大的发展阶段。法国丰富的农产品促使厨师们尝试制作新的菜肴，烹调技术被广泛地在法国各地传播，创制出新式菜肴的厨师受到人们的欢迎。

（三）近代的西餐

1650 年左右，英国出现了第一家咖啡厅，之后咖啡厅在英国如雨后春笋般地接连出现，到 1700 年伦敦有 200 余家咖啡厅。1765 年，伯郎格在法国巴黎开设了一家法国餐厅，这家餐厅的经营模式与现代的西餐厅极其相似。18 世纪后，法国出现了许多著名的西餐烹调大师，如安托尼 · 卡露米、奥古斯特 · 埃斯考菲尔等。这些著名的烹调大师设计并制作了许多经典的菜肴，有的菜肴至今仍受顾客青睐。18 世纪，在法国出现了世界上第一位饮食鉴赏家——让 · 安塞尔姆 · 布里亚 · 萨瓦里，他在著作《品尝解说》中对很多菜肴进行了评价，并以百科全书的形式综述了菜肴与饮料。1920 年，美国开始了汽车窗口饮食服务。1950 年，西式快餐首先在美国发展起来，之后遍及全世界。

知识拓展：吃西餐的讲究

二、西餐的特点

正宗的西餐，原料广泛、主料精选；从外观上看，形式多样、摆设精致；从口味上品，鲜美香醇、老嫩讲究、干湿搭配；从就餐上讲，礼仪讲究、餐具精致。此外，西餐还具有工艺独特、设备考究、营养丰富、分餐健康等特点。西餐的特点主要有以下几个方面。

（一）重视营养

西餐充分考虑了人体对健康饮食的需求。厨师会根据人体对各种营养（糖类、脂肪、蛋白质、维生素）和热量的需求来安排、加工、烹调菜品。

（二）选料精细

西式菜肴的烹饪方式注重保持食物的原汁原味和营养，选料十分广泛，如牡蛎、牛肉、羊肉等。厨师通常会选择除皮、去骨的精肉，较少选择动物内脏和无鳞鱼等食材。例如，美国厨师常用水果制作菜肴或甜点，咸中带甜；意大利厨师会将各类面食制作成菜肴；法国菜的选料更为广泛，诸如蜗牛、洋蓟、棕榈芯等均可入菜。

（三）口味香醇

西餐烹饪讲究调味，调味品众多。西餐中的调味品不同于中餐，如酸奶油、橄榄油、柠檬汁等都是常用的调味品。西餐独特的调料、香料使其口味香醇。常见的调料有盐、胡椒粉、咖喱、芥末酱、番茄酱、薄荷叶、姜、大蒜等。另外，西餐烹调时也常用酒和奶制品。法国菜注重用酒调味，厨师在烹饪不同菜肴时会搭配不同的酒。

（四）注重烹制

欧美人对肉类菜肴的老嫩程度很讲究。服务员在接受点菜时，必须问清楚客人的要求，厨师会严格按照客人的要求烹制。

例如，西餐中的牛羊肉烹制一般有 5 种火候。

一分熟（Rare）：表面焦黄，中间为红色，装盘后血水渗出。

三分熟（Medium Rare）：表面焦黄，外层呈粉红色，中心为红色，装盘不见血，但切开后断面有血流下。

五分熟（Medium）：表面为褐色，中间呈粉红色，切开后肉中流出的汁仍然见红。

七分熟（Medium Well）：表面为深褐色，中间呈茶色，略见粉红色，切开后流出的汁水是白色的。

全熟（Well Done）：表面焦黄，中间全部为茶色，肉中无汁水流出，肉硬度较高，不容易消化和咀嚼。

三、西餐菜式分类

（一）西菜之首——法式菜肴

法国人以善于吃并精于吃而闻名，他们对于菜肴的色泽、味道、成分的搭配都非常讲究。法式西餐在世界上占有突出的地位，成为欧美西餐的公认代表。法式菜肴的特点是：选料广泛、加工精细、追求鲜嫩、讲究沙司的使用。法国人十分喜爱吃奶酪、水果和各种新鲜蔬菜。

经典法式菜肴有：法式焗蜗牛、巴黎龙虾、红酒山鸡、沙福罗鸡、普罗旺斯鱼汤、奶油圆蛋糕等。

（二）简洁与礼仪并重——英式菜肴

英国的饮食烹饪有“家庭美肴”之称。英国人比较重视餐饮礼节，口味清淡、油少不腻、量少而精，调味时较少用酒，调味品大都放在餐台上由客人自己选用。英式菜肴的烹调讲究鲜嫩，选料注重海鲜及各式蔬菜，调味简单。英式菜肴的烹调方法以蒸、煮、熏见长。

经典英式菜肴有：鸡丁沙拉、土豆烩羊肉、牛尾汤、惠灵顿牛排、炸鱼薯条、巧克力布丁等。

（三）西菜始祖——意式菜肴

在罗马帝国时代，意大利曾是欧洲的政治、经济、文化中心。就西餐烹饪来讲，意大利可以与法国媲美。意式菜肴对整个欧洲的烹饪有很大的影响，其中以面条、奶酪和萨拉米香肠著称于世。意大利人喜爱面食，做法、吃法甚多。意大利人制作的面形状、颜色众多，如字母形、贝壳形、实心面条、空心面条等。意大利人还喜食意式馄饨、意式饺等。

意式菜肴的特点是：原汁原味，以味浓著称。烹调时注重炸、熏等，以炒、煎、炸、烩等方法见长。

经典意式菜肴有：意大利蔬菜汤、奶酪焗通心粉、比萨饼、千层面、佛罗伦萨烤鳕鱼、海鲜沙拉等。

（四）营养快捷——美式菜肴

美式菜肴是在英式菜肴的基础上发展起来的，同样具有简单、清淡的特点。美国人一般对辣味不感兴趣，喜欢扒类的菜肴，常用水果作为配料与菜肴一起烹制，如菠萝焗火腿、菜果烤鸭。美国人喜欢吃各种新鲜蔬菜和各式水果。

经典美式菜肴有：华尔道夫沙拉、烤火鸡、美式牛扒、马里兰炸鸡、苹果沙拉等。

（五）西菜经典——俄式菜肴

俄式菜肴的烹饪技术受外界影响较大，许多菜肴是从法国、意大利、奥地利和匈牙利等国传入的，经与本国菜肴融合，形成了独特的俄式菜肴。俄罗斯人喜食热食，爱吃鱼肉、鸡蛋和蔬菜制成的肉饼等。

俄式菜肴口味浓厚、重油，制作方法较为简单，口味以酸、甜、辣、咸为主，酸黄瓜、酸菜是饭店或家庭餐桌上的必备食品。烹调方法以烤、熏、腌为特色。

经典俄式菜肴有：什锦冷盘、鱼子酱、罗宋汤、红烩牛肉、黄油焖鸡等。

（六）严谨实惠——德式菜肴

德式菜肴不像法式菜肴那样加工细腻，也不像英式菜肴那样清淡，在西餐中以经济实惠而著称。德国人喜爱吃牛肉和猪肉，还喜欢水果、奶酪、香肠、酸菜、土豆等。

经典德式菜肴有：德国猪手、炸猪排、红酒火腿、法兰克福香肠等。

知识拓展：西餐的上菜顺序及名菜名点

业务链接——副菜

通常，水产类菜肴与蛋类、面包、酥盒菜肴均称为副菜。水产类菜肴一般作为西餐的第三道菜，品种包括由煎、炸、扒和煮等方法制作的各种淡水鱼、海水鱼、贝类及软体动物类，常配蔬菜、米饭或意大利面。

任务实施

1. 各组通过调研及相关资料的查阅和学习，了解并掌握西餐的特点及菜式分类。具体步骤如下：

（1）通过课前预习掌握的资料、相关知识的介绍，设计表格并汇总整理所调研西餐厅的菜肴特色和上菜顺序。

（2）整理资料、制作汇报材料，包括餐厅特色及菜肴特点短视频、餐厅情景模拟脚本等。

2. 以小组为单位，进行短视频展示讲解或西餐厅情景现场模拟。

任务评价

学生以小组为单位进行短视频的制作和展示讲解，或者现场进行情景模拟。通过生动、灵活的汇报方式，学生可深入了解不同西餐厅的特色及菜式特点、上菜顺序等西餐常识。通过自主查阅资料、采访、考察等方式激发学生自主学习的意愿；通过情景模拟展示可锻炼学生的表达能力，从而使其更好地将理论转化为实践。

根据各组汇报情况，教师和学生共同讨论、评分。不同西餐厅特色及菜式特点介绍评价表如表 2-1 所示。

表 2-1

表 2-1　不同西餐厅特色及菜式特点介绍评价表

评价内容	评价标准	分值	组内自评（20%）	小组互评（30%）	教师评价（50%）	综合得分
完整性	内容丰富、完整	20				
专业性	材料真实、无专业术语错误	20				
创新性	有一定创意	20				
设计展示	设计精巧、逻辑清楚、图文清晰	20				
团队精神	分工明确、团结协作	20				
合计得分：						
评分标准（100 分制）：81 ～ 100 分优秀；71 ～ 80 分良好；60 ～ 70 分合格；60 分以下不合格						

思考练习

【客观题】

1.（单选题）西餐烹饪的特别之处，不包括（　　）。

A. 烹饪方法独特

B. 选料精细，大部分西方人不吃动物内脏、家禽的头和爪

C. 菜式口味上和东方菜式有明显区别

D. 墨西哥菜肴、土耳其菜肴比较温和，较少使用辛辣香料

2.（单选题）“Cream of Mushroom Soup”的中文译名是（　　）。

A. 法式洋葱汤　　B. 牛肉清汤　　C. 奶油蘑菇汤　　D. 意大利蔬菜汤

3.（单选题）点牛排时菜单上的“Medium”表示（　　）。

A. 三分熟　　B. 五分熟　　C. 全熟　　D. 七分熟

4.（多选题）下列关于西餐进餐礼仪的表述，哪些是正确的？（　　）

A. 吃面包时一般用刀切，或者直接用嘴咬着吃

B. 像牛排这样的大块食物，一般从右到左，全切掉再慢慢享用

C. 如遇餐具落地，客人应亲自弯腰捡拾

D. 嘴里有食物时不能大声喧哗

E. 用餐时尽量避免刀叉与餐盘的撞击声音

【综合题（活动题）】

请你在西餐厅为来自法国的皮特一家四口点菜，你会如何选择？（请从点菜顺序、推荐菜点两方面为客人进行合理的推荐）

知识拓展：常见的西餐香料和调味品

任务二　邮轮餐饮部服务人员的素质要求

案例引入

小 C 是刚刚入职的邮轮餐饮部员工，已经顺利办理海员证和完成邮轮岗前培训的她自信满满，准备好迎接第一个船期的工作。上船后的第一天，小 C 感到有点头晕、不舒服。吃了晕船药后，小 C 顺利办理好了入职手续、参加船上培训。第二天，小 C 见到了餐厅经理，餐厅经理很和善，并亲自带她了解餐厅的环境，认识部门同事。但没过一会儿，小 C 晕船的感觉又来了，接下来几次小 C 不停地跑卫生间，很难受。餐厅经理看到这个情况，安慰她道："你还是先回去休息，等身体好了再来工作吧。"虽然餐厅经理细心安慰，但小 C 依然觉得很尴尬，刚上岗就给他人留下这样的印象，但自己在准备上船工作的过程中考过试、跳过水、灭过火，但怎么也没有想到会在工作中晕船。这真是意外的尴尬！

思考：你认为想要成为一名合格的邮轮餐饮服务人员，应该具备哪些素质？

任务描述

邮轮餐饮服务人员是为邮轮乘客提供餐饮服务的工作人员。随着邮轮旅游的日益普及，越来越多的游客选择乘坐邮轮旅行。邮轮餐饮服务人员需要时刻保持良好的状态，以服务来自世界各地的游客，带给游客放心、开心和舒心的体验。一名合格的邮轮餐饮服务人员必须具备基本的思想素质、心理素质、业务素质和身体素质。

任务准备

1. 查阅相关资料、网站，了解邮轮餐饮服务人员的基本要求。

2. 收集邮轮餐饮服务人员的招聘要求及基本素质要求的不同案例。

3. 成立活动小组，每组 5～8 人。各组成员通过查阅、采访等方式了解邮轮餐饮服务人员应具备的素质。每组选出一名组长，由其负责工作任务的实施。

知识储备

一、思想素质

良好的思想素质是做好一切工作的前提。邮轮餐饮服务人员的思想素质包括以下几个方面。

（1）高尚的职业道德；

（2）敬业乐业的精神；

（3）较强的纪律观念；

（4）良好的合作意识；

（5）认真严谨的态度。

知识拓展：思想素质的具体表现

二、心理素质

心理素质对于邮轮餐饮服务人员来说尤为重要。相对于酒店而言，邮轮特殊的工作环境是对服务人员心理承受能力的考验。邮轮餐饮服务人员的心理素质包括以下几个方面。

（一）具备忍受孤独的能力

一般而言，现代邮轮的载客量在 4 000 人以上，按照通常员工和游客数量 1∶3 的配比来算，员工超 1 000 人。面对这么多人，服务人员怎么会感觉孤独呢？第一，对于新上邮轮的员工来说，陌生的环境、陌生的同事（同事主要来自菲律宾、马来西亚、印度尼西亚等国家和地区）需要适应；第二，由于邮轮员工是按合同制工作，一个船期为 6～8 个月，合同到期才能下船休假，因此新员工与自己熟悉的家人、朋友分开 6～8 个月，会增加孤独感。因此，邮轮餐饮服务人员要忍受短暂的孤独，积极熟悉环境，主动与同事交流，让自己快速融入工作。

（二）具备抗压抗挫能力

邮轮餐饮服务人员需要在短时间内完成对大量客人提供餐饮服务的工作，压力之大可想而知。同时，客人可能由于饥饿、拥挤、饮食不合口味等原因对餐饮服务人员表示不满。这些压力或责难会导致餐饮服务人员工作积极性降低、收入下降等，甚至可能导致新上邮轮的员工内心崩溃。因此，邮轮餐饮服务人员必须具有抗压抗挫能力，能够在巨大的压力之下坚持工作，能够在面对挫折时做到百折不挠。

（三）具备良好的服务意识

以上两种能力是对邮轮餐饮服务人员上岗的基本要求，餐饮服务人员要真正胜任邮轮餐饮部的工作，还需要具有良好的服务意识，积极、主动地为客人提供高质量服务。服务意识的强弱，一方面依赖于服务人员对本职工作的认可度，或者说员工对“服务”的理解是否正确；另一方面依赖于服务人员的服务态度，只有服务人员秉持正能量的服务态度，才能从根本上提升服务意识。

知识拓展：服务意识的具体表现

（四）能够控制和调节情绪

面对巨大的压力、面对客人的责难或误解，遇到工作中的挫折时，邮轮餐饮服务人员一定要控制好自己的情绪。例如，在工作中遇到困难时，邮轮餐饮服务人员应积极地寻求解决方法，克服困难，而非日日抱怨、处处畏难；在工作中遇到委屈时，邮轮餐饮服务人员应以大局为重、牺牲小我，不与客人针锋相对，找到方法调节和转换心情，找到排解情绪的出口。

三、业务素质

心理素质是邮轮餐饮服务人员做好服务工作的基础，业务素质是其做好服务的关键。业务素质包括以下两个方面。

（一）专业的知识与技能

邮轮餐饮服务人员必须具备相应的专业知识，如熟悉并掌握菜单上所提供菜肴的名称、主要原料、烹饪方法、口味特点等。同时，邮轮餐饮服务人员还应具备相应的专业服务技能，如摆台、点菜服务、菜肴服务、酒水服务等专业技能。

（二）服务的进阶能力

1. 语言能力

邮轮餐饮服务人员在工作中要做到语言文明、礼貌、简明、清晰。邮轮餐饮服务人员还应掌握一定的外语，如英语、日语等。

2. 沟通能力

邮轮餐饮服务人员必须具备良好的沟通能力，减少因沟通不畅而导致的投诉。沟通因人而异，语言要得当。英语作为国际通用语言，是邮轮餐饮服务人员的工作语言。邮轮上的客人可能来自世界各地，能够熟练地使用英语与客人沟通是邮轮餐饮服务人员做好本职工作的前提。

3. 应变能力

邮轮餐饮服务人员必须具备灵活的应变能力，遇事冷静，及时应变，妥善处理。客人因性别、年龄、国籍、兴趣爱好等的不同，会有不同的服务要求和期望。

4. 推销能力

邮轮餐饮服务人员必须根据客人的爱好、习惯及消费能力灵活推销，以尽力提高客人的消费水平，从而提高餐饮部的经济效益。

5. 观察能力

餐厅服务质量的好坏取决于客人在享受服务后的生理、心理感受，即客人需求的满足程度。这就要求邮轮餐饮服务人员在为客人提供服务时具备敏锐的观察能力，随时关注客人的需求并及时满足。

6. 记忆能力

邮轮餐饮服务人员通过观察了解到的客人需求信息，除了应及时给予满足之外，还应加以记忆，当这位客人下次光临时，邮轮餐饮服务人员即可提供有针对性的个性化服务，这无疑会提高客人的满意度。

7. 自律能力

自律能力是指邮轮餐饮服务人员在工作过程中的自我控制能力。邮轮餐饮服务人员应遵守餐厅的员工守则等管理制度，明确知道在何时、何地能够做什么，不能够做什么。

8. 服从与协调能力

邮轮餐饮服务人员对直接上级的指令应无条件服从并切实执行。与此同时，邮轮餐饮服务人员还必须对客人提出的要求予以满足，但应服从有度，即满足客人符合传统道德观念和社会主义精神文明的合理需求。

四、身体素质

由于要同时为几千名客人服务，邮轮餐饮服务人员的工作时间一般较长，因此，对员工的身体素质要求很高。具体来说，邮轮餐饮服务人员的身体素质包括以下两个方面。

（一）健康的体魄

鉴于行业的特殊性，邮轮餐饮服务人员从事工作的前提条件是必须取得相应的健康证明。除了保证食品卫生、安全的要求外，邮轮餐饮服务人员应拥有健康的体魄，以满足邮轮餐饮服务工作的实际需要。

业务链接——工作特殊性

因邮轮工作环境的特殊性，邮轮餐饮服务人员每天工作 10 小时左右。除非靠港当天，如果班次为中班休息（lunch off），则可以多点时间休息或下船游玩。而在其他班次如早休（breakfast off）或全班（Breakfast & Lunch & Dinner，BLD），餐饮服务人员是不可以下船的，需要留在工作岗位。

（二）良好的个人卫生习惯

由于在工作中会直接接触食物、直接为客人提供食物，因此邮轮餐饮服务人员必须有良好的个人卫生习惯（具体要求请见任务三）。

业务链接——邮轮餐饮服务人员必备知识

邮轮餐饮服务人员应具有广博的知识储备，以适应邮轮上为不同国家和地区客人提供餐饮服务的工作需要。因此，邮轮餐饮服务人员除掌握必备的基础知识和专业知识外，还要积累自身的相关知识。

（1）基础知识。基础知识包括员工守则、服务意识、礼貌礼节、职业道德、食品安全与卫生、服务心理学、外语知识等。

（2）专业知识。专业知识包括岗位职责、工作程序、运转表单、管理制度、设施设备的使用与保养、服务项目及营业时间、沟通技巧等。

（3）相关知识。相关知识包括宗教、哲学、美学、文学、艺术、法律知识，以及不同国家和地区的历史、地理、习俗和礼仪、民俗及交通知识等。

任务实施

1. 各组通过调研及相关资料的查阅和学习，讨论并分析邮轮餐饮服务人员应具备的素质。具体步骤如下：

（1）通过课前收集和查阅相关的资料，对采访或收集的餐饮服务人员的工作案例进行分类和整理。

（2）整理资料、分析、制作汇报材料，每组将所收集的案例进行归纳和分析，并制作邮轮餐饮服务人员必备素质的短视频或情景模拟脚本。

2. 以小组为单位，进行短视频展示讲解或邮轮餐厅情景现场模拟，展现邮轮餐饮服务人员应具备素质。

任务评价

根据各组汇报情况，教师和学生共同讨论、评分。邮轮餐饮服务人员素质要求案例分析评价表如表 2–2 所示。

表 2–2

表 2–2　邮轮餐饮服务人员素质要求案例分析评价表

评价内容	评价标准	分值	组内自评（20%）	小组互评（30%）	教师评价（50%）	综合得分
完整性	内容丰富、完整	15				
专业性	材料真实、无专业术语错误	20				
价值性	有正确的价值观、符合行业发展趋势、思考深刻	30				
设计展示	设计精巧、逻辑清楚、图文清晰	15				
团队精神	分工明确、团结协作	20				
合计得分：						
评分标准（100 分制）：81 ～ 100 分优秀；71 ～ 80 分良好；60 ～ 70 分合格；60 分以下不合格						

思考练习

【客观题（判断题）】

1. 服务态度取决于员工的主动性、创造性、积极性、责任感和素质。　　（　　）

2. 邮轮餐饮服务人员应具有广博的知识储备，以适应邮轮上为不同国家和地区客

人提供餐饮服务的工作需要。因此，邮轮餐饮服务人员除掌握必备的基础知识和专业知识外，还要积累自身的相关知识。（ ）

【综合题（简答题）】

1. 良好的服务态度具体表现在哪几个方面？

2. 你认为一名优秀的邮轮餐饮服务人员应该具备哪些心理素质，才能顺利地完成自己的工作？

知识拓展：有效沟通的六要素

任务三 邮轮餐饮服务人员形象要求

案例引入

根据不同餐厅和岗位，邮轮餐饮服务人员需要有不同的仪容仪表及穿着要求。请观察图 2–1，讨论图片中的员工分别是什么岗位，并说说这些岗位各自的制服要求。

图 2–1 邮轮餐饮部工作人员

任务描述

如果你是一名餐厅服务生或自助餐服务生，良好的仪容仪表和个人卫生尤为重要。你给客人的第一印象就是他们对你隶属的邮轮公司的印象。良好的邮轮餐饮服务人员仪容仪表包括良好的面部仪容标准、良好的仪表和行为，以及健康的个人卫生习惯等。熟悉并掌握邮轮餐饮服务礼仪有助于为高质量完成邮轮餐饮服务夯实基础。

任务准备

1. 查阅资料或视频了解邮轮餐饮服务人员的仪容仪表要求。

2. 搜集并整理各邮轮公司的餐饮部岗位的制服资料及图片。

3. 成立活动小组，每组6～7人。每组选出一名组长，由其负责工作任务的实施。

知识储备

餐饮服务一经开始就无法退换，这就要求每位服务人员注意自己的形象举止，拥有仪容端庄、仪表得体的服务礼仪。邮轮餐饮服务人员的外表会给客人留下深刻印象，所以服务人员在任何时候都要保持最佳的形象。

一、餐饮服务人员形象总体要求

（1）制服干净、熨烫平整、饰物齐全。

（2）裤子长短合适。

（3）袜子与制服相配。

（4）鞋子干净、美观。

（5）妆容自然，搭配肤色和发型。

（6）香水的香气适中（不刺鼻）。

（7）首饰风格简约。

（8）没有明显的穿孔或文身。

（9）绝对不能嚼口香糖。

二、服务人员形象规范标准

（一）精神面貌

（1）在岗时应精神饱满、表情自然、面带微笑。

（2）眼睛应有神，体现出热情、礼貌、友善、诚恳。

（3）说话时应语气平和、语调亲切，不可过分夸张。

（4）与客人交谈时，目光应自然平视，不应上下打量客人。

（5）遇事从容大方、不卑不亢。

（二）服装

（1）规定统一着制服，并穿戴整齐。

（2）制服应得体、挺括，不应有褶皱、破损、污渍，领子、袖口、裤脚要保持清洁，不应挽袖子或裤腿。

（3）工号牌要佩戴在上衣的左胸上方，工号牌水平、不得歪斜。

（4）制服扣子应齐全、无松动。

（5）男员工着深色（黑色或深蓝色）袜子、女员工着肉色或黑色丝袜，袜子不应有破洞或抽丝，应每天换洗。

（6）鞋子应保持干净，不得有污点、灰尘；鞋带要系好，不可拖拉于地面。

（7）男员工头发分缝要齐，不得留大鬓角，前发不盖额、侧发不盖耳、后发不盖领。

（8）女员工长发应盘起，发髻不宜过高或过低，以不过衣领为标准。短发不能过领，碎发应用发胶定型。额前头发不可挡住视线，头发颜色应自然，不染夸张发色。

（三）仪态

仪态是个体在行为中的姿势和风度，对邮轮餐饮服务人员来说，仪态和仪容仪表一样重要。

1. 站姿

（1）自然挺拔，不可僵硬呆板，两眼平视前方。

（2）身体直立，将重心放在两脚中间。男员工双脚自然分开，间距应与肩同宽；女员工则双脚自然并拢。

（3）挺胸收腹、两肩放平。

（4）双手应自然交叉在前，右手轻握左手的手腕。

（5）站立时双手不可抱在胸前、叉腰，双手不可插在口袋中。

2. 走姿

（1）上身保持正直，身体重心可稍向前倾，头部要端正，双目平视、肩部放松。

（2）两臂自然摆动，行走时步伐要轻稳。

（3）步幅不要过大，步速不要过快。

三、个人卫生

拥有良好的个人卫生习惯意味着邮轮餐饮服务人员要保持健康的生活方式。个人卫生会影响你的自尊以及别人对你的看法和态度。个人卫生包括每天或定期清洁身体的所有部位，以防止异味和保持良好的外表。

小任务：请在图 2–2 中指出身体最容易发现有害细菌的部位。

答案

图 2–2　最易发现有害细菌的身体部位

邮轮餐饮服务人员保持良好的个人卫生的基本做法如下：

（1）经常洗澡以防止体臭。

（2）保持整洁的造型和干净的头发。

（3）指甲要修剪整齐、长度适中。邮轮餐饮服务人员指甲卫生要求如图 2–3 所示。

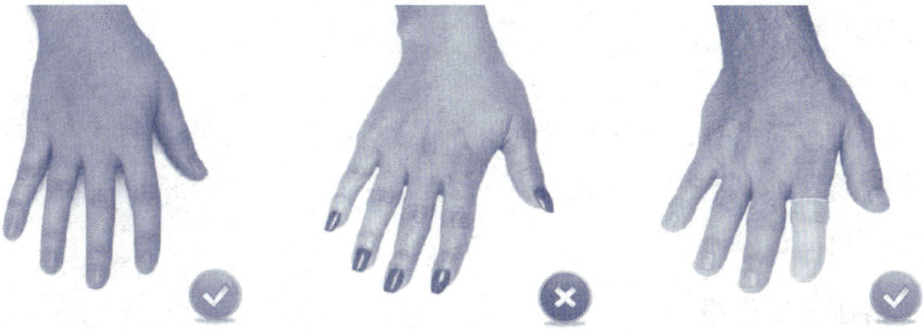

保持指甲短且干净　　不要涂指甲油或做美甲　　包扎伤口时要盖住绷带

图 2–3　邮轮餐饮服务人员指甲卫生要求

知识拓展：做完哪十件事后必须洗手？

四、邮轮餐饮部员工制服

以歌诗达邮轮为例，餐厅员工的制服一般分为以下几种类型：

（一）自助餐服务员制服

自助餐服务员制服分男款（见图 2–4）和女款（见图 2–5）。

图 2–4　自助餐服务员制服（男）

图 2–5　自助餐服务员制服（女）

图 2-4 中数字 1～7 具体为：

（1）胸针或徽章（各邮轮公司的标志或徽章）佩戴在深蓝色服务背心上部的左胸前。

（2）印有船员姓名、国籍及公司标志的胸牌（名牌）佩戴在左胸前。

（3）蓝色领带。

（4）白色长袖衬衫。

（5）蓝色服务围裙。

（6）男性穿黑色长裤，女性穿黑色裙子。

（7）男性穿黑色的鞋和黑色的袜子，女性穿黑色的鞋和黑色的长筒袜。

（二）清洁员工作服

清洁员工作服如图 2-6 所示，图中数字 1～5 具体为：

（1）胸针或徽章（各邮轮公司的标志或徽章）佩戴在深蓝色服务背心上部的左胸前。

（2）印有船员姓名、国籍及公司标志的胸牌（名牌）佩戴在左胸前。

（3）灰色衬衫。

（4）黑色带有条纹的长裤。

（5）黑色鞋和黑色袜子。

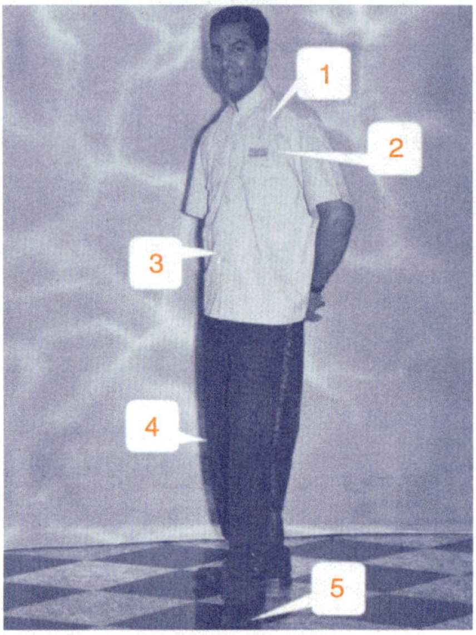

图 2-6　清洁员工作服

（三）助理服务员制服（白天）

助理服务员制服（白天）如图 2-7 所示，图中数字 1～8 具体为：

（1）胸针佩戴在上衣领口。

（2）印有船员姓名、国籍及公司标志的胸牌（名牌）佩戴在左胸前。

（3）红色领结。

（4）白色长袖衬衫。

（5）夹克上衣。

（6）男性穿黑色长裤，女性穿黑色裙子。

（7）男性穿黑袜子，女性穿黑色长筒袜。

（8）黑色鞋。

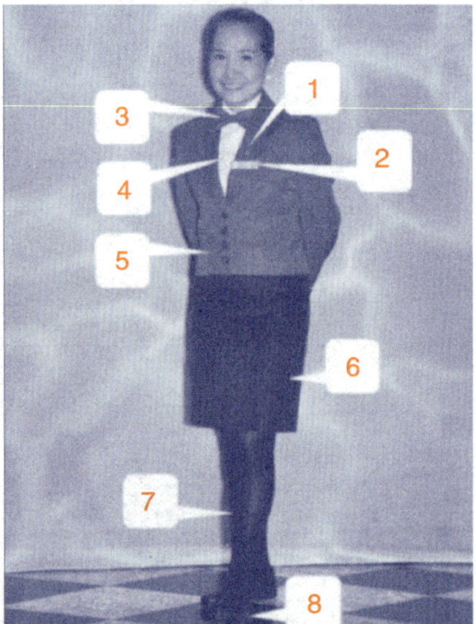

图 2-7　助理服务员制服（白天）

（四）助理服务员制服（晚间）

助理服务员制服（晚间）如图 2-8 所示，图中数字 1～7 具体为：

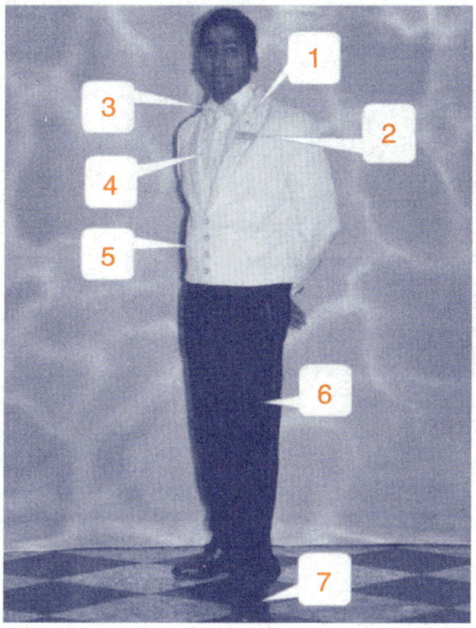

图 2-8　助理服务员制服（晚间）

（1）胸针佩戴在上衣领口。

（2）印有船员姓名、国籍及公司标志的胸牌（名牌）佩戴在左胸前。

（3）白色或黑色领结。

（4）白色长袖衬衫。

（5）白色夹克上衣。

（6）男性穿黑色长裤，女性穿黑色裙子。

（7）黑色鞋。

（五）助理服务员制服（正式）

助理服务员制服（正式）如图 2-9 所示，图中数字 1～7 具体为：

（1）胸针佩戴在上衣领口。

（2）印有船员姓名、国籍及公司标志的胸牌（名牌）佩戴在左胸前。

（3）金色领带。

（4）白色长袖衬衫。

（5）黑色西装马甲。

（6）男性穿黑色长裤，女性穿黑色裙子。

（7）黑色鞋。

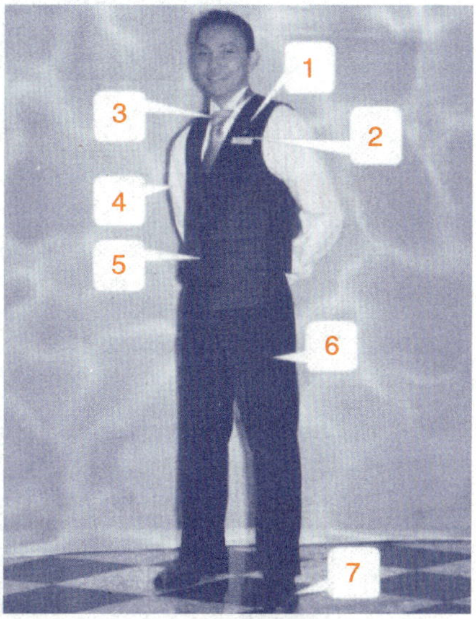

图 2-9　助理服务员制服（正式）

业务链接——黑色腰封

男性助理服务员应该佩戴黑色腰封（见图 2-10）。黑色腰封不仅是一种安全带，而且可以用于放置服务员在服务期间需要的物品，如开瓶器等。

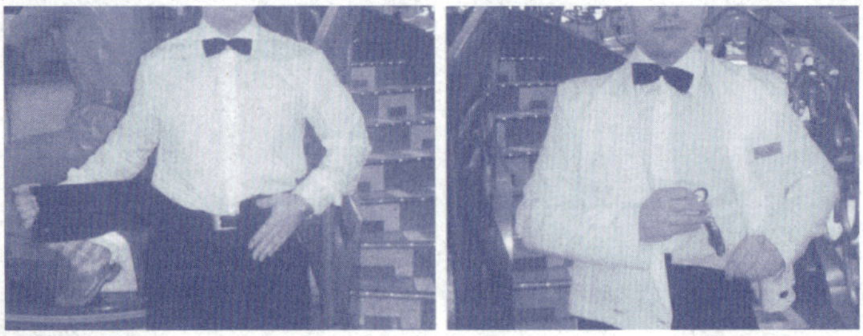

图 2-10 黑色腰封

（六）其他

1. 餐厅服务员制服

餐厅服务员会穿着黑色夹克上衣，并配黑色或金色领结（见图 2-11）。其他要求与助理服务员相同。

图 2-11 餐厅服务员制服

2. 特殊制服

在特殊日期如船长晚宴、欢送晚宴、龙虾之夜等，主餐厅服务员和助理服务员会换上特殊样式或图案的制服（见图 2-12）。例如，歌诗达邮轮通常在游客结束航程的前一天晚上举行欢送晚宴，所有服务员都会换上印有特殊图案或颜色的服装以示庆祝。

图 2-12 欢送晚宴上的餐厅服务员制服

知识拓展：关于制服着装的一些建议

任务实施

1. 各组通过对邮轮餐饮服务人员形象要求的资料阅读和理论学习，在规定时间内选择并换上不同的邮轮餐饮服务人员的制服，选择 1 名同学进行制服展示。

2. 进行现场观看及找碴儿活动，各组讨论发现的制服穿着问题并记录。

3. 各组派代表发言，指出展示人员制服穿着的错误和需要改进的地方。

任务评价

根据各组汇报情况，教师和学生共同讨论、评分。邮轮餐厅各岗位制服穿着要求任务评价表如表 2–3 所示。

表 2–3

表 2–3　邮轮餐厅各岗位制服穿着要求任务评价表

评价内容	评价标准	分值	组内自评（20%）	小组互评（30%）	教师评价（50%）	综合得分
完整性	服装配套且完整	10				
专业性	制服符合岗位要求、搭配合理	30				
卫生安全	服装干净整洁、挺括	20				
展示	自信大方，展示到位	20				
团队精神	分工明确、协作完成	20				
合计得分：						
评分标准（100 分制）：81 ～ 100 分优秀；71 ～ 80 分良好；60 ～ 70 分合格；60 分以下不合格						

思考练习

【综合题（简答题）】

1. 保持良好的个人卫生的基本做法是什么？

2. 黑色腰封的作用是什么？邮轮餐饮服务人员应该在何时佩戴？

知识拓展：常见的邮轮餐厅设备及用具

任务四　餐饮服务礼仪

案例引入

有礼走遍天下，无礼寸步难行。《礼记·礼运》有云："夫礼之初，始诸饮食。"餐饮服务礼仪是邮轮餐饮服务环节中必不可少的交流工具。邮轮上给客人留下深刻印象的不仅是豪华的装潢，还包括舒适美好的感受：餐饮服务人员向客人迎面走来，带着微笑和问候；引客入座时的耐心与细致；就餐过程中的周到和贴心……各个环节如行云流水，让客人受到礼待，感受到尊重。餐饮服务人员的礼仪是邮轮餐饮部乃至整艘邮轮最直接的"名片"。餐饮服务礼仪可以呈现邮轮公司的文化和理念，这是低成本的投入，却可以高效地让酒店利益最大化。

思考：餐饮服务人员可以从哪些方面提升餐饮服务礼仪？

任务描述

讲究礼仪是邮轮餐饮部对服务人员的基本要求，也体现了邮轮对客服务宗旨。在邮轮对客服务高度国际化、游客需求多样化的当下，游客对邮轮餐饮服务人员的服务要求也越来越高。有效提高餐饮服务人员的素质，使其与客人沟通更加顺畅，让服务更加有礼有节、周到细致成为邮轮公司提升服务品质的必然途径。餐饮服务人员必须熟练掌握基本的服务礼仪和规范，灵活运用，出色完成工作任务。

任务准备

1. 阅读服务礼仪的专业书籍，查阅相关资料、网站，了解餐饮服务礼仪。

2. 收集邮轮上的服务礼仪相关案例（餐饮服务人员角度）。

3. 成立活动小组，每组 5～6 人。各组成员分类并汇总案例中出现的问题。每组选出一名组长，由其负责工作任务的实施。

知识储备

一、站姿

（一）站姿的基本要求

站姿是人们站立时的姿势与体态，它是仪态美的基础。良好的站姿能够衬托美好的气质和风度，体现一个人积极乐观的精神，也是一个人自信心的表现。

1. 头正

平视前方，嘴微闭，收颔，表情自然，面带微笑。

2. 肩平

两肩平正，微微放松，稍向后下沉。

3. 臂垂

两臂自然下垂，中指对准裤缝。

4. 躯挺

胸部挺起，腹部往里收，臀部向内向上收紧。

5. 腿并

两腿立直，贴紧，脚跟靠拢，两脚夹角成 30°～45°。

总的来讲，采取这种站姿，不仅使人看起来稳重、大方、俊美、挺拔，还能帮助呼吸、改善血液循环。

（二）男女站姿的不同要求

男士和女士在站姿方面的差异主要表现在手位与脚位上（见表 2–4）。

表 2–4 男士和女士站姿的要求与种类

	男士站姿	女士站姿
要求	男士在站立时，要注意表现出男性刚健、潇洒、英武、强壮的风采，给人一种壮美感。	女士在站立时，要注意表现出女性轻盈、娴静、典雅的韵味，给人以一种“静”的优美感。
种类	包括垂臂式、前搭式、后搭式。 具体来讲，在站立时，男士可以将两臂自然下垂或双手相握，或叠放于身后，双脚可以分开与肩部同宽或略窄于肩。	（1）标准站姿。女士可双手相握，放在腹部，两脚夹角成 30° ～ 45°，挺胸、收腹、立腰、双目平视。这种站姿优美中略带庄重，适用于迎宾岗位。一般来说，恭迎服务对象的来临时，大都可以采用这种站姿。 （2）“丁”字站姿。女士可两手在腹前交叉，右手搭在左手上，一脚稍微向前，脚跟靠在另一脚内侧。在站立中身体重心还可以在两脚间转换，以减轻疲劳，这是一种常用的接待站姿。采用这种站姿时，肩、臂应自然放松，手不宜随意摆动，上身应当挺直，并且目视前方，头部不要晃动，下巴须避免向前伸出。

（三）站姿的标准

站姿的标准如表 2–5 所示。

表 2–5 站姿的标准

主题	标准
基本要求	头正、目平、肩松、挺胸、收腹、立腰、提臀、腿合
标准站姿	双手放于腹前，脚跟并拢，两脚夹角成 30° ～ 45°（女士）
“丁”字站姿	双脚成“丁”字步站立，右手握左手轻搭于小腹前（女士）
后背式	双脚打开稍窄于肩，右手握左手腕，双手放在臀部（男士）
垂臂式	双腿自然站立，双手放于体侧（男士）
前搭式	双腿自然站立，双手放在腹前（男士）

二、走姿

（一）走姿的基本要求

（1）行走时要方向明确、步幅适度、速度均匀、重心放准、身体协调、造型优美。走得正确而自然、优雅而有风度、轻快而有节奏，能反映出服务人员积极向上的精神状态。

（2）行走时，上身基本保持站立的标准姿势，挺胸收腹，腰背笔直。两臂以身体为中心，前后自然摆动。前摆约35°，后摆约15°，手掌朝向体内。起步时，身体稍向前倾，重心落于前脚掌，膝盖伸直；脚尖向正前方伸出，双目平视，收颌，表情自然、平和。《礼记·曲礼下》中“行不举足，车轮曳踵”，说的就是走路的时候不要把脚抬得太高，要像车轮一样着地，否则就是跑跳，会给人轻佻、不稳重的感觉。餐饮服务人员可以根据工作需要快走，但应尽量避免跑，以免扬起灰尘，影响饮食卫生。

（二）男女走姿的不同要求

1. 女士走姿

女士在行走时，应步履轻捷优雅、步伐适中、不快不慢，展现出温柔、矫健的阴柔之美。步幅一般在30厘米左右，女士可根据所穿鞋的鞋跟高度来适当调整。女士常见的走姿是“一字步”。“一字步”走姿的要领：行走时两脚内侧在一条直线上，两膝内侧相碰，收腰提臀，肩外展，头正颈直，微收下颌。

2. 男士走姿

男士在行走时，应步履雄健有力、不慌不忙，展现雄姿英发、英武刚健的阳刚之美。步幅一般在50厘米左右。男士常见的走姿是“平行步”，其要领是双脚各踏出一条直线，使之平行，步伐快而不乱。

知识拓展：服务场景中行走的规则

业务链接——走姿的训练

（1）练习腰部力量。行走属于动态美，其中腰部的控制力是至关重要的。练习时，双手固定于腰部，脚背绷直，踮脚正步行走，随时都可以练习。

（2）良好身姿还体现在背部。脊背是行进中“最美妙的音符”，因此要练习展现脊背和脖颈的优雅。我们可以头顶上放一本书走路，保持重心稳定，保持脊背伸展和头正、颈直、目平。起步行走时，身体略前倾，身体的重心始终落于行进在前方的脚掌上，前方的脚落地、后方的脚离地的瞬间，膝盖要伸直，脚落下时再放松。

（3）练习脚步，内“八”字和外“八”字绝对是不可取的。我们可在地上画一条直线或利用地板线练习。两脚内缘的着力点力求落在直线两侧，并不是完全踩在线上，而是使脚的内侧贴近直线即可。速度要均匀，不能走得过快。通过不断的练习，保持行走的轨迹和稳定性。

（4）进行全身的协调性训练，使行走中身体的每一个部位都能呈现出律动之美。步伐要矫健、轻盈、稳定，有节奏感。

三、手势

在餐饮服务工作中，正确的手势必不可少，从迎宾员的引领到服务员的拉椅让座等各个环节都离不开规范手势的运用，所以手势的学习与训练至关重要。

手势是运用手指、手掌、拳头和手臂的动作变化，表达思想感情的一种体态语言。生动形象的语言再配合准确、精彩的手势动作，会使交往更富有感染力、说服力和影响力。例如，招手问候、挥手辞别、拱手道谢、举手赞许、摆手婉拒、手抚关爱、手指愤怒、手搂亲密、手捧尊敬、手遮害羞等。

手势的活动范围分为上、中、下三个区域。肩部以上称为上区，一般用来表达激烈的情绪，如胜利的喜悦、高度的赞扬、热切的盼望、深情的呼唤、愤怒的谴责等。肩部以下腰部以上称为中区，一般用来表达平和、平静的心绪，如指示、介绍、鼓掌等，一般不带有浓厚的感情色彩。腰部以下称为下区，一般用来表达负面的情感，如厌恶、否定等。

手势的标准要求如表 2–6 所示。

表 2–6　手势的标准要求

主题	标准
基本要求	使用手势时，身体其他部位姿势规范，与手势动作协调，表情适时、自然，表示重视、友好或尊敬。
横摆式	在表示“请进，请跟我来”时使用。五指伸直并拢，手心面向斜上方，以肘为轴轻缓向一旁摆出，到腰部并与身体正面成 45° 角时停止。头和上身微向伸出手的一侧倾斜，另一手下垂于体侧，面带微笑。
双臂式	两臂从身体两侧向前上方抬起，两肘微屈，向两侧摆出，也可双臂向同一方向摆出。
斜摆式	手从身体一侧抬起至高于腰部后，再向下摆，使大小臂成一条斜线。
直臂式	掌心面向斜上方，手指伸直并拢，屈肘从身前抬起，抬到肩的高度时停止，肘关节基本伸直，上身稍前倾，面带微笑。

知识拓展：手势使用的注意事项

四、语言

语言的基本要求是恰到好处、点到为止。邮轮餐饮服务人员在工作中要注意以下几个方面：

（1）服务语言传递的是服务，并不是显示说话能力，应表情轻松、多微笑。

（2）服务语言要清楚、亲切、准确。餐饮服务人员应注意目光的运用，在向客人传递信息的同时表达尊重。餐饮服务人员在与客人交谈时应保持良好的身体姿态。

（3）餐饮服务人员在与客人交谈时，以与客人保持一步半的距离为宜。餐饮服务人员要进退有序，交谈完毕要后退一步，然后转身离开，以示对客人的尊重，不要说完扭头就走。

（4）餐饮服务人员要善于聆听，表情专注。客人说话时不要左顾右盼、漫不经心，或随意看手表、双手东摸西摸。

（5）餐饮服务人员要适时回应，让客人感受到其在认真聆听。例如，当客人在点餐时餐饮服务人员应及时地点头、微笑、记录或给出建议。

（6）餐饮服务人员不要与客人争辩，否则可能是胜了道理、败了心情、失了和谐。解决问题的关键是使客人满意。

（7）餐饮服务人员与客人交谈时，音量和语速应适中。声音太小，语速太快，客人听不清，也表现出服务人员的不自信；声音太大，会让客人觉得太吵，表现出服务人员的没礼貌；语速太慢，表现出服务人员业务不熟练或不热情。

（8）餐饮服务人员说话时要吐字清楚、声音悦耳，这样不但有助于表达，而且可以给人以亲切感。

（9）餐饮服务人员应使用普通话服务，特色主题餐厅除外。

知识拓展：服务语言的禁忌事项

五、递物

邮轮餐饮服务人员递物时要使用双手，单手递物通常被视为无礼的表现。如果双方距离较远，应起身走近对方。邮轮餐饮服务人员递物时，应直接递送到对方手中，并应方便对方接取；递送带尖、带刃等物品时，要将危险一侧朝向自己的斜下方，切不可朝向对方。

知识拓展：递物与接物的注意事项

任务实施

1. 根据课前收集和整理的餐饮服务礼仪的案例，各组抽选一个案例进行改编。
2. 各组进行案例脚本撰写和服务礼仪的练习。
3. 以“正确的餐饮服务礼仪”为主题进行情景模拟或制作短视频，在课堂上展示。

任务评价

根据各组汇报情况，教师和学生共同讨论、评分。邮轮餐饮服务人员服务礼仪案例模拟评价表如表 2-7 所示。

表 2-7

表 2-7　邮轮餐饮服务人员服务礼仪案例模拟评价表

评价内容	评价标准	分值	组内自评（20%）	小组互评（30%）	教师评价（50%）	综合得分
完整性	内容丰富、完整	15				
合理性	服务礼仪使用合理、恰当	20				
准确性	服务礼仪表达准确、符合行业要求	30				
设计展示	逻辑清楚、制作精良、展示到位	15				
团队合作	分工明确、协作完成	20				
合计得分：						
评分标准（100 分制）：81 ～ 100 分优秀；71 ～ 80 分良好；60 ～ 70 分合格；60 分以下不合格						

思考练习

【客观题（填空题）】

1. 站姿的基本要求包括________、________、________、________、________。
2. 服务语言的禁忌事项包括________、________、________、________、________。
3. 服务语言的基本要求是________________、________________。

【综合题（简答题）】

1. 简述走姿的注意事项。
2. 简述手势使用的注意事项。

知识拓展：一些国家的就餐禁忌

项目三 餐饮服务基本技能

项目描述

在邮轮上各式各样的餐厅中，不同岗位的工作人员都有其分内的工作，这些工作是烦琐、具体的。这就要求餐饮服务人员在遵循“一切就绪、万事俱备”的原则下，有条不紊地完成餐厅的各项准备工作，包括餐前准备、各种服务技能等。

项目目标

知识目标

1. 熟悉托盘的种类和用途；
2. 熟悉托盘操作方法和规范；
3. 熟悉邮轮餐巾花的种类及折花技能；
4. 熟悉餐厅台布的铺设方法和流程；
5. 了解邮轮餐厅餐前准备的工作内容及流程；
6. 熟悉备餐台的使用要求；
7. 熟悉邮轮餐厅摆台的要求及规范。

能力目标

1. 能够掌握托盘的使用方法；
2. 能够熟练应用托盘技能进行餐饮服务工作；
3. 能够完成至少 4 种餐巾花的折制；
4. 能够按照邮轮餐厅的要求进行台布的铺设；
5. 能够根据邮轮各餐厅的要求完成餐前准备工作；
6. 能够掌握摆台的要求，并按照规范进行邮轮餐厅的摆台工作。

素养目标

1. 逐步培养良好的审美能力和反复试练的坚韧毅力；
2. 逐步提高对行业道德规范和标准的认知，强化职业道德素质；
3. 培养灵活的沟通和应变能力；
4. 逐步培养严谨、细致的服务意识。

任务一　托盘

案例引入

小王是入职没多久的邮轮主餐厅的助理服务生，还没有独立工作过的他手忙脚乱，把客人需要的可乐、牛奶和橙汁全放在了托盘里，结果在给客人倒可乐时，不小心将放在外侧的饮料瓶碰倒，导致饮料洒了一地，并且把一位客人的衣服给弄湿了。

思考：如果你是小王，你今后该如何训练自己的端托服务技能？

任务描述

托盘服务是餐饮服务人员运送各种物品的基本工具，各种餐具、饮品、菜肴等都需要餐饮服务人员使用托盘运送。正确、有效地使用托盘可以减少餐饮服务人员搬运餐饮物品的次数，提高服务质量和工作效率。

任务准备

1. 课前查阅并自学教学平台上的教学材料，了解托盘的种类及相关知识。

2. 观察学校食堂、合作酒店及餐厅等场所的托盘的材质、大小，以及服务过程中服务人员托托盘的方式和方法。

3. 成立学习小组，以 6 人为一组。每组选定 1 名组长，由其负责工作任务的实施。

知识储备

一、托盘的种类与用途

（一）托盘的种类

（1）按照制作材料，托盘可分为木托盘、金属托盘和胶木防滑托盘。

（2）按照规格和形状，托盘可分为大、中、小三种规格的长方形托盘和圆托盘。其中，圆托盘中，直径大于 36 厘米的为大圆托盘；直径为 32～36 厘米的为中圆托盘；直径为 20～32 厘米（不含 32 厘米）的为小圆托盘。长方形托盘也按此规格分大、中、小三种。

（二）托盘的用途

（1）大方盘和中方盘用于装运菜点、酒水，收运餐具等器皿。

（2）小方盘和大、中圆盘用于摆台、斟酒、上菜、上饮料等。

（3）小圆盘和 6 英寸（15.24 厘米）小银盘主要用于递送账单、收款、递送信件等。

业务链接——托盘使用的注意事项

（1）使用托盘运送物品时，应选择与所负载物品大小相称的托盘。

（2）如果所使用的托盘不是防滑托盘，则应用一块湿的托盘巾或者一块湿的餐巾垫在托盘上，以起到防滑作用。

二、托盘的操作方法

按所托物品轻重，餐饮服务人员可使用轻托和重托两种方式。物品重量在 5 千克以内的，适合采用轻托方式；物品重量在 5 千克及以上的，则适合采用重托方式。

（一）轻托

轻托，又称“胸前托”，此法多用于中、小型托盘，有便于工作的优点。轻托的动作要领如下：

（1）两肩平行，用左手。

（2）大臂与小臂垂直，成 90°。

（3）手掌掌心朝上，五指分开，指实而掌心虚。

（4）手肘离腰部约 15 厘米。

（5）右手自然下垂或放于背后。

（二）重托

重托，又称“肩上托”，此法多用于大型托盘。重托的动作要领如下：

（1）左手向上，臂肘弯曲的同时，手掌向左转动手腕 180°，至肩上方。手掌略高出肩两厘米，五指自然分开，用五指和掌根部控制托盘的平衡。

（2）托盘的位置以盘底不压肩、盘缘不近嘴、盘后不靠发为准。

（3）右手应自然下垂摆动或扶住托盘的前内角。

一般来说，托盘操作分为五步：理盘—装盘—起托—端托行走—落盘。托盘的步骤、技能要求和操作规范如表 3–1 所示。

表 3–1　托盘的步骤、技能要求和操作规范

步骤	技能要求	操作规范
理盘	1. 根据装运物品选择托盘； 2. 垫上垫布； 3. 防滑。	1. 托盘应洗净、擦干； 2. 垫布应铺整齐。
装盘	根据物品形状、体积、使用先后顺序等合理装盘。	1. 较重、较高的物品放在里面，较轻、较低的物品放在外面； 2. 先用的物品放在前面、上面，后用的物品放在后面、下面； 3. 物品重量应分布得当。

续表

步骤	技能要求	操作规范
起托	保持托盘的平稳，汤汁不洒、菜肴不变形。	1. 先将托盘的 1/3 托至操作台外； 2. 左手托住托盘底部，掌心位于底部中间，右手握住托盘； 3. 如托盘较重，应先屈膝，用力托住托盘后起身，然后用手掌托住。
端托行走	步伐轻盈、稳健，身体挺直、略向前倾，确保汤汁不洒。	行走时要注意周围情况，控制行走速度。
落盘	双腿站稳、腰部挺直、双膝弯曲，保持托盘的平稳。	1. 先将托盘的 1/3 搭至操作台上； 2. 右手扶住托盘另一边，左手收起，然后双手一起将托盘平推进操作台台面。

知识拓展：在餐厅行走时需要遵守这些规则

业务链接——徒手端盘

中、西餐服务中均会用到托盘，但现代西餐服务中使用托盘的频率远低于中餐服务。这是因为西餐服务时讲究服务过程中服务人员的服务技巧、个人风采的展现，所以许多操作都是徒手进行的，以使服务更具观赏性、生动性。由于邮轮餐厅中客人集中、服务工作量大，因此餐饮服务人员在上菜时多采用徒手端盘的方式进行（见图 3–1）。

图 3–1　徒手端盘

任务实施

教师讲解托盘操作的基本知识并进行示范。

1. 按照表 3–2，以小组为单位（6 人 1 组）进行训练。
2. 按照表 3–2 中的要求，分别进行轻托、重托和端托行走三项练习。

表 3–2　托盘操作实训任务

训练内容	托木块练习	托瓶练习	端托行走练习
训练方法	所需物品：干净托盘、秒表（计时器）、砖形木块 2 块。具体步骤：让每位学生练习托木块 2 块。	所需物品；干净托盘、秒表（计时器）。具体步骤：让学生托酒瓶 3 ～ 6 瓶。	所需物品：干净托盘、秒表（计时器）、不同酒瓶（啤酒、葡萄酒）4 ～ 6 个、水杯 1 个、障碍物若干（椅子）摆成 S 形。 具体步骤：让学生端托行走。
训练要求	1. 根据班级人数分为几个小组；每 10 人一行，面对面站立进行训练；每组参加人员的练习时间为 10 分钟，时间到即停止操作。 2. 女生端托时间不少于 2 分钟，男生不少于 5 分钟；依照操作标准进行；逐渐增加重量。 3. 学会调整托盘重心；依照操作标准进行操作，可逐渐增加重量。 4. 每位学生进行多物托盘行走练习；行走时必须绕过每个障碍物，做到规范、正确、迅速。		
注意事项	操作要规范，物品重量不要增加太快。	操作要规范，物品重量不要增加太快。	端托行走平稳、姿势优美；行走时保持盘内物品的平衡；做到平、稳、松。

任务评价

根据实训任务情况，教师和学生共同讨论、评分。托盘操作实训评价表如表 3–3 所示。

表 3–3

表 3–3　托盘操作实训评价表

步骤	操作程序及标准	分值	得分
理盘	保持托盘干净、整洁，无油渍、无水迹	3	
装盘	物品摆放整齐、美观、合理	15	
起托	起托方法正确	2	
	端托时姿势正确，手臂成直角	3	
	六个支点受力	5	
	托盘不靠腹，手臂不撑腰	2	
	表情自然、动作大方、保持微笑	3	
	上身挺直、头正、肩平、眼睛目视前方	2	
	左手托盘	5	
	理盘平稳，物品不歪、不倒，不发出声响	5	
	不允许翻盘	15	
端托行走	行走步伐轻盈	10	
	遇障碍物避让自如	10	
	姿势正确	10	
落盘	盘内物品不歪、不倒	5	
	落盘后物品摆放整齐	5	
最终得分			

思考练习

【综合题（简答题）】

1. 列出轻托服务的操作程序。
2. 在邮轮餐厅中，餐饮服务人员端托行走时应注意什么？

知识拓展：托盘的重要性

任务二　餐巾折花

案例引入

某日，邮轮餐厅领位接待了一位日本客人小泉先生。小泉先生详细了解了这家餐厅的服务情况后，预订了第二天晚上30人的宴会餐，并提出了宴会要求，交付了订金。第二天，主餐厅按照小泉先生的要求做好了一切准备工作，并根据季节选用了优雅的荷花造型的餐巾折花。当迎宾员将其中的几位日本客人引领到餐桌时，客人十分不悦。

思考：这些客人为什么不悦？如果你是负责准备本场宴会的服务员，你应该怎么做？

任务描述

餐巾折花是餐桌礼仪中的一项重要内容，能给客人带来美的享受，同时又为宴饮聚餐增添庄重、热烈的气氛。餐巾折花通过无声的语言既表达了主办人员或主办单位的理念与情感，又能彰显主人、主宾席位。本任务设计突出实践能力的培养，结合真实岗位标准进行实训，让学习者在培养审美能力的基础上练习和掌握餐巾花的折法，并用于实践。

任务准备

1. 课前查阅并自学教学平台上的教学材料，了解餐巾折花的种类及相关知识。
2. 观察学校食堂、合作酒店及餐厅等场所的餐巾的材质、大小，以及餐巾折花的花型。
3. 成立学习小组，以6人为一组。每组选定1名组长，由其负责工作任务的实施。

知识储备

一、餐巾及餐巾折花概述

餐巾，又称“口布”，是一种正方形布巾。客人在用餐过程中会将餐巾压置于骨碟下面或者置于大腿上。餐巾是餐桌上常备的一种保洁用品，客人可以用其擦去手上或嘴上的油渍，防止酒水、汤汁滴洒到衣服上。

早期的餐巾花呈正方形，服务人员将其平放在餐盘上。17 世纪 30、40 年代，意大利人将餐巾折花发展成为一种观赏艺术。餐巾的主要作用是清洁，因此，从卫生角度出发，餐巾折花花样越简单越好。同时，简单的餐巾折花也可以节省服务人员的时间，方便客人打开使用。很多餐厅为了营造气氛、美化餐桌，有时候需要选择不同颜色、不同造型的餐巾花，因此，餐桌上会出现各种不同动植物造型的餐巾花。

餐巾花可分为杯花、盘花与环花三种。杯花，即服务人员将餐巾折好造型之后，放置于水杯中，去除水杯之后餐巾即散开，常用于中餐厅摆台及各类中式宴席。盘花折叠成形后，服务人员可将其独立放置于餐盘中或者餐桌上，常用于西餐厅。由于盘花折叠简单、可独立成型，因此常见于邮轮中餐厅。环花是将餐巾平整卷好或者折叠成造型后套在餐巾环内。餐巾环，又称餐巾扣，材质有塑料、陶瓷、银、骨等。除此之外，餐巾环还可以用彩色丝带或丝穗带代替。餐巾环花通常放置在装饰盘或餐盘上，给客人以传统、简洁和雅致的感觉，中西餐厅皆可使用。

西餐厅比较偏爱白色且样式简单的餐巾，中餐厅的餐巾变化较多，色彩也较为丰富。餐巾的材质以纯棉最受欢迎，这种材质不仅吸水性好，而且折花易于成型。混纺材质的餐巾吸水性差，且折花时不易成型。

二、餐巾花的摆放要求

餐巾花的应用比较广泛，大至国宴、小到家宴都可以用餐巾花来摆台装饰。总的摆放要求是整齐美观、搭配得当、使用方便、便于观赏，尽可能与台布、餐具的色调相结合。服务人员在摆放餐巾花时要注意以下几点：

（一）区别插摆

餐巾花一般插入水杯或摆放在盘中，因此要区别插摆。底部较大的花型宜插入水杯中，需要平摊摆放的花型则适宜搁置在盘中。餐巾花插入水杯中的深度要适当，一般以插入水杯深度的 2/3 为宜，露在外面的部分为观赏部分，因此插放的时候应该注意调整花型。由于杯子是透明的，因此杯子内的部分也不能忽视，应该线条清楚，忌乱插乱塞。

（二）搭配得当

餐巾花的品种要搭配得当，凸显主位，其他客人位置的花型应高低均匀、错落有致。同桌摆放时，服务人员应将品种、形状相似的花型，或者高低、大小相似的花型，错开并对称摆放，不宜将相同花型的餐巾花摆放在一起。

（三）注意朝向

餐巾花要注意摆放的朝向，服务人员应将观赏性的一面对着客人席位。服务人员摆放餐巾花时，要注意距离匀称、整齐一致，既不能挡住餐具和餐台上的其他用品，也不能影响服务操作。

知识拓展：餐巾花型的选择

岗位小贴士：根据船舶卫生手册，所有餐厅员工必须保持良好的个人卫生，以避免交叉污染。这在折叠餐巾时尤为重要。记住：勤洗手！

三、餐巾折花的基本手法

餐巾折花的基本手法如表 3–4 所示。

表 3–4　餐巾折花的基本手法

基本手法	常用技法	操作要点
折叠	将餐巾一叠二，成两层，折叠成正方形、矩形、长条形、三角形、菱形、锯齿形等形状。这是餐巾折花最基本的手法，几乎每种花型都要用到这种方法。	熟悉基本造型，看准角度，一次折叠成型，避免重复，否则餐巾会留下折痕，影响造型挺括、美观。
推折	这是餐巾折花中的一种重要技法，褶裥好坏直接影响花型的挺括、美观。 双手的拇指、食指握紧餐巾，两个大拇指相对成线，指腹向上，中指控制好下一个褶裥的距离，拇指、食指的指腹握紧餐巾向前折到中指处，中指腾出，控制下一个褶裥的距离，三个手指相互配合，向前推折。将餐巾折成一褶一裥的形状，使花型层次丰富、紧凑、美观。	操作台面应光滑，拇指、食指紧紧握褶裥，不能松开，中指控制间距，将餐巾向前推折。不能向后拉折，否则褶裥距离大小不匀，有碍造型美观。要求褶裥两边对称，一般应从中间向两边折。
卷	这是将折叠的餐巾卷成圆筒形的一种方法，可分为平行卷和斜角卷两种。 平行卷即将餐巾两头平行一起卷拢，要求卷得平直。 斜角卷是将餐巾头固定，只旋转一头，或者一头少卷、一头多卷。	平行卷要求两手用力均匀，一起卷动，餐巾两头的形状必须一样。 斜角卷要求两手能按所卷角度的大小互相配合。 不管采用哪种卷法，通常要求卷紧，卷松了就显得软弱无力，容易软塌弯下，有碍造型美观。
穿	使用工具从餐巾的夹层折缝中穿过去，形成褶裥，使造型更加逼真、美观。穿的工具一般是圆形的筷子，根据需要有用一根的，也有用两三根的。 穿时，左手握住折好的餐巾，右手拿筷子，将筷子细的一头穿进餐巾的夹层折缝中，另一头顶在自己的身上或桌子上，然后用右手的拇指和食指将餐巾慢慢往里拉，把筷子穿过去，褶裥要求拉得均匀。	筷子要光滑，拉折要均匀。

续表

基本手法	常用技法	操作要点
翻	餐巾折制过程中，上下、前后、左右、里外改变部位的翻折，均可称为“翻”。例如，将巾角从下端翻折到上端，两侧向中间翻折，前向后翻折，或将夹层的里面翻到外面等。折制花朵、叶子、花瓣、花蕊和鸟类的翅膀、头、尾等时，均要用到这种折法。	耐心、细致。
拉	这个技法常常与翻的动作相配合。在翻折的基础上为使造型挺直，如折鸟的翅膀、尾巴、头颈，花的茎叶等，通过拉使折巾的线条明显，花型就显得挺拔、有生气。	耐心、细致。

四、常见的盘花实例及折叠步骤

常见的盘花实例及折叠步骤如表 3-5 所示。

表 3-5　常见的盘花实例及折叠步骤

名称	步骤	完成图
金字塔	 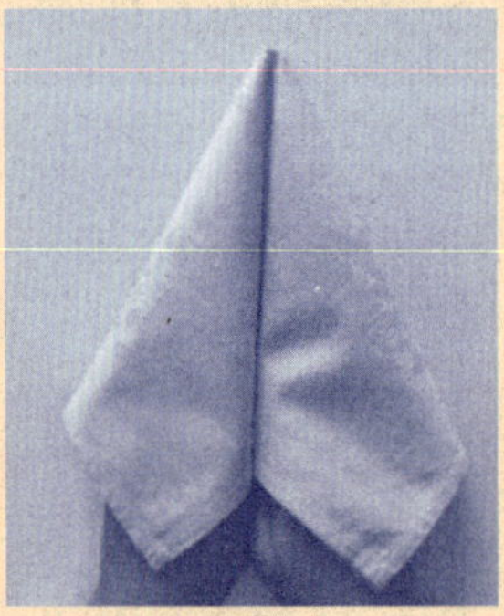	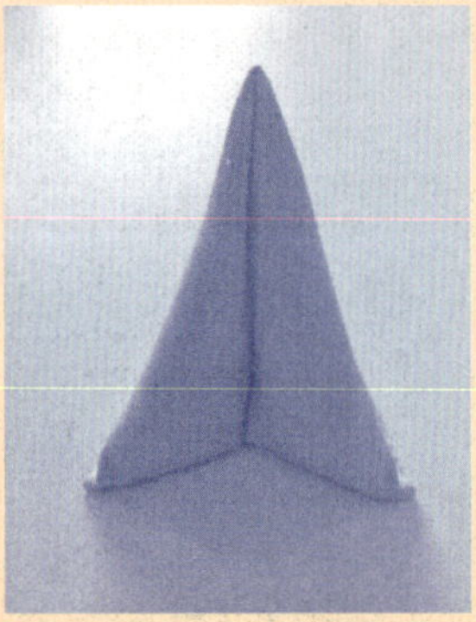
礼帽	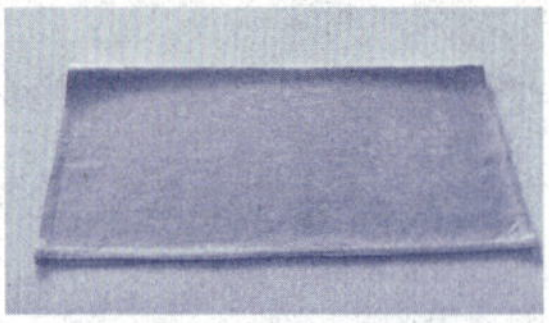 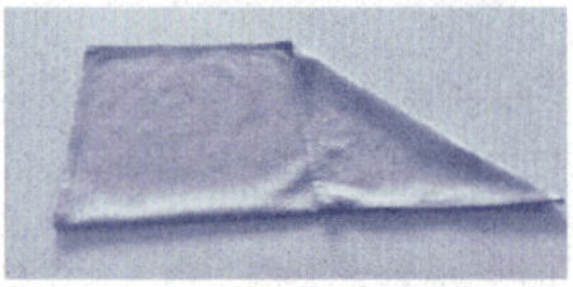	

续表

名称	步骤	完成图
礼帽	   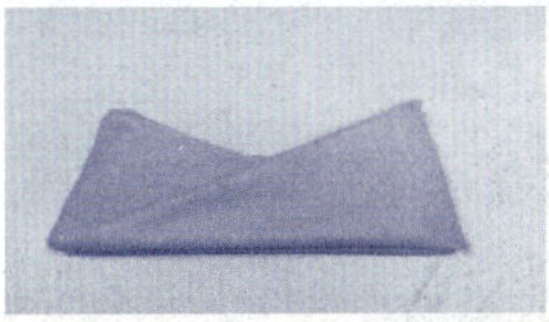	
法国褶	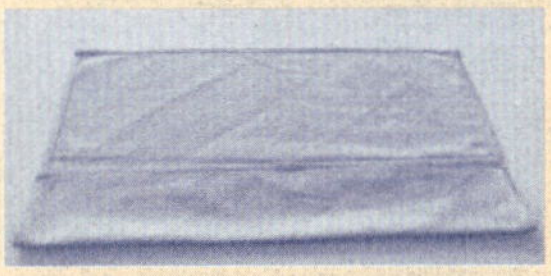 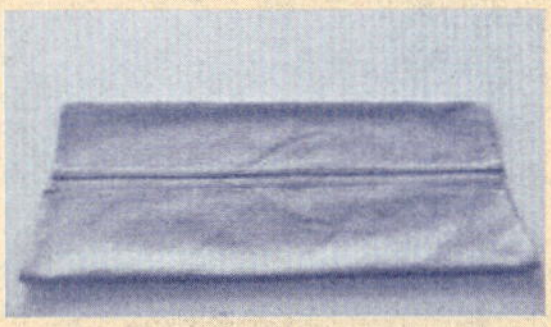 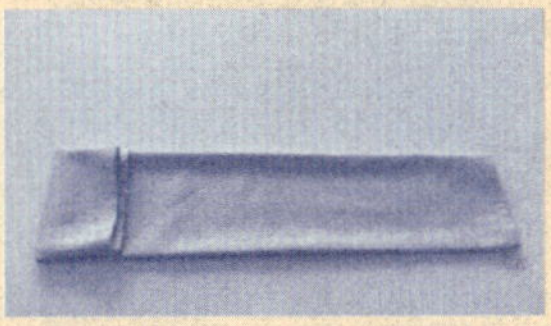  	

续表

名称	步骤	完成图
帐篷	  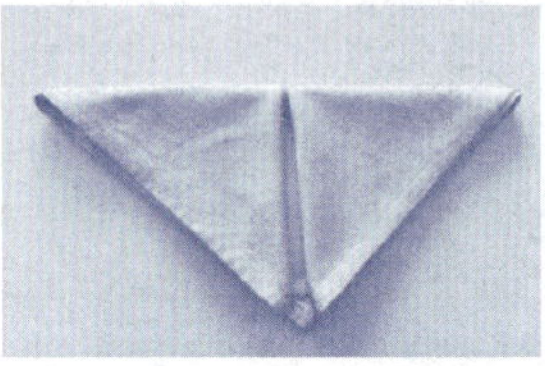 	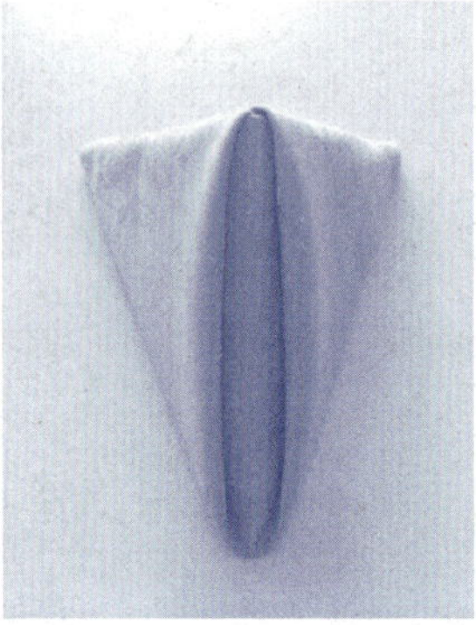
蜗牛	   	

续表

名称	步骤	完成图
蜗牛	 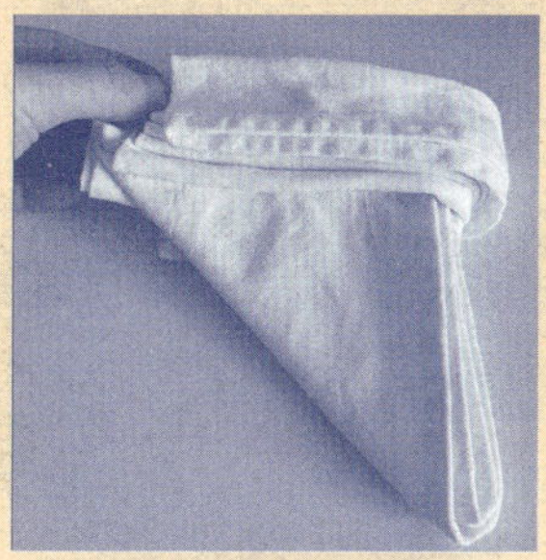 	
圆锥帽	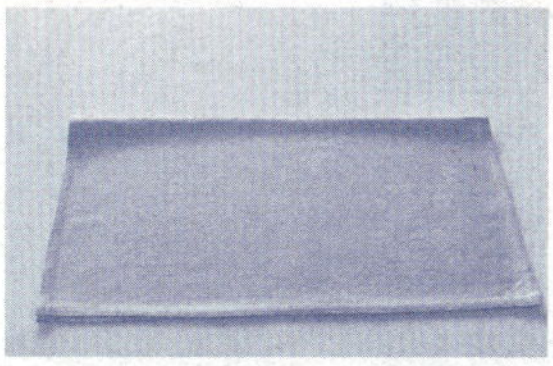 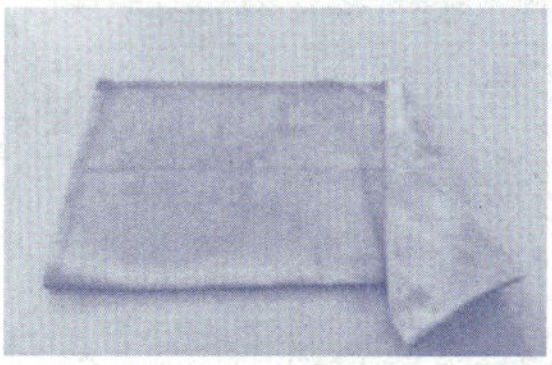 	

续表

名称	步骤	完成图
蝴蝶扇	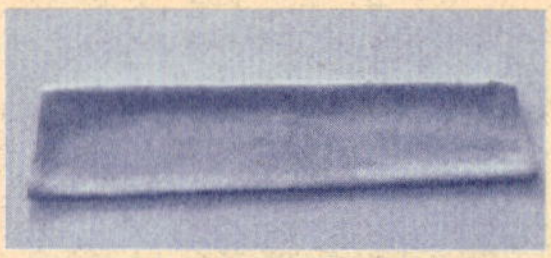    	
帆船	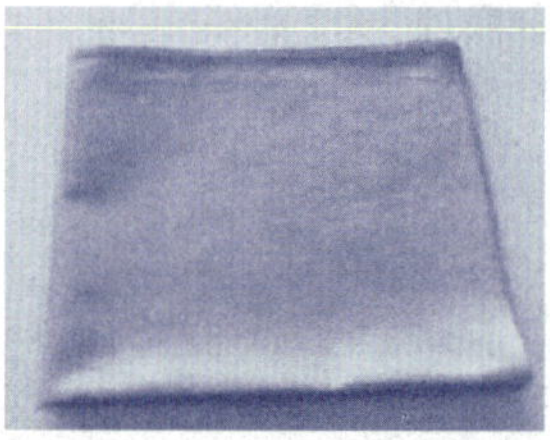 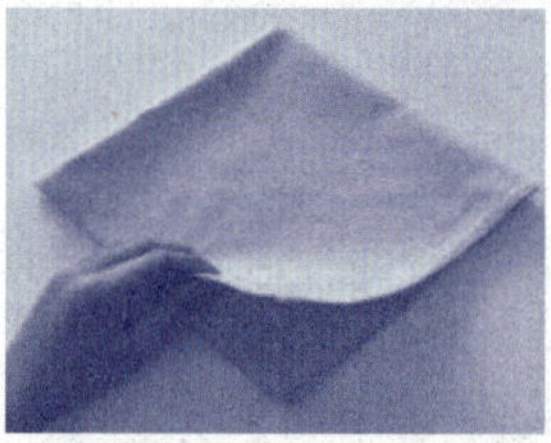 	

续表

名称	步骤	完成图
帆船	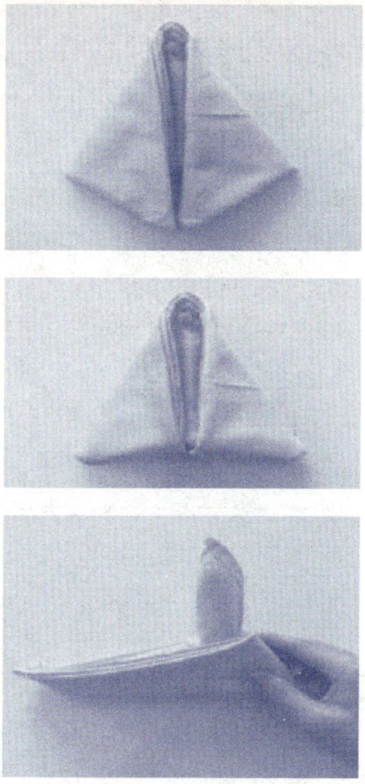	

任务实施

1. 教师示范讲解餐巾及餐巾折花的基本知识。

2. 教师示范盘花的折叠。

3. 以小组为单位（6 人一组）进行餐巾折花训练，5 分钟内每人至少练习折出 5 种盘花。折花要求手法正确、花型美观大方。

任务评价

根据实训任务情况，教师和学生共同讨论、评分。餐巾折花操作评价表如表 3-6 所示。

表 3-6

表 3-6　餐巾折花操作评价表

评价内容	评价标准	分值	组内自评（20%）	小组互评（30%）	教师评价（50%）	综合得分
餐巾折花	折出 5 种盘花	50				
	折叠均匀整齐、造型美观、线条挺括	30				
	手法规范，动作熟练、优美	10				
	操作卫生	10				
合计得分：						
评分标准（100 分制）：81 ～ 100 分优秀；71 ～ 80 分良好；60 ～ 70 分合格；60 分以下不合格						

思考练习

【综合题】

1.（简答题）在邮轮宴会中用餐巾折花装饰餐桌时需要注意哪些方面？

2.（实践题）完成至少 4 种餐巾盘花的折叠。

知识拓展：餐巾的起源与发展

任务三　铺台布

案例引入

小 C 是一名新入职的邮轮主餐厅助理服务生，每天的工作之一就是铺台布、摆台、折餐巾花这些餐前准备工作。她认为铺台布是简单且好上手的工作，所以在岗前培训时没有进行扎实的练习。小 C 在用方形台布铺圆形餐桌时，桌边四周下垂部分总是不均等，于是她要花很多时间调整台布，间接影响了后面准备工作的进度。

思考：如果你是小 C，你认为如何做才能尽快摆脱这个苦恼呢？

任务描述

铺台布是餐饮服务的一项基本操作技能。铺设台布的餐厅会给客人一种柔和、豪华、宁静之感，营造了餐厅的优雅氛围。餐台的台型不一、尺寸不一，餐饮服务人员应根据具体情况选择合适的台布铺设方法。

任务准备

1. 课前查阅资料并预习教学平台上的教学课件，了解台布的不同铺设方法。
2. 观察合作酒店及餐厅等场所员工铺台布的方式。
3. 成立学习小组，以 6 人为一组。每组选定 1 名组长，由其负责工作任务的实施。

知识储备

台布是餐厅摆台必备的物品之一。台布的规格及颜色的选择，应与餐台的大小、餐厅的风格协调一致。

一、台布铺设前的检查工作

（1）选择的台布是否正确；

（2）桌面是否干净；

（3）餐桌是否平稳。

二、台布铺设操作流程

台布铺设操作步骤和操作要领如表 3–7 所示。

表 3–7　台布铺设操作步骤和操作要领

操作步骤	操作要领
准备工作	将台布叠好，椅子按规则摆放，洗净双手。
拉椅站位	将主人位的椅子移开，站立于主人位，准备操作。
打开台布	将叠好的台布正面朝上打开，捏住台布的一边，将台布推向副主人位方向，将台布向左右打开。
合拢折叠	将台布向前折叠，用两手的臂力将台布沿着桌面向胸前合拢。
推出	双手握住台布两边，将台布其余部分顺着桌面向对面推出去。
回拉	推出的同时，往回轻拉，以防止台布推出过多，以致台布落地。
整理定位	用拇指和食指轻捏台布，往回拉；注意找准台布与餐桌的中心，要求十字居中、四周下垂均等，一次到位为最佳。

业务链接——西餐台布铺设操作流程

由于邮轮餐饮以西餐为主，因此邮轮餐厅多见西餐台布铺设方式。西餐台布铺设操作流程如表 3–8 所示。

表 3–8　西餐台布铺设操作流程

序号	步骤	图示	注意事项
1	站于餐桌一旁的中央处，将台布的开口折边朝向自己和右边，打开台布。		台布下垂约 30 厘米；放置餐椅后，台布中心折痕应与餐椅中心对齐；台布折痕的中心点在餐桌正中央。
2	用拇指和食指夹住台布的最上层，食指与中指夹住中间单层台布。	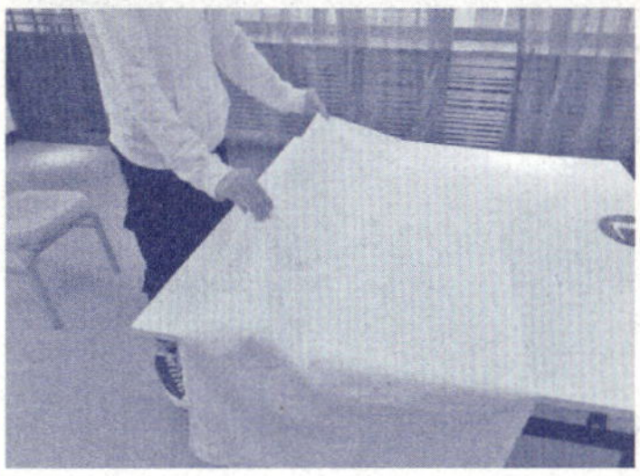	

续表

序号	步骤	图示	注意事项
3	食指与中指夹住台布，向外张开至桌边，身体微弯，两脚一前一后，将台布往前抛出。松开食指与中指后，将台布向后轻轻地拉，直到台布覆盖整个桌面。	 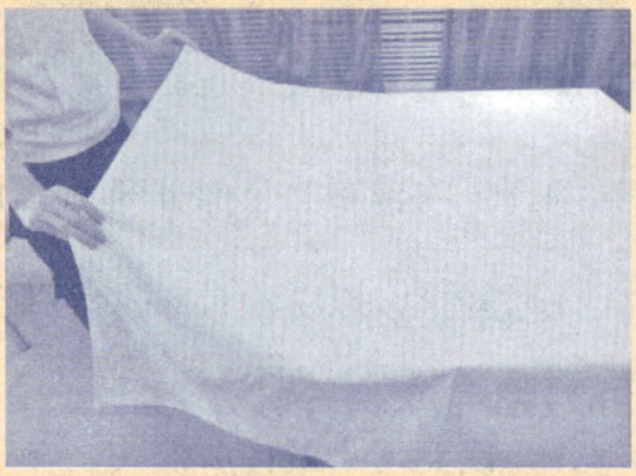 	
4	调整台布，使四周下垂均匀。		

知识拓展：台布的分类和铺设方法

任务实施

1. 教师讲解示范，学生学习台布铺设的动作及要领。

2. 学生以小组为单位（6 人一组），在实训室进行推拉式、撒网式、抖铺式和西式台布铺设的方法的练习。

3. 通过进行小组 PK 增强和检验实训效果。

任务评价

根据实训任务情况，教师和学生共同讨论、评分。台布铺设任务评价表如表 3–9 所示。

表 3–9

表 3–9 台布铺设任务评价表

评价内容	评价标准	分值	组内自评（20%）	小组互评（30%）	教师评价（50%）	综合得分
准备工作	（1）仪容仪表（10 分） （2）操作卫生（10 分）	20				
铺台布	（1）站在主人位右侧，将椅子拉开，四种铺法任选一种，在 10 秒内一次性到位。每超 1 秒扣 10 分，重复一次扣 10 分，用手大面积接触台布扣 10 分。（30 分） （2）正面朝上、中线居中，对准正副主人位。（20 分） （3）台布下摆均等。（10 分）	60				
总体印象	操作规范，动作娴熟、优雅	20				
合计得分：						
评分标准（100 分制）：81～100 分优秀；71～80 分良好；60～70 分合格；60 分以下不合格						

思考练习

【综合题】

1.（实践题）请列出西餐台布铺设的一般步骤。

2.（简答题）中式撒网式、中式抖铺式和西式铺台布的技法有什么不同？

知识拓展：铺台布的注意要点

任务四 餐前准备

案例引入

某邮轮上的客人王先生致电意大利餐厅，想预订次日下午 6 时的 10 人桌用来举办小型生日宴会。意大利餐厅十分重视王先生的来电，在餐前例会时，餐厅主管特意分配了工作经验丰富、会说中文、服务细致周到的卢卡斯负责此次生日宴接待。例会结束后，卢卡斯开始检查工作区域的物品准备及卫生情况。他不经意间看到了餐桌上的摆台，发现餐桌上摆着西餐厅的传统餐具。他想到客人是中国人，有可能不习惯使用西餐餐具，如果等开餐后再帮客人更换餐具，会降低餐厅的服务品质。于是，他在主宾的餐位补充上了筷子和长柄勺。晚上，王先生带着朋友们走进了餐厅，当看到餐位上不同于往常的餐具时，王先生连连称赞该餐厅的用心。

思考：你认为王先生为什么连连称赞意大利餐厅？

任务描述

在邮轮餐饮部，不同岗位的工作人员都有其分内的工作，这些工作都是烦琐、具体的。这就要求工作人员在遵循“一切就绪、万事俱备”的原则下，按部就班、有条不紊地完成餐前准备工作。例如，在餐厅召开餐前例会前，各岗位工作人员应检查当值区域卫生及服务工作台物品准备情况。

餐厅营业前的各项餐前准备工作关系着餐厅当日的运作。充分的餐前准备工作是良好服务的开端。即使每家餐厅规模不同、性质各异，但为了有效经营，工作人员必须严格执行各种规程，做到布置规范化、操作程序化。

任务准备

1. 查阅邮轮餐厅的餐用具、餐前准备工作的相关资料、书籍以及视频。了解邮轮餐厅能够良好运营的准备需求和要求。

2. 成立活动小组，每组 6～8 人。小组成员通过访谈、考察，收集邮轮餐厅餐前准备工作的真实资料，了解各种餐用具、备餐台等的服务要求。

知识储备

一、餐前准备的重要性

餐厅的摆台和准备工作的重要性是显而易见的，也是餐厅良好运营的必要步骤。当客人进入餐厅时，餐桌的设置就会对其产生即时的影响，甚至影响用餐体验，因此，服务人员要全身心地投入摆台的工作中。餐厅给人留下的良好的视觉印象、在细节上的完美排列，将传达给客人一种秩序感。

二、备餐台 / 服务人员工作区

备餐台（见图 3–2）是为客人提供服务所需的所有设备及物品的指定工作区。此外，它还是放置区。服务人员应准备好每次开餐期间所需的所有物品。

图 3–2 邮轮餐厅的备餐台

邮轮餐厅的备餐台与陆地酒店的备餐台不同。邮轮餐厅的备餐台台面分成高、低两个区域，柜体有多个抽拉式储物柜（见图 3–3）。

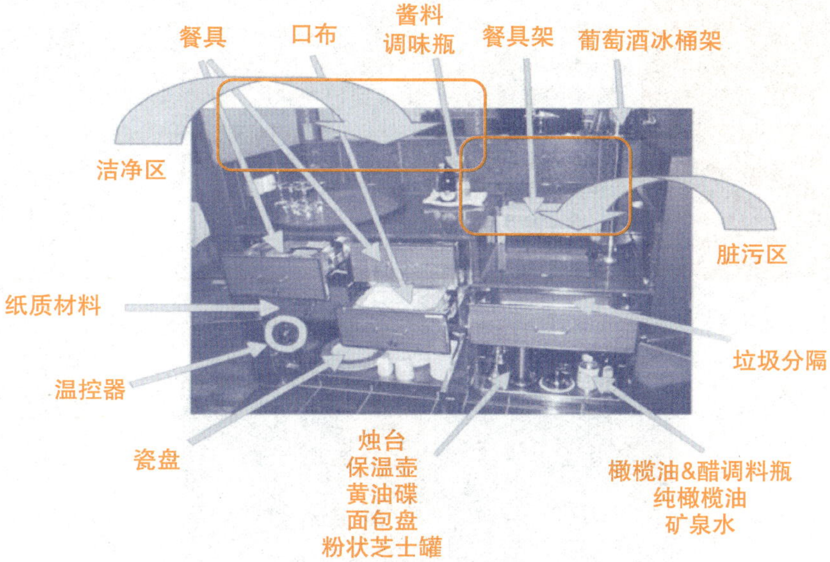

图 3–3　邮轮餐厅备餐台的组成

餐厅服务人员工作区是餐厅的一个区域，由餐厅经理根据服务人员的表现和经验分配给每个服务人员。

知识拓展：歌诗达邮轮的服务员工作区

岗位小贴士：邮轮餐厅必须设置好干净清洁区域和脏污待处理区域。

业务链接——邮轮餐厅的餐前准备物品概览

1. 早餐所需物品准备

早餐准备物品如表 3–10 所示。

表 3–10　早餐准备物品

早餐准备物品	• 盛放所有菜品的各式各样的盘子 • 盛放所有菜品的各式各样的器皿 • 备用的餐巾 • 备用的玻璃杯 • 胡椒研磨器 • 伍斯特郡（Worcestershire）酱 • 牛排酱 • 芥末酱 • 番茄酱

续表

早餐准备物品	• 塔巴斯科（Tabasco）辣酱 • 油醋瓶 • 糖罐 • 枫糖浆 • 现煮的普通和不含咖啡因的咖啡 • 冷水壶（扎） • 什锦甜卷和面包卷 • 英式花草茶 • 牛奶（热的和冷的） • 奶油

早餐时段备餐台的物品摆放样式如图 3-4 所示。

图 3-4　早餐时段备餐台的物品摆放样式

2. 午餐所需物品准备

在开始午餐服务前，服务人员应准备好下列物品：(1) 现煮的咖啡；(2) 花草茶；(3) 热牛奶和冷牛奶；(4) 奶油；(5) 面包；(6) 刨丝奶酪；(7) 沙拉酱（根据需要从厨房拿）；(8) 柠檬角（根据需要从厨房拿）。

午餐准备物品如表 3-11 所示。

表 3-11　午餐准备物品

午餐准备物品	• 盛放所有菜品的各式各样的盘子 • 盛放所有菜品的各式各样的器皿 • 备用的餐巾 • 各种各样的糖 • 胡椒研磨器 • 新鲜红辣椒 • 牛排酱 • 芥末酱 • 番茄酱 • 塔巴斯科辣酱 • 油醋瓶 • 白糖和黄糖糖罐

午餐时段备餐台的物品摆放样式如图 3-5 所示。

图 3-5　午餐时段备餐台的物品摆放样式

3. 晚餐所需物品准备

在开始晚餐服务之前，服务人员应确保下列物品准备充足：（1）冷水水壶；（2）刨丝奶酪；（3）沙拉酱（根据需要从厨房拿）；（4）柠檬角（根据需要从厨房拿）。

晚餐准备物品如表 3-12 所示。

表 3-12　晚餐准备物品

晚餐准备物品	• 盛放所有菜品的各式各样的盘子 • 盛放所有菜品的各式各样的器皿 • 备用的餐巾 • 各种各样的糖 • 胡椒研磨器 • 新鲜红辣椒 • 牛排酱 • 芥末酱 • 番茄酱 • 塔巴斯科辣酱 • 油醋瓶 • 白糖和黄糖糖罐 • 伍斯特郡酱 • 辣根酱、薄荷果冻、蔓越莓酱、苹果酱

晚餐时段备餐台的物品摆放样式如图 3-6 所示。

图 3-6　晚餐时段备餐台的物品摆放样式

4. 甜点时分

在端上甜点之前，服务人员应确保准备好以下物品：(1) 现煮的咖啡；(2) 花草茶；(3) 热牛奶和冷牛奶；(4) 奶油。

三、餐前例会及准备工作

(一) 餐前例会

为了使员工及时获取信息、更好地为客人提供服务，在每个班次开始工作前，餐厅应要求员工准时参加例会。例会一般由餐厅经理或主管主持。

知识拓展：餐前例会的流程和标准

(二) 餐前准备工作

餐前准备工作是餐饮服务人员在客人到达之前，按照服务程序完成的一系列服务准备工作，是做好服务工作的开始。准备工作的内容和标准如表 3-13 所示。

表 3-13　准备工作的内容和标准

内容	标准
环境及卫生	- 餐厅大门及周围环境干净、整齐，地面、餐桌椅等干净、无尘； - 餐具柜、服务车等符合卫生要求； - 餐具干净卫生，无破损； - 餐厅室温适宜，根据季节及营业时间将温度控制在 22℃～26℃。
设备检查	- 开餐前 1 小时检查所有照明设备、空调、背景音乐开关及音响设备是否正常； - 调节好室内灯光及音响。
餐具、服务用品准备	- 将所需餐用具消毒后分区放在备餐台上； - 准备好服务用品（如各种托盘、开瓶工具、餐巾、牙签等）。
摆台	- 符合餐厅摆放要求； - 餐具干净卫生、无破损。
酒水饮料准备	- 备好供应的酒水饮料、茶叶、开水、冰块等； - 检查酒水饮料的质量，发现问题，及时退回。
菜单准备	- 备好零点及套餐菜单； - 熟悉菜单的内容； - 熟悉当天菜单的变化。
员工形象准备	- 餐厅员工仪容仪表符合餐厅工作服务要求。
检查预订摆台	- 所摆餐位符合预订人数摆放要求； - 指示牌、可用菜单干净，内容正确无误； - 餐台鲜花新鲜、美观。
准备迎接客人	- 一般由领位或迎宾员在开餐前 5 分钟站在餐厅门口，准备迎接客人。

此外，来餐厅用餐的客人，由于年龄、职业、身份、国籍、地区、性别等不同，用餐目的、标准及要求也各不相同。餐厅服务人员要眼观六路、耳听八方，做到处处留心、时时细心、事事精心，要善于观察和判断客人的眼神、表情、举止、动作，要对客人的各种用餐要求有心理准备，要因人而异，掌握好尺度，使服务接待工作恰到好处。

任务实施

1. 情景模拟——开餐前例会。

（1）教师在课堂上示范开餐前例会及要点讲解。

（2）学生分别以主餐厅、自助餐厅、特色餐厅、咖啡厅四种不同餐厅类型为情景，6～8 人为一组进行餐前例会情景模拟演练。

2. 整理备餐台。

例会结束后，各小组分别完成对应餐厅的备餐台整理工作（根据工作所需进行准备）。

任务评价

根据实训任务情况，教师和学生共同讨论、评分。餐前准备任务评价表如表 3–14 所示。

表 3–14

表 3–14　餐前准备任务评价表

评价内容	评价标准	分值	组内自评（20%）	小组互评（30%）	教师评价（50%）	综合得分
任务分配	（1）任务分配公平、合理 （2）操作卫生	20				
餐前例会	（1）信息传递准确、到位 （2）例会氛围轻松、愉快 （3）沟通表达流畅	20				
准备工作	（1）备餐台准备 （2）餐厅环境准备 （3）餐桌摆台准备 （4）酒水、菜单准备 （5）设施设备准备	50				
总体印象	操作准确、规范，动作娴熟、优雅	10				
合计得分：						
评分标准（100 分制）：81 ～ 100 分优秀；71 ～ 80 分良好；60 ～ 70 分合格；60 分以下不合格						

思考练习

【综合题（简答题）】

1. 邮轮餐厅的备餐台应该如何合理使用？
2. 邮轮餐厅的餐前准备都包含哪些内容，应按照什么顺序来准备？

知识拓展：如何对菜单了如指掌

任务五　摆台

案例引入

刘女士和她的朋友乘坐地中海航线的诺唯真邮轮游玩，此次是她们第一次乘坐邮轮出游，特别兴奋。第一天晚上，刘女士和朋友精心装扮后来到主餐厅享用晚宴。服务员热情地迎接并带领她们向已安排好的餐桌走去。远远看去，她们发现这桌共 6 人，除她们外，其他客人来自西方国家。刘女士和朋友意识到一会儿在就餐过程中，她们要注意自己的用餐习惯和礼仪，但两人平日吃西餐的次数不多，不习惯使用刀叉，所以顿时紧张了起来。但当她们就座后，刘女士发现自己和朋友的右手边均放了一双白瓷筷子。这时服务员走过来一一向客人打招呼并为客人点菜。走到刘女士面前时，服务员亚历克斯笑着说："我想使用这个你们会更方便。"刘女士和朋友非常惊喜和感动，连忙对服务员亚历克斯表示感谢。整个晚宴愉快地结束后，刘女士和朋友也特意留下了小费。

思考：摆台工作的意义是什么？如何做好摆台工作？

任务描述

摆台主要涉及餐台、席位的安排和台面的摆设。摆台技术是餐饮服务人员必须掌握的一项基本技能，也是邮轮晚宴设计的重要内容。完美的摆台效果有助于为客人就餐营造舒适、高雅的氛围，给客人带来赏心悦目的感受，更给宴会增添喜庆、隆重的气氛。

任务准备

1. 查阅摆台相关资料、书籍以及相关视频。了解邮轮餐厅摆台的整体氛围以及相关要求。

2. 成立活动小组，每组 6～8 人。小组成员通过访谈、考察，收集邮轮餐厅摆台的真实资料，了解不同餐厅类型的摆台要求。

知识储备

一、西餐宴会台型安排

西餐宴会中既有长台又有圆台。若使用长台，则餐台应是可以拼接的。餐饮服务人员可根据宴会的人数、宴会厅的形状和大小、服务的组织、客人的要求选择餐台的大小和台型的排法。台型要做到尺寸对称、出入方便、图案新颖。餐台两边的椅子应对称摆放。

常见的西餐宴会台型如图 3–7 所示。

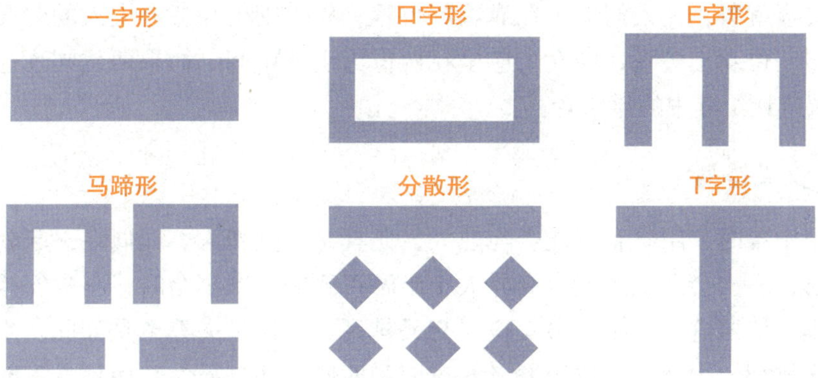

图 3–7　常见的西餐宴会台型

二、西餐宴会座次安排

西餐的位置排列与中餐有很大区别，中餐多使用圆桌，而西餐一般使用长桌。西餐宴会座次安排原则如下：

（一）恭敬主宾

在西餐宴会中，主宾极受尊重。餐饮服务人员在排定座次时，应请男主宾和女主宾分别在女主人和男主人旁就座，以便受到照顾。

（二）女士优先

餐饮服务人员在排定座次时，主位一般应请女主人就座，男主人居第二主位。

（三）以右为尊

餐饮服务人员在排定座次时，以右为尊是基本原则。例如，餐饮服务人员应安排男主宾坐在女主人右侧，女主宾坐在男主人右侧。

（四）面门为上

面门为上，即面对餐厅正门的座位通常在序列上要高于背对餐厅正门的座位。

（五）距离定位

一般来说，西餐桌上座次的尊卑往往与该座次距离主位的远近密切相关。在通常情况下，离主位近的座次身份高于距主位远的座次。同一桌上座位的高低也是按照距离主人座位的远近而定的。

（六）靠墙为尊

如果男女二人同去餐厅，男士应请女士坐在自己的右边，同时要避免女士坐在人来人往的过道边。若只有一个靠墙的位置，则应请女士就座，男士坐在她的对面。如果是两对夫妻就餐，夫人们应坐在靠墙的位置，先生则坐在各自夫人的对面。如果两位男士陪同一位女士进餐，则女士应坐在两位男士的中间。如果两位同性进餐，那么靠墙的位置应让给其中的年长者。

（七）交叉排列

在享用中餐时，用餐者可能会与熟人，尤其是与其恋人、配偶在一起就座，但在享用西餐时，座次会发生改变。商界人士出席正式的西餐宴会时，座次安排遵守交叉排列的原则。依照这一原则，男女应当交叉排列，即便是夫妻也是如此。生人与熟人也应当交叉排列。因此，一位用餐者的对面和两侧往往是异性，用餐者可能与其不熟悉。这种座次安排的目的是促进人际交往。

业务链接——邮轮主餐厅的座位安排特点（以歌诗达邮轮为例）

主餐厅提供广泛的服务，方便客人在早餐、午餐和晚餐时段就餐。邮轮主餐厅的座位安排特点如下：

（1）早餐和午餐提供开放式座位，一般分为正常就座和晚到就座两种。

（2）有的邮轮主餐厅以开放式座位的方式提供晚餐。晚餐通常采取餐桌分配的形式，要求如下：1）由餐厅经理进行分配；2）在航行开始前，根据岸上办公室传达的信息来分配餐桌；3）在每次航行开始时，客人可以要求更改，餐饮服务人员应根据可用时间进行调整。

三、西餐早、午、晚餐摆台

在西餐厅中，无论客人是单点还是点套餐，餐饮服务人员均应事先只摆放基本餐具，待客人开始点餐之后，再依照客人所点餐食增减所需餐具。

基本的西餐餐具包括餐巾、主餐刀叉、面包盘、黄油刀、水杯、红葡萄酒杯和椒盐瓶（见图 3-8）。通常而言，我们在高档西餐厅还会看到展示盘，餐巾置于展示盘上。在许多非正式的西餐厅，我们仅能看到餐巾和主菜刀叉。

西餐摆台的原则

图 3–8　西餐厅的摆台

（一）西餐早餐摆台

1. 铺台布

铺好的台布应正面向上，中缝线与餐桌的中线重叠，四边的垂角遮住桌腿，四边的下垂部分距离相等。

2. 摆放装饰盘或餐垫

餐饮服务人员应将装饰盘或餐垫摆放在餐位正中位置。

3. 摆放餐刀、餐叉、汤匙

餐饮服务人员应由内向外摆放主餐刀，刀刃朝里；将汤匙放在餐刀的右侧，餐刀和汤匙之间间距为 1 厘米；在餐垫的最左侧放置餐叉，餐叉与面包盘间距为 1 厘米。匙柄、叉柄、刀柄的下端在一条直线上，三者距离桌边 2 厘米。

4. 摆放面包盘、黄油刀

餐饮服务人员应将面包盘摆放在餐叉左侧 1 厘米处；将黄油刀架于面包盘左侧 1/3 处，与餐刀、餐叉平行，刀口向左。

5. 摆放咖啡杯具

餐饮服务人员应将咖啡杯连同咖啡杯垫碟一起摆放在垫布右侧适当位置。垫碟底线与餐席中心线在一条直线上，咖啡杯杯柄向右，将咖啡勺架在咖啡杯垫碟上，与咖啡杯把平行。

6. 摆放调味品和牙签盅等

餐饮服务人员应按餐厅规定摆放调味品、牙签盅及糖盅、奶盅、花瓶等物品。

7. 摆餐巾

餐饮服务人员应视餐桌大小及就餐情况，将折好的餐巾摆放于每个餐位的正中位置，即餐垫的正中或装饰盘正中间。餐巾花型正面朝向客人。

西餐早餐摆台如图 3–9 所示。

图 3-9　西餐早餐摆台

（二）西餐午、晚餐摆台

西餐午餐、晚餐摆台与中餐摆台有一个明显的不同，那就是西餐需要二次摆台，一次是在客人就餐前，另一次是在客人点完菜后。餐饮服务人员应根据客人点菜内容，在上菜前添补并调整餐具。

西餐午、晚餐摆台步骤如下：

1. 铺台布

铺好的台布应正面向上，中缝线与餐桌的中线重叠，四边的垂角遮住餐桌的桌腿，四边的下垂部分距离相等。

2. 摆放装饰盘或餐垫

餐饮服务人员应将装饰盘或餐垫摆放在餐位正中位置。

3. 摆动餐刀、餐叉、汤匙

餐饮服务人员应由内向外摆放主餐刀，刀刃朝里；将汤匙放在餐刀的右侧，餐刀和汤匙之间间距为 1 厘米；在餐垫的最左侧放置餐叉，餐叉距离面包盘间距为 1 厘米。匙柄、叉柄、刀柄的下端在一条直线上，三者距离桌边 2 厘米。

4. 摆放面包盘、黄油刀

餐饮服务人员应将面包盘摆放在餐叉左侧 1 厘米处；将黄油刀架于面包盘左侧 1/3 处，与餐刀、餐叉平行，刀口向左。

5. 摆放酒杯、水杯

餐饮服务人员应将酒杯摆放在主餐刀正上方 2 厘米处。普通餐厅应放置一个杯子（既可当酒杯也可当水杯）。高档餐厅应放置两个杯子（一个红酒杯和一个水杯），杯子之间间距为 1 厘米。

6. 摆放调味品和牙签盅等

餐饮服务人员应按照餐厅规定摆放调味品、牙签盅及糖盅、奶盅、花瓶等物品。

7. 摆放餐巾

餐饮服务人员应视餐桌大小及就餐情况，将折好的餐巾摆放于每个餐位的正中间位置，即餐垫或装饰盘的正中间。餐巾花型正面朝向客人。

8. 撤换餐具

餐饮服务人员应根据客人所点的菜品种类，在上菜前补充和调整餐具。

普通餐厅和高档餐厅的西餐午、晚餐摆台分别如图 3–10、图 3–11 所示。

图 3–10　西餐午、晚餐摆台（普通餐厅）

图 3–11　西餐午、晚餐摆台（高档餐厅）

业务链接——歌诗达邮轮西式早、午、晚餐摆台

邮轮餐厅的类型多种多样。在通常情况下，不同餐厅的摆台方式会存在差异。例如，邮轮主餐厅提供早、午、晚餐，其摆台方式与自助式餐厅的摆台方式大有不同。下面我们以歌诗达邮轮为例，介绍西式早餐、午餐、晚餐的摆台。

1. 早餐摆台

（1）折叠平整的餐巾放在客人座位前。

（2）沙拉叉放在餐巾的左边。

（3）沙拉刀放在餐巾的右边。

（4）汤勺放在沙拉刀的右边。

（5）咖啡杯和底碟放在水杯的右下方，杯柄略微朝下。

（6）茶匙 / 咖啡匙放在餐巾上方的桌子上。

早餐摆台

（7）面包盘和黄油刀放在沙拉叉的左边。

（8）黄油刀放在面包盘靠右的位置。

（9）水杯放在刀尖的正上方。

（10）餐桌中心放花瓶。

（11）桌子中间放盐罐和胡椒罐。

（12）糖罐（白糖和黄糖，必要时提供醋和酱油）放在花瓶旁边。

传统西式早餐最常见的就是欧陆式早餐和美式早餐，其摆台如表 3-15 所示：

表 3-15　欧陆式早餐和美式早餐摆台

早餐类别	图示
欧陆式早餐：供应餐点较为简单，包括面包、果酱、奶油、咖啡或红茶。需要的餐具有餐盘、餐刀、餐叉、咖啡杯组、餐巾、盐罐、胡椒罐等。	
美式早餐：供应餐点较为丰富，包括肉类、蛋类、芝士、面包、水果、咖啡或红茶。需要的餐具有餐盘、餐刀、餐叉、面包盘、黄油刀、咖啡杯组、餐巾、盐罐、胡椒罐等。	

2. 午餐摆台

午餐摆台

（1）铺台布。

（2）折餐巾花，并将折好的餐巾花放在客人的正前方。

（3）将主餐叉放在餐巾的左侧。

（4）将主餐刀放在餐巾的右侧。

（5）将面包盘放在主餐叉的左侧。

（6）将黄油刀放在面包盘右侧中心。

（7）将葡萄酒杯放在主餐刀刀尖正上方。

（8）将水杯（非高脚杯）放在葡萄酒杯右下方。

（9）将花瓶放在餐桌正中间。

（10）将盐罐和胡椒罐紧挨花瓶放置。

（11）将意大利橄榄油和香醋摆放在餐桌中间。

（12）将桌号牌放好，并整体检查有无遗漏。

3. 晚餐摆台

在邮轮上，晚餐对于很多客人来说，是一天当中最重要的活动，因此晚宴的摆台会相对正式和隆重。

晚餐摆台

（1）展示盘摆放在每位客人座位正前方，距离桌边 2 厘米。

（2）折好餐巾，将餐巾放在每个客人座位前面的展示盘上。

（3）将沙拉叉放在展示盘的左边。

（4）将沙拉刀放在展示盘的右边。

（5）将面包盘放在沙拉叉的左边。

（6）将黄油刀放在面包盘的右边中心位置。

（7）将葡萄酒杯放在刀尖上方。

（8）将水杯（非高脚杯）放在葡萄酒杯右下方。

（9）将花瓶摆放在餐桌中间。

（10）将盐罐和胡椒罐摆放在餐桌中间，其应紧挨花瓶。

（11）将意大利橄榄油和香醋挨着盐罐和胡椒罐摆放。

此外，餐饮服务人员在晚餐摆台时应注意：（1）晚餐时应摆放小碟子，里面放烛台并放置在餐桌中心；（2）晚餐时正常摆台外加放一个香槟杯；（3）根据卫生标准，摆台不能早于服务开始前 4 小时。

任务实施

1. 教师首先介绍西餐摆台的相关知识。
2. 教师演示西餐午、晚餐摆台的操作步骤。
3. 以小组（6 人一组）为单位，根据教师的演示步骤，完成西餐午、晚餐（6 人位）摆台练习，6 位学生轮流进行练习。
4. 以小组为单位，抽取一名同学进行摆台考核。

任务评价

根据实训任务情况，教师和学生共同讨论、评分。邮轮西餐午、晚餐摆台评价表如表 3–16 所示。

表 3–16

表 3–16　邮轮西餐午、晚餐摆台评价表

评价内容	评价标准	分值	组内自评（20%）	小组互评（30%）	教师评价（50%）	综合得分
台布	台布中凸线向上； 台布四边下垂距离合适并均等； 铺设操作最多四次整理成型	5				

续表

评价内容	评价标准	分值	组内自评（20%）	小组互评（30%）	教师评价（50%）	综合得分
餐椅摆放	餐椅边沿与下垂台布间距离合适并均等； 从主人位开始按顺时针方向摆设； 从餐椅正后方进行操作	5				
装饰盘	从主人位开始按顺时针方向摆设； 各盘盘边与桌边距离合适并均等； 装饰盘中心与餐位中心一致； 手持盘沿右侧操作	30				
刀、叉、勺	刀、叉、勺摆放整齐、距离合适并均等，距桌边距离合适； 各个餐位餐具布局对称，餐具间距离合适并均等	30				
面包盘、黄油刀	面包盘中心与展示盘中心平齐	10				
杯具	水杯于餐刀正上方 2 ～ 3 厘米处； 酒杯于水杯右下方 45 度角直线摆放	15				
盐罐、胡椒罐、花瓶等	摆放位置正确	5				
合计得分：						
评分标准（按 100 分制）：81 ～ 100 分优秀；71 ～ 80 分良好；60 ～ 70 分合格；60 分以下不合格						

思考练习

【客观题（判断题）】

1. 黄油刀应摆放在面包盘上左侧中心的位置。（　　）
2. 西餐早餐摆台中，主餐盘旁边只摆放一副沙拉刀和沙拉叉。（　　）

【综合题】

请在下表空白格中填写应摆放的餐具名称。

菜单内容	法式鹅肝	奶酪焗鳜鱼	T 骨牛排	苹果派
上菜顺序	开胃菜	副菜	主菜	甜品
原摆台餐具	头盘刀叉	无	主餐刀叉	无
二次摆台（增补）	无		无	甜品叉
必摆餐具	展示盘、面包盘、黄油刀、水杯、红 / 白葡萄酒杯、餐巾			

知识拓展：主要西式餐具的起源

项目四　餐饮服务方式及流程

项目描述

邮轮上的餐厅种类众多，要做好邮轮餐饮服务工作，餐饮服务人员必须了解和掌握各种餐饮服务方式，如西餐的美式服务、中餐的共 / 分餐式以及自助式服务方式。餐饮服务人员应灵活运用服务技巧，以便让客人获得优质的就餐体验。

项目目标

知识目标

1. 理解和把握“餐饮服务方式”的相关概念；

2. 了解西餐服务方式：美式服务、俄式服务、法式服务，以及中餐共餐式、转盘式、分餐式服务的方法；

3. 了解自助式服务方式的概念和要点。

能力目标

1. 理解几种西餐服务方式的由来、适用场合及对中餐服务方式的影响；

2. 能够在相应的场合熟练运用合适的餐饮服务方式进行对客服务；

3. 能够熟练进行自助餐的餐厅布置、餐台准备等工作；

4. 能够规范并熟练地完成自助餐桌面清洁工作。

素养目标

1. 培养良好的行业道德和精益求精的敬业精神；

2. 培养对其他国家和地区历史文化的尊重；

3. 培养良好的卫生安全意识，保持个人健康和工作环境的卫生；

4. 逐步养成规范意识，约束自身行为，出色完成工作任务。

任务一 中、西餐服务方式及服务流程

案例引入

笔者及团队曾多次以评委或裁判的身份参加各省区市文旅厅和饭店业协会组织的酒店服务技能大赛。总结历次比赛的结果，笔者发现登上领奖台最高处的参赛者大多从事过西餐服务，这是什么原因呢？原来，现今中餐服务中的许多服务方式，如宴会中的分餐、派菜等，均是从西餐服务方式派生而来的。因此，从事过西餐服务的参赛者占有明显优势便不足为奇了。

任务描述

中、西餐服务方式是指客人在中餐厅、西餐厅用餐时餐饮服务人员提供给客人的侍应招待方式。由于历史原因，欧美各国的饮食习惯和内容互有影响与联系。经过多年的发展，很多国家和地区形成了带有本国和本地区特色的饮食风味和服务方式。要做好餐饮服务工作，餐饮服务人员必须了解和掌握中西方不同的餐饮服务方式。二者虽有明显区别，却又紧密联系。本任务要求学生了解中、西餐服务方式的由来、适用场合及相互关系，通过参与中、西餐服务方式实训，锻炼相应的专业技能，掌握不同的服务方式。

任务准备

1. 查阅相关资料、网站，了解中、西餐饮服务方式的由来和具体服务方式及流程。
2. 成立学习小组，每组 5～6 人。每组选出一名组长，由其负责工作任务的实施。
3. 每组通过采访和走访各类型的餐厅，收集中、西餐服务方式的特点，并整理所收集的资料。

知识储备

一、西餐服务方式及流程

西餐服务方式起源于欧洲贵族家庭和王宫，经过多年的发展和演变，逐渐为社会上的酒店和餐馆所使用。下面将重点介绍美式服务、俄式服务和法式服务。

（一）美式服务

美式服务常见于中低档的西餐零点用餐和宴会用餐。美式服务起源于美国，也称为“餐盘式服务”，其服务流程如下：

（1）服务员接受客人的点菜后，将点菜单送至厨房。

（2）厨师依据点菜单将菜肴准备完毕，按每人一份的原则，将每道菜分置于餐盘中。

（3）服务员将菜肴端至客人身边，用左手自客人的左侧上菜。客人用完这道菜后，服务员用右手将餐盘等从客人的右侧撤下。服务员应从客人的右侧为客人斟倒酒水饮料等。

餐饮服务人员在服务时，应遵循的基本原则是：菜从左侧上，饮料从右侧上，用过的餐盘从右侧撤下。美式服务由于快捷、方便，并且易于操作，因此适用范围广泛。

（二）俄式服务

俄式服务常见于高档的西餐宴会用餐。俄式服务起源于沙皇俄国宫廷，后来逐渐被欧洲其他国家所采用。俄式服务是一种豪华的服务，传统的俄式服务需要使用大量的银制餐具，十分讲究礼节、风格典雅，客人能够享受到体贴入微的照顾。

俄式服务中，所有菜肴都在厨房中加工，其服务流程如下：

（1）厨师将一个餐桌上的菜肴按一道菜配一个银质大浅盘的原则，将菜肴盛放在大浅盘上。

（2）服务员将厨房准备好的、放在银质大浅盘中的菜肴送至餐厅的服务台或桌边。

（3）服务员使用托盘将空餐盘摆放在用餐者面前。

（4）空餐盘上完后，服务员回到服务台或桌边，用左手托起放菜的银质大浅盘，右手拿着服务叉和服务匙，从客人的左侧派菜，派菜时应按逆时针方向绕台进行。

知识拓展：俄式服务的注意事项

（三）法式服务

法式服务，又称“桌边服务”或“手推车服务”，常见于高档的西餐零点用餐。法式服务源于欧洲贵族家庭，是一种比较注意礼节的服务方式，服务的节奏通常较慢，其服务流程如下：

（1）法式服务一般由两名服务员协作完成，一名为主，另一名为辅。主服务员负责接受点菜、烹饪加工、桌面服务、结账等工作；辅服务员负责传递单据和物品、摆台、撤台等工作。

（2）主餐采用右上右撤的原则；沙拉、面包、黄油采取左上左撤的原则。

（3）与俄式服务类似，法式服务也大量使用银质餐具，并且客人所点菜肴大多要在辅助边桌或手推烹制车上进行最后的烹调。

（4）菜肴经过客前烹调、加工整理和装饰后，服务员将其放在餐盘（冷菜用冷盘、热菜用热盘）中端给客人。需要注意的是，客前加工的菜肴必须在很短的时间内完成烹制、装盘、上菜服务，所以只有适合于客前烹调的菜肴才能这样处理。另外，每上一道菜前，服务员都必须清理台面。

上面介绍了三种常见的西餐服务方式，邮轮餐饮服务人员应根据业务需要选择适用的餐饮服务方式，以期获得良好的服务效果。

知识拓展：英式服务

业务链接——中餐宴会服务中的某些技能溯源

中餐宴会服务中的分餐式服务起源于西餐，具体而言：桌上分菜的方法主要受到了俄式服务的影响，是由俄式服务演变而来的；桌边分菜的方法则主要借鉴了美式服务的方法。

二、中餐服务方式及流程

近年来，随着中国邮轮市场的快速发展，越来越多的邮轮公司开始提供中式餐饮，伴随而来的中餐服务方式也成为邮轮餐饮从业人员所应掌握的技能之一。常见的中餐服务方式有共餐式、转盘式和分餐式三种。

（一）共餐式服务

共餐式服务是目前团队餐、会议餐以及非正式宴请中常用的一种服务方式。现有的服务方式改变了传统服务方式的做法，不再由客人用自己的筷子夹菜，而是使用公筷、公勺、公匙取菜，或者由主人使用公用餐具为客人取菜，以示好客。

共餐式服务的优点是客人用餐时比较自由。主人可以为其他客人分菜，其他客人也可以各取所需，用餐气氛比较融洽。用餐过程中所需的服务员较少，一个服务员可以同时为多桌客人服务。这一服务方式对服务员的操作技能要求不高。但是，共餐式服务会使客人得到的服务较少。另外，由于所有菜肴一起上，到用餐后半程容易出现杯盘狼藉的情况。

（二）转盘式服务

转盘式服务是中餐服务中比较普遍的一种服务方式，适用于直径 1.5 米以上的大圆桌的就餐服务，既可用于便餐服务，也可用于宴会服务。

转盘式服务的优点是非常适合于团体用餐和中高档宴会用餐。就餐时客人既可以自己取菜，也可以由服务员分菜。传统的分菜服务还具有一定的表演性，但这对服务员的操作技能要求较高。服务员分菜时不但要一次分完，而且每份菜的菜量要基本相等。另外，服务员在分菜时要避免弄脏转盘，尤其是在分羹汤和带汁较多的菜肴时。

（三）分餐式服务

分餐式服务是近年来发展起来的一种比较流行和受欢迎的服务方式。它是吸收了西餐服务方式的优点并将之与中餐服务相结合的一种服务方式，人们将这种服务方式称为“中餐西吃”，它比较适用于较正规的高档宴会服务。

分餐式服务可分为边桌服务和派菜服务两种。边桌服务是在宴会餐桌旁设一个固定的或可手推的流动餐桌，在边桌上放一些干净盘碟和其他餐具，服务员可使用流动餐桌或餐具进行宴会的分菜服务。派菜服务是由服务员将菜肴放到小圆托盘上，左手托盘，右手用服务匙、服务叉分菜。服务员分菜时由主宾、主人开始，然后按顺时针方向绕桌进行。分菜时服务员应从客人的左侧进行，这样可以避免托盘与匙、叉的交错。

分餐式服务适用于中餐宴会服务，它不但能给客人以较多的服务，而且对客人的干扰较少，不至于影响客人的谈话。另外，分餐式服务比较卫生，非常适合现代人的卫生习惯。但是，这种服务方式的不足之处在于比较费人工，对服务员的操作技能要求较高。

业务链接——边桌服务的程序

（1）将菜肴用托盘送至餐桌上，向客人介绍菜肴特色。

（2）将菜肴放回服务边桌上，准备分菜。

（3）两名服务员配合，一人分菜，另一人将餐桌上前一道菜用过的脏盘撤下，然后将分好菜的骨碟置于每位客人的面前。

（4）将菜盘中的剩余部分菜肴整理好，放回餐桌上，以便客人在需要时为其添加。

概括而言，上述几种中餐和西餐的服务方式在特定的场合各有其实用价值，服务员应熟练、正确地运用上述服务方式。一个餐厅或一次宴会不必拘泥于某一种服务方式，服务员可以根据用餐的性质、人数和菜式，交替使用不同的服务方式。

任务实施

1. 各小组根据课前自主学习成果，讨论并归纳每种服务方式的特点及区别。

2. 教师进行“中、西餐服务方式”的示范操作。

3. 学生分为法式服务模拟组、美式服务模拟组、俄式服务模拟组、中餐共餐式服务模拟组、中餐转盘式服务模拟组、中餐分餐式服务模拟组和客人模拟组，还原中、西餐不同服务中的场景，其中客人模拟组应根据服务组的人数相应做匹配。

4. 各组按要求分别进行实训练习。

5. 指导教师穿插指导，纠正错误动作。

6. 对于每种服务方式各选派 1 组进行汇报展示。

任务评价

根据各组汇报情况，教师和学生共同讨论、评分。中、西餐服务方式实训评价表如表 4–1 所示。

表 4–1

表 4-1　中、西餐服务方式实训评价表

评价内容	评价标准	分值	组内自评（20%）	小组互评（30%）	教师评价（50%）	综合得分
中、西餐服务方式情景模拟	服务流程正确	30				
	服务要点齐全、符合场景要求	30				
	礼仪规范、过程流畅	20				
	良好的团队协作	20				
合计得分：						
评分标准（100 分制）：81 ～ 100 分优秀；71 ～ 80 分良好；60 ～ 70 分合格；60 分以下不合格						

思考练习

【综合题】

1.（讨论题）比较美式服务与中餐分餐式服务中桌边分餐服务的异同。

2.（思考题）请点评三种西餐服务方式的由来、适用场合以及对中餐服务方式的影响。

知识拓展：分餐式服务应注意的问题

任务二　自助式服务方式及服务流程

案例引入

邮轮和酒店一样，早餐以自助餐的形式提供，供应时间通常为 6:30—9:30，个别情况如邮轮到港靠岸的当天，早餐开放时间会提早一些。虽然邮轮上的自助餐厅很大，但部分客人仍对早餐的就餐体验心存不满。这是因为平日里用餐者在 7:30—8:00 时蜂拥而至，尤其是邮轮的到港日，客人为了能够早点下船游玩，都会选择更早的时间吃早餐，因此大量的客人会在同一时段到自助餐厅，导致餐厅出现座位不够、拥挤、排队等位等现象。另外，对于不选择下船游玩而晚用餐的客人，也会出现餐台卫生没有及时清理，餐食品种、数量不能保证的情况。

思考：如何使邮轮上的早餐自助餐客人获得更好的就餐体验？（可从邮轮各餐厅的营业要求的角度来思考）

任务描述

自助餐是邮轮上客人最喜欢的就餐方式之一，也是目前国际上比较流行的一种非正式的用餐形式。本任务要求学生了解自助餐服务方式的由来、适用场合及服务注意事项，通过参与“自助餐服务体验”实训，内化服务要点。

任务准备

1. 查阅相关资料、网站，了解自助餐服务方式的由来和服务规则。

2. 成立学习小组，每组 5～6 人。每组选出一名组长，由其负责工作任务的实施。

3. 每组通过查找网络视频、采访以及走访不同邮轮的自助餐厅，收集不同自助餐厅的服务要求和服务规则，并整理所收集的资料。

知识储备

一、自助餐的概念

自助餐（Buffet）起源于 16 世纪中叶，19 世纪初发展成为现代自助餐形式。Buffet 一词源于法语，原指餐具柜，后来引申为一种进餐形式。19 世纪下半叶，瑞典人在纽约使用自助餐后，自助餐开始在西方国家流行。如今，越来越多的人使用“自助餐”一词来表示“一价吃到饱”的服务。

自助餐是目前国际上比较流行的一种非正式的用餐形式，即服务员将冷热菜肴、点心、饮品、水果等按类别摆放在长条的餐台上，客人根据自己的需要选取后，站立或坐下用餐，费用按人头计收。

自助餐能够满足人们喜欢动手各取所需的习惯。此外，自助餐还有许多优点：一是菜肴丰富、摆放精美，能够激发人们的食欲；二是用餐者不需要花太多钱就可以品尝到具有地方特色且品种繁多的美味佳肴；三是就餐速度较快，客人进餐厅后无须等候；四是餐桌的周转率高，因此增加了餐厅的营业收入；五是自助餐的菜肴是事先准备好的，因此可以调节厨师劳动忙闲不均的状况，缓解用餐高峰期厨师人手紧张的问题。

自助餐服务主要适用于会议用餐、团队用餐和各种大型活动的非正式用餐。邮轮上、许多酒店在早餐时也提供自助餐服务。自助餐有设座和不设座两种形式，邮轮上的餐厅大多采用前者。

二、自助餐厅的运营内容

邮轮餐厅员工的主要职责之一是自助餐厅的布置和服务，包括桌子的布置、折叠餐巾和桌面的清理。为了给客人提供优质的服务，邮轮餐饮服务人员熟悉所有正确的做法是至关重要的，这是一家邮轮公司的首要目标。歌诗达邮轮自助餐展示台如图 4–1 所示。

图 4–1　歌诗达邮轮自助餐展示台

（一）自助早餐服务

（1）早间咖啡站：为早起的客人提供咖啡和面包，通常在自助早餐服务前半小时供应。

（2）自助早餐服务：邮轮上最重要的餐饮服务功能之一，自助早餐包括谷类食物、面包、蛋饼、饮料等。

邮轮上自助早餐餐台如图 4–2 所示。

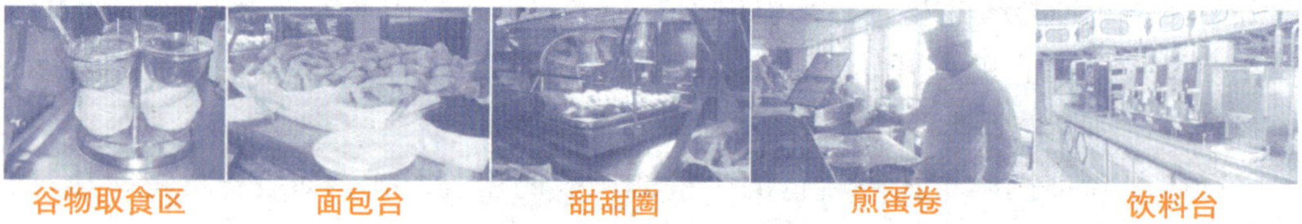

图 4–2　邮轮上自助早餐餐台（部分）

（二）自助午餐服务

（1）每日提供。

（2）包括各种食物：开胃菜、汤、沙拉、面食、肉、禽、鱼、混合烧烤和糕点等。

邮轮上自助午餐餐台如图 4–3 所示。

图 4–3　邮轮上自助午餐餐台（部分）

（三）儿童派对

（1）通常在下午晚些时段组织；（2）提供食物和饮料。儿童派对如图 4–4 所示。

图 4–4　儿童派对

（四）下午茶

下午茶如图 4–5 所示。

图 4–5　下午茶

（五）夜宵

（1）夜宵（小食）：在休息室和露天甲板提供，食物由服务员用托盘送出。

（2）夜宵（自助餐）：通常会根据当天的事件安排；按照传统，船上有一个欢迎自助晚餐，厨房会尽全力准备，如丰富的食物和展台冰雕等。有的邮轮会使用小吃手推车。在夏季，午夜自助餐通常设置在露天甲板上（见图 4–6）。

（六）特色角

特色角（见图 4–7），即特定主题的自助服务站，可为客人提供额外的用餐选择。根据主题国家或地区，展现不同风味的地方菜肴，如巴西的 Feijoada（黑豆炖肉），墨西哥的 Enchilada（辣椒肉馅玉米卷饼）、Guacamole（牛油果酱）和 Tacos（玉米薄饼）等。

图 4-6　午夜自助餐

图 4-7　特色角

三、自助餐桌面清洁流程

（1）快速响应，初步清扫：客人用完餐后快速清理桌子，撤走餐巾、餐具、剩菜、空瓶子、空杯子等。

（2）将物品送到垃圾桶或洗碗区。

（3）在处理完盘子里的食物后，确保所有使用过的餐具都放在洗碗区，离开洗碗区后一定要洗手。

（4）使用清洁剂清洁桌面后，应对桌面进行消毒。

清洁桌面的要点

（5）收拾桌子周围杂物，保证地面整洁，没有绊脚的东西。

知识拓展：餐厅布置

四、餐台安排

（1）为保证客人迅速、顺利地取菜，大型自助餐厅会设置一个中心食品陈列台和几个分散的食品陈列台，以便疏导客流。

（2）在食品陈列台旁应该留有宽敞的空间，使客人取菜时不必排长队或造成拥挤。因此，餐饮部在安排餐台时，应该考虑在一个特定的时间里供应品种的多少和所能接待的客人数。

（3）对于一些特色食品，可以将其单独陈列，如设立色拉台、甜品台、烧烤台等。这些分立的食品陈列台的布置也应匠心独具。

（4）餐台有各种形状，应根据场地来选择。台面有长方形、圆形、螺旋形、椭圆形、半圆形等。使用这些台面可以组合出各种形状的自助餐台。

业务链接——邮轮自助早餐区域设置要求

以歌诗达邮轮为例，在早餐开餐时，自助餐区的设置要求如下：

（1）菜单应立在自助餐服务区入口处；

（2）餐具装在口袋形状的餐巾内，放在桌面右边；

（3）在自助餐餐台上靠近食物放置相应的夹子；

（4）准备盐罐和胡椒罐；

（5）准备足量的不同类型的餐盘和餐具（见图 4-8）；

（6）在咖啡站摆放马克杯、勺子、糖、甜味剂和奶油、不同的茶包、单独的巧克力粉、柠檬片，应根据公共卫生安全标准（USPH）要求放置；

（7）放置一个用于扔废纸和塑料瓶、塑料袋的垃圾桶；

（8）将不同种类的果酱放在自助餐台的冷品区；

（9）设置低脂早餐区（无糖蛋糕、无糖果酱、低脂酸奶、烤水果和无糖果冻）。

开餐时，桌面的摆台要求如下：

（1）盐罐和胡椒罐放在桌子中间；

（2）折叠好餐巾并放入餐具中；

（3）保持桌面干净。

餐桌上餐具摆放样式如图 4-9 所示。

图 4-8 自助餐台上餐盘、餐具放置样式

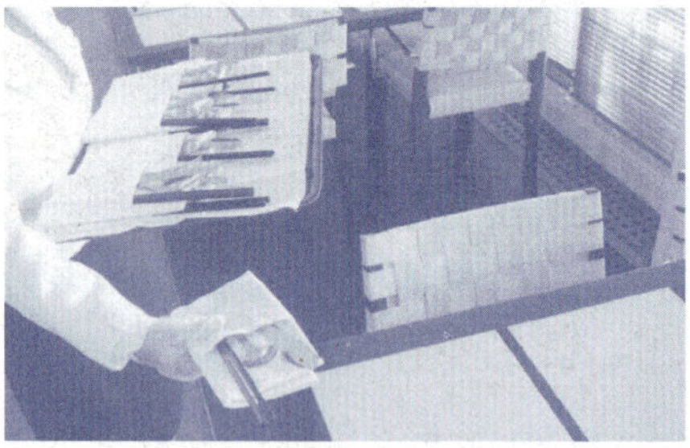

图 4-9 餐桌上餐具摆放样式

知识拓展：公共卫生安全标准（USPH）

岗位小贴士：自助午、晚餐和自助早餐的设置要求基本一致，只有橄榄油和醋罐由服务员提供，酒水服务由酒吧工作人员负责。

任务实施

1. 指导教师进行“自助餐厅桌面清洁”的示范操作。
2. 将学生分为若干小组，每组 3～4 人，各小组总结邮轮自助餐各区域的设置要求。
3. 学生按组还原自助餐厅早餐时段的场景，分组进行自助早餐的准备以及进行桌面清洁实训，其中客人组应根据服务组的人数相应做匹配。
4. 各组按要求分别进行实训练习。
5. 指导教师穿插指导，纠正学生错误动作。
6. 选派 1 组进行汇报展示。

任务评价

根据实训任务情况，教师和学生共同讨论、评分。自助餐运营设置及服务技能评价表如表 4-2 所示。

表 4-2

表 4-2 自助餐运营设置及服务技能评价表

评价内容	评价标准	分值	组内自评（20%）	小组互评（30%）	教师评价（50%）	综合得分
自助餐运营设置及服务技能	明确各区域的功能	20				
	服务要点齐全、符合场景要求	20				
	礼仪规范、清洁流程规范且正确	40				
	良好的团队协作	20				

续表

评价内容	评价标准	分值	组内自评（20%）	小组互评（30%）	教师评价（50%）	综合得分
合计得分：						
评分标准（100 分制）：81 ～ 100 分优秀；71 ～ 80 分良好；60 ～ 70 分合格；60 分以下不合格						

思考练习

【综合题】

1.（简答题）请简述自助餐厅桌面清洁的注意要点。

2.（讨论题）自助餐厅中经常会出现用餐者拿了过多的食物，又没有吃完的现象，你认为餐饮服务人员应如何处理？

知识拓展：自助餐服务的注意事项

项目五　邮轮酒水服务

项目描述

酒水服务是邮轮餐饮服务的重要组成部分，酒水服务水平的高低直接影响客人的感受及其酒水消费水平。本项目以邮轮酒吧员工应知、应会的理论知识和技能技巧为主线，以培养学生邮轮酒吧从业者职业素质和能力为出发点，使学生能够较系统地掌握酒水理论、酒品调制和邮轮酒吧服务与管理等知识，培养良好的职业道德、职业素养、人际交往能力和创新能力，具备酒品调制、酒吧服务与管理的基本能力和技巧，在酒水服务中既能做到服务标准化、规范化，又能做到个性化、程序化，为邮轮创造良好的声誉和经济效益。

项目目标

知识目标

掌握各种酒水饮料的基础知识及服务要求。

能力目标

掌握酒水服务的服务流程，能够灵活运用酒水的斟倒技巧。

素养目标

1. 逐步培养较强的服务意识和良好的沟通能力；
2. 锻炼吃苦耐劳、精益求精的工作态度。

任务一　葡萄酒服务

案例引入

不可忽视的酒水服务

餐饮业继续保持快速的发展，更是进入了影视媒体的视野。一档明星真人秀节目的播出让普通老百姓更加深入地了解了葡萄酒的知识。某期节目中，位于法国的中餐厅迎来了“神秘客人”——法国科尔马市市长、中国驻法国斯特拉斯堡总领事等一行人。最高规格的服务考验着店员们。

出于法国人对葡萄酒喜爱的考虑，店长很快通知店员打开一瓶常温红葡萄酒，先醒酒，做足准备，然后吩咐服务生给客人上红葡萄酒与杯子。但店员并不了解如何斟倒酒水，也不知道正确的斟酒顺序，所以跑到后厨来向店长求助。店长比较了解葡萄酒，并做好了各项斟酒服务，一切都很顺利地进行着。这时，科尔马市市长品尝完葡萄酒后微微一笑，提出了一个建议："红葡萄酒其实应该再冰一点。"

对于葡萄酒来说温度很重要，这在酒水服务当中也是非常容易忽视的细节，科尔马市市长的建议为酒水服务人员提出了更高的细节要求。

思考：从这个案例中我们可以了解到什么？

任务描述

本任务旨在让学生对邮轮上各类葡萄酒有初步认识与分辨，能对客人进行专业的酒水知识介绍和服务。

任务准备

1. 收集邮轮常见的葡萄酒的相关资料，包括教材、参考书籍、相关网络资料。

2. 成立学习小组，每组 5～8 人。小组成员观看相关视频、案例，完成课前思考任务。每组选出一名组长，由其负责工作任务的实施。

知识储备

葡萄酒反映了种植地的文化、环境、使用的工艺等。作为正式宴会中的佐餐酒，葡萄酒一直是首选。葡萄酒是邮轮餐厅最常见的酒水之一。

为了更好地掌握葡萄酒知识和提供优质的葡萄酒服务，邮轮餐饮服务人员必须充分了解酒单上常见的葡萄酒的种类、口味特征等。

一、邮轮上常见葡萄酒的种类

（一）按照葡萄酒的颜色分类

1. 白葡萄酒

白葡萄酒是选择白葡萄或浅红色果皮的酿酒葡萄，经过皮汁分离，取其果汁进行发酵酿制而成的葡萄酒。白葡萄酒的色泽应近似无色、浅黄，颜色过深不符合白葡萄酒的色泽要求。

2. 红葡萄酒

红葡萄酒是选择皮红肉白或皮肉皆红的酿酒葡萄，采用皮汁混合发酵，然后进行分离陈酿而成的葡萄酒。红葡萄酒的色泽应为自然宝石红色、紫红色、石榴红色等，失去自然感的红色不符合红葡萄酒的色泽要求。

3. 桃红葡萄酒

桃红葡萄酒是介于红、白葡萄酒之间，选用皮红肉白的酿酒葡萄，进行皮汁短时期混合发酵，达到色泽要求后分离皮渣，继续发酵陈酿而成的葡萄酒。桃红葡萄酒的色泽应该是桃红色、玫瑰红色、淡红色。

（二）按照葡萄酒中含糖量分类

1. 干葡萄酒

干葡萄酒是指葡萄酒中的糖分几乎已发酵完，每升葡萄酒中含总糖低于 4 克的葡萄酒，饮用时觉不出甜味，酸味明显。

2. 半干葡萄酒

半干葡萄酒是指每升葡萄酒中含总糖在 4～12 克的葡萄酒，饮用时有微甜感。

3. 半甜葡萄酒

半甜葡萄酒是指每升葡萄酒中含总糖在 12～50 克的葡萄酒，饮用时有甘甜、爽顺感。

4. 甜葡萄酒

甜葡萄酒是指每升葡萄酒中含总糖在 50 克以上的葡萄酒，饮用时有明显的甜纯感。

（三）按照酒中二氧化碳的压力分类

1. 无气葡萄酒

无气葡萄酒是指不含有自身发酵产生的二氧化碳或人工添加的二氧化碳的葡萄酒。

2. 起泡葡萄酒

起泡葡萄酒所含的二氧化碳是以葡萄酒加糖再发酵而产生的或用人工方法压入的。香槟酒属于起泡葡萄酒。法国政府规定，只有在香槟省出产的起泡葡萄酒才能称为香槟酒。

3. 葡萄汽酒

葡萄汽酒是以葡萄酒为酒基，调配白砂糖、柠檬酸等，并压入二氧化碳的低酒精度的饮料酒。

知识拓展：世界上主要的红、白葡萄品种

二、葡萄酒的服务步骤

不同种类的葡萄酒的服务方法和服务要求各有不同。例如，白葡萄酒需要冰镇后饮用，红葡萄酒则需要提前开启。下面介绍邮轮上葡萄酒的服务程序及服务方法。

（一）葡萄酒点单步骤

对客人而言，葡萄酒服务是从点单开始的。葡萄酒点单步骤为：展示（Present）、推荐（Recommend）、点单（Order）、打单（Punch）、收单（Enable）、再确认（Reconfirm）（见图 5-1），首字母即为“PROPER”。理解每个步骤中的细节是很重要的。

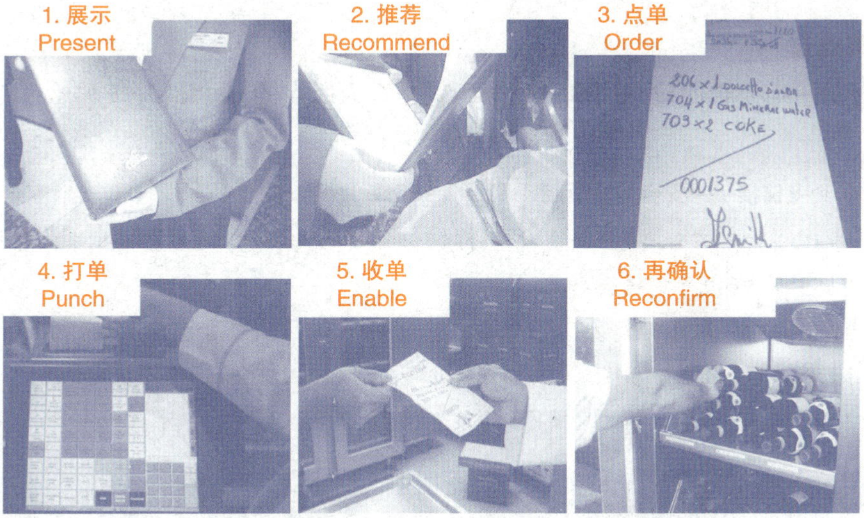

图 5-1 葡萄酒点单步骤

1. 展示

首先，服务员从工作站取出酒单，然后优雅地将其呈现给客人。

2. 推荐

服务员推荐或建议当天的葡萄酒（由经理指示）或适合所服务的特定客人的葡萄酒，即该葡萄酒与客人的餐单相匹配。

3. 点单

服务员应清楚地在酒水单上写下正确的信息。图 5-2 中数字 1～10 表示如下：

（1）酒侍名字的首字母。

（2）葡萄酒服务员的代码。

（3）客人的姓。

（4）客人的房间号。

（5）桌号。

（6）产品编号。

（7）数量要求。

（8）所点酒的品牌。

（9）邮轮公司卡号。

（10）客人签名。

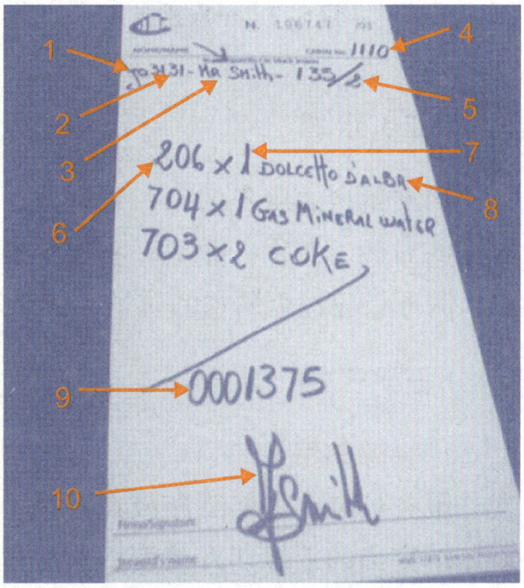

图 5-2 手写酒单实例

4. 打单

服务员应将所点酒单录入点单系统，然后从酒窖取出葡萄酒。

5. 收单

服务员需要将订单的原始副本（第 1 页）呈现给酒窖服务人员，以便其收集葡萄酒订单。

6. 再确认

服务员一定要再次确认所取的葡萄酒就是客人所点的。

业务链接——安全运输酒瓶

（1）为了安全地携带所有类型的瓶子（一次 4～8 瓶），在任何时候服务员都应使用图 5-3 所示的提篮。

（2）如果只需要携带 2～3 瓶酒，服务员可以使用“摇篮”技术（见图 5-4）来实现，即用身体来携带瓶子，以保持它们在通道中的安全。服务员应避免用手握住葡萄酒瓶的瓶颈，因为这样可能会改变瓶颈的温度。

图 5-3　一次携带 4～8 瓶

图 5-4　一次携带 2～3 瓶

（二）示酒

示酒是斟酒服务的第一道程序，它标志着斟酒服务正式开始。服务员应站在点酒客人的右侧，左手托瓶底，右手扶瓶颈，酒标朝向客人，让客人辨认、确定。在示酒前，服务员应检查酒水的质量，如果发现酒瓶破裂或酒水变质，应及时调换。

（三）开瓶

1. 去除箔纸

服务员应首先将酒瓶放在餐桌上客人右手边的干净餐巾上，利用开瓶器的刀片沿着瓶口突出的下缘切开封套，避免任何可能与葡萄酒的接触；然后，使用开瓶器的刀片小心地将锡箔纸去掉，将刀片安全地放回箱子里。开瓶时，服务员在任何时候都不能转动酒瓶，标签也应始终面向客人。拆开锡纸后，服务员应用餐巾擦拭软木塞和锡纸盖之间的区域。

去除锡箔纸的步骤如图 5–5 所示。

图 5–5　去除锡箔纸的步骤

2. 钻软木塞

服务员应将开瓶器与软木塞呈 90° 角插入，尖端位于中心，在旋转半圈时将开瓶器抬高至垂直位置（直上直下）。拧入软木塞时，不要用力，注意不要刺穿软木塞的底部，因为这样会导致软木塞破裂，倒酒时，木屑可能会漂浮在第一个杯子里，这会给客人留下不好的印象。

3. 取软木塞

服务员应使用开瓶器上的杠杆，慢慢提起手柄，确保软木塞完好无损。然后，服务员应再次擦拭瓶盖，从开瓶器上拧开软木塞，将其放在客人餐刀的右手边，接着折叠开瓶器，将其放回腰封内。

钻、取软木塞的步骤如图 5–6 所示。

图 5–6　钻、取软木塞的步骤

4. 清洁

服务员拔出瓶塞后，应使用清洁的服务巾小心擦拭瓶口，并尽量避免木屑掉入瓶内。

（四）试酒

服务员应倒一小杯到主宾位客人的杯子里。在正式斟酒之前，服务员必须清楚地确定主宾位客人。

试酒的步骤如图 5–7 所示。

图 5–7　试酒的步骤

岗位小贴士：服务员在斟倒酒时，瓶口和餐巾不要接触到酒杯。

（五）分析

服务员在为主宾位客人倒上一小杯酒后，应耐心等待客人品尝和分析所选订的葡萄酒，以验证葡萄酒的质量和可接受性。如果主宾位客人接受，服务员应为每位客人倒不超过 1/3 杯的酒（此为歌诗达邮轮的要求），或者按照客人指示，右手端酒，按顺时针方向，以女士优先的原则斟酒。如果客人试酒后表示不满意，服务员应为客人推荐另一款酒，并将打开的该瓶酒还给主管。服务员应将冰镇葡萄酒放入静置在主宾位客人的右手边的冰桶中。

（六）斟酒

1. 斟酒服务形式

（1）徒手斟酒。徒手斟酒服务形式是服务员左手拿一块服务巾，右手握瓶为客人斟倒酒水。徒手斟酒的基本要求是：

服务员站在客人的身后右侧，面向客人，左手持一块洁净的服务巾随时擦拭瓶口，右手掌自然张开，握住酒瓶的中部偏下部位，拇指朝内，食指指向瓶口，与拇指成约 60°，其余三指基本并在一起，与拇指配合握紧瓶身，商标朝向客人；右腿伸入两客座椅之间半步，身体微侧。斟酒时，瓶口对准杯口。

斟倒一般酒水时，瓶口应距离杯口约 2 厘米，瓶口对准杯中心，缓缓地将酒水注入酒杯中。斟倒啤酒或起泡酒时，应将酒液沿杯壁注入杯中。斟倒香槟时，用手握住瓶子中部，用食指撑住瓶颈，以求稳妥。初往杯子里斟倒时，气泡会喷起来，因此要先斟少量，等气泡减少时再继续斟倒大半杯为止，然后将酒瓶向上放正，以防酒漏到外面。

（2）托盘斟酒。托盘斟酒适用于同时为同桌多位客人斟倒多种酒水饮料的服务。托盘斟酒服务不仅可以提高服务的效率和方便服务工作，而且有利于酒水饮料的推销。托盘斟酒的基本要求是：

左手托盘，右手斟酒，右脚在前并插入两椅之间，侧身站在客人的右侧斟倒。托盘斟酒包括托盘和斟酒两项技能。第一是托盘的姿势。服务员在为客人斟倒时，应将左手的托盘移开至座椅背后，托盘要与客人保持一定的距离。第二是斟酒的姿势。服务员斟倒时，上身应略向前倾，掌握好自己身体的重心，切忌将自己的身体贴靠在客人身上或餐椅上进行服务，要掌握好距离。在为下一位客人斟倒时，服务员应先将重心从右脚脚尖移向左脚，抽出右脚，走向下一个餐位，进出餐位的时候必须侧身，动作幅度不能太大，应尽量避免影响客人。

（3）捧斟。此方式适用于酒会和酒吧服务，其方法是一手握瓶，一手将酒杯捧在手中，站在客人的右侧，然后向杯内斟酒。斟酒动作应在台面以外的空间进行，然后将斟满酒的酒杯放置在客人的右手处。捧斟适用于非冰镇处理的酒，捧斟的服务员要做到准确、优雅、大方。

2. 斟倒流程

（1）站在客人右侧，上身微前倾，重心放在右脚上，左脚跟稍微抬起，右手五指张开，握住酒瓶下部，食指伸直按住瓶壁，指尖指向瓶口，将右手臂伸出，右手腕下压，瓶口距杯口 2 厘米时斟倒。服务员应掌握好酒瓶的倾斜度并控制好速度，瓶口不能碰到杯口。

（2）斟酒时左手持一条白色服务巾，随时擦掉瓶口残留的酒液及瓶身上的水滴，避免滴落到餐桌上或客人身上。

（3）按照正确的服务顺序为客人斟酒。红葡萄酒通常斟 1/3 杯。

（4）斟酒时瓶身距离杯口 2 厘米，避免酒液溅出，斟完酒时应将瓶身旋转 45° 角，使瓶口的酒液均匀地分布在瓶口处，避免滴落到餐桌上或客人身上。

知识拓展：不同葡萄酒的适饮温度有所不同

3. 斟酒顺序

（1）根据宾客出席宴会的身份和座次高低决定斟酒顺序。一般是先从主宾位开始，然后按顺时针方向依次进行，最后斟倒主人位。同桌人数比较多时，可由两名服务员同时进行服务。一名服务员从第一宾客开始，另一名服务员从第二宾客开始顺时针方向依次绕台进行斟酒服务。

（2）根据出席宴会宾客的国籍、地区、礼仪风俗决定斟酒顺序。例如，对来自欧美国家的宾客，服务员应按照先女主宾后男主宾再一般来宾的服务顺序。

（3）根据宾客用酒不同决定酒水的斟倒顺序。在通常情况下，中餐斟酒是先斟酒后斟饮料。如果宾客在一餐中同时选用白酒、红葡萄酒、啤酒，其顺序应是：先斟倒红葡萄酒，再斟倒白酒，最后斟倒啤酒。

4. 斟酒量

（1）斟红葡萄酒时，倒至杯的 1/3 或一半为宜。

（2）斟白葡萄酒时，倒至杯的 2/3 为宜。

（3）斟香槟酒时，应分两次斟，第一次先斟 1/3 杯，至泡沫平息后，再将酒斟至 2/3 或 3/4 杯。

不同品种酒的斟酒量如图 5-8 所示。

图 5-8 不同品种酒的斟酒量

三、葡萄酒通用服务流程

葡萄酒通用服务流程如表 5-1 所示。

表 5-1　葡萄酒通用服务流程

操作流程	服务标准
示酒	取来客人选定的酒，在客人桌边用左手托住瓶底，右手握住瓶口，使瓶口朝上呈 45° 角，酒标对着客人，向客人示酒。
开酒	用前面所学的开瓶方法开酒。
请客人检查确认	开瓶后向客人简单示意，以便确认。
请客人事先品尝	先用服务巾擦净瓶口和瓶身，并在主人杯中倒入 2 厘米深的酒，并轻轻晃动一下酒杯，请客人尝酒并说："请您先品尝一下，好吗？"
斟酒	徒手或用醒酒器：右手握住酒瓶，左手拿服务巾或托盘，右脚跨前踏在两椅之间，举瓶高低适当；倒完酒后，将瓶子向右稍微转动收起，防止酒水滴在杯外。
斟添	斟酒后，要注意观察，发现客人杯中的酒剩 1/3 时应及时斟添。

知识拓展：常见的葡萄酒术语

任务实施

1. 教师导入本任务设定情景：晚餐时间，餐厅服务生史密斯在为一桌客人（共 4 位）服务，客人表示喜欢喝红葡萄酒。史密斯应该如何进行酒水服务？

2. 教师列出酒水服务可能用到的相关英文词汇、短语，以供学生参考。

3. 教师给出对话示范案例，并予以示范。

4. 将班级学生分组（5～6 人为一组）。其中 1 位学生扮演酒水服务生，另外 4～5 位学生扮演客人。根据所学操作规范，学生轮流进行情景化葡萄酒服务实操训练。

任务评价

根据实训任务情况，教师和学生共同讨论、评分。葡萄酒服务任务评价表如表 5-2 所示。

表 5-2

表 5-2　葡萄酒服务任务评价表

评价内容	评价标准	分值	组内自评（20%）	小组互评（30%）	教师评价（50%）	综合得分
准备工作	所需的酒水和酒具均准备齐全	20				
服务操作程序	操作动作规范、流畅	40				

续表

评价内容	评价标准	分值	组内自评（20%）	小组互评（30%）	教师评价（50%）	综合得分
沟通能力	中英文表述正确、清晰，沟通顺畅	20				
模拟情景	内容完整，能灵活应变	10				
团队协作	分工明确、团队协作	10				
合计得分：						
评分标准（100 分制）：81 ～ 100 分优秀；71 ～ 80 分良好；60 ～ 70 分合格；60 分以下不合格						

思考练习

【客观题（单选题）】

1. 西餐斟酒的顺序为（　　）。

A. 女主宾、女宾、女主人、男主宾、男宾、男主人

B. 男主宾、男宾、男主人、女主宾、女宾、女主人

C. 女主宾、男主宾、女宾、男宾、女主人、男主人

D. 男主宾、女主宾、男宾、女宾、男主人、女主人

2. 斟酒时，瓶口不可以搭在酒杯口上，以相距约（　　）为宜，以防止将杯口碰破或将酒杯碰倒。但也不能将酒瓶拿得过高，以免酒水溅出杯外。

A.1 ～ 2 厘米　　B.2 ～ 3 厘米　　C.0.5 ～ 1 厘米　　D.0.2 ～ 0.5 厘米

3. 西餐斟酒服务中，服务人员应将酒标（　　）。

A. 朝向客人　　B. 面向右侧　　C. 面向左侧　　D. 面向服务人员

【综合题（简答题）】

简述红葡萄酒的侍酒服务流程。

知识拓展：经典餐酒搭配

任务二　烈酒服务

案例引入

邮轮与威士忌的奇妙结合缔造至臻海上之旅

星梦邮轮致力为宾客带来独特的豪华海上体验。2016 年 7 月 28 日，星梦邮轮宣布旗下首艘邮轮“云顶梦号”将引入全球首个海上尊尼获加尊邸，邮轮与威士忌的结合势必将为旅游者带来奇妙的海上体验。

星梦邮轮总裁与帝亚吉欧尊尼获加全球品牌总监于星梦邮轮北京路演上，共同宣布品牌双方携手合作，以 8 支刻有星梦邮轮品牌标志的尊尼获加蓝牌威士忌表示将全球首个海上尊尼获加尊邸呈献给星梦邮轮的宾客。

“云顶梦号”上的尊尼获加尊邸将延续环球精粹，化身一处海上会所，供船上宾客品鉴酒吧内尊尼获加旗下顶级佳酿，感受威士忌艺术之美。行走尊邸，星光灿烂的画卷代表着从苏格兰 700 万只窖藏酒桶中精选调配出的独特尊尼获加威士忌，经纬交错闪烁于墙面，犹如浩瀚星空的点点星辰，汇聚成威士忌的灿烂银河，诉说每一段华丽的融合与蜕变，透过与众不同的调酒台配合互动科技，向宾客展现调酒艺术。

极其讲究的尊尼获加尊邸将会是“云顶梦号”网罗全球饕餮飨宴中一个独特亮点，加上精心安排各种丰富的休闲娱乐活动及新奇的海上体验，为宾客缔造一段启迪梦想的至臻海上之旅。

星梦邮轮总裁表示：“我们很高兴能够在‘云顶梦号’上引进全球首个海上尊尼获加尊邸。随着威士忌品鉴在中国及亚洲越来越受欢迎，我相信‘云顶梦号’可以借此机会让宾客对上乘苏格兰威士忌的调配艺术有更深入的理解，同时令广大威士忌爱好者更好地体会世界顶级苏格兰威士忌的香醇。”

帝亚吉欧尊尼获加全球品牌总监表示：“尊尼获加尊邸通过不断探索与创新，致力于为消费者提供独特的威士忌体验。随着进驻‘云顶梦号’，我们将在海上打造全新的全球旗舰型威士忌综合体验中心，这对尊尼获加及亚洲市场都是令人兴奋的时刻，我们期待将我们的品牌与传承呈献于崭新的‘云顶梦号’，推广至更多新的消费者。”

资料来源：星梦邮轮“云顶梦号”呈献首个海上尊尼获加尊邸 [EB/OL]. 搜狐网，2016-07-29.

思考：邮轮与威士忌的结合，会给客人带来哪些不一样的体验？在邮轮上，除了威士忌，还有哪些烈酒的身影？

任务描述

通过本任务的学习，学生可以了解邮轮常见烈酒的种类和相关知识，并能利用这些知识为客人进行烈酒出品服务。

任务准备

1. 收集邮轮上常见的烈酒种类相关资料，包括教材、参考书籍、网络资料等。

2. 成立学习小组，每组 5～8 人。小组成员观看相关视频、案例，完成课前思考任务。每组选出一名组长，由其负责工作任务的实施。

知识储备

除了一些常见的烈酒，外国邮轮公司为了开拓亚洲市场，迎合亚洲客人的口味，会提供诸如中国白酒、日本清酒、韩国烧酒之类的酒水。

一、邮轮常见烈酒的种类

（一）白兰地

白兰地（Brandy）一词有广义和狭义之分。从广义上讲，所有以水果为原料发酵蒸馏而成的酒都称为白兰地，如苹果白兰地；从狭义上讲，现在已经习惯将葡萄酒经过蒸馏和放在木桶里经过相当长时间陈酿而成的酒，称为白兰地。

邮轮上常见的白兰地主要产自法国南部，这是法国白兰地最古老、最著名的产区之一，其出产的白兰地中以干邑（Cognac）最为著名。干邑白兰地酒体呈琥珀色，清亮透明、口味讲究。干邑是白兰地的极品，受到法国政府的严格限制和保护。依照1909年5月1日法国政府颁布的法令：只有在干邑地区（包括夏朗德省及附近的7个区）生产的白兰地才能称为干邑。

干邑白兰地的名品很多，远销世界各地，常见的品牌有人头马（Rémy Martin）、马爹利（Martell）、轩尼诗（Hennessy）等。

（二）威士忌

威士忌（Whisky）种类齐全、花样繁多，邮轮常见的威士忌有苏格兰威士忌、爱尔兰威士忌、美国威士忌和加拿大威士忌，以及现在流行的日本威士忌五大类。

1. 苏格兰威士忌

苏格兰威士忌色泽呈棕黄带红、清澈透明，气味焦香、略带烟熏味，口感甘洌、醇厚、劲足、圆正、绵柔，以兑和威士忌为主。常见的兑和威士忌是用纯麦威士忌、谷物威士忌或食用酒精勾兑而成的混合威士忌。兑和威士忌通常有普通和高级之分。

苏格兰威士忌名品有：金玺百龄坛（Ballantine's Gold Seal）、百龄坛30年（Ballantine's 30 Years）、百龄坛17年（Ballantine's 17 Years）、添宝15年（Dimple 15 Years）、格兰（Grant's）、尊尼获加黑方（Johnnie Walker Black Lable）、老伯威（Old Parr）、芝华士（Chivas Regal）、芝华士皇家礼炮（Chivas Regal Royal Salute）等。

2. 爱尔兰威士忌

爱尔兰威士忌是以80%的大麦为主要原料，混以小麦、黑麦、燕麦、玉米等配料，制作程序与苏格兰威士忌大致相同，但不像苏格兰威士忌那样要进行复杂的勾兑。此外，爱尔兰威士忌在口味上没有烟熏味道，是因为在熏麦芽时使用的是无烟煤而不是泥煤。

爱尔兰威士忌名品有：约翰·波尔父子（John Power & Son）、老布什米尔（Old Bushmills）、约翰·詹姆森父子（John Jameson & Son）、帕蒂（Paddy）、图拉多（Tullamore Dew）等。

3. 美国威士忌

美国威士忌以其独特的口感和多样化的香气而闻名，酒香和味道浓郁。美国威士忌中最著名的当属波本（Bourbon）威士忌。

美国威士忌名品有：美格（Maker's Mark）、天高（Ten High）、四玫瑰（Four Roses）、杰克·丹尼（Jack Daniel's）、施格兰（Seagram's）、老祖父（Old Grand Dad）、老乌鸦（Old Crow）、老林头（Old Forester）、威凤凰（Wild Turkey）、爱威廉斯（Evan Williams）、占边（Jim Bean）。

4. 加拿大威士忌

加拿大威士忌酒色棕黄、酒香芬芳、口感轻快爽适、酒体丰满，以淡雅的风格著称。

加拿大威士忌名品有：加拿大俱乐部（Canadian Club）、施格兰特酿（Seagram's V.O.）、辛雷（Schenley）、怀瑟斯（Wiser's）、加拿大之家（Canadian House）等。

5. 日本威士忌

日本威士忌师承自苏格兰威士忌，口味较苏格兰威士忌轻柔，贴近东方人口味。世界第三大烈酒生产商三得利公司在京都附近的山崎及本州设立酒厂，三得利酿造的威士忌大多数供应日本国内。

（三）金酒

金酒（Gin）又称杜松子酒、琴酒或毡酒。金酒按口味风格可分为辣味金酒（干金酒）、老汤姆金酒（加甜金酒）、荷兰金酒和果味金酒（芳香金酒）四种。邮轮上常见的金酒以英式金酒为主，又称伦敦干金酒，属淡体金酒，口味与其他酒相比比较淡雅。

金酒名品有：必富达（Beefeater）、哥顿（Gordon's）、杰彼斯（Gilbey's）、仙蕾（Schenley）、添加利（Tanqueray）、老汤姆（Old Tom）等。

（四）伏特加

伏特加（Vodka）是以谷物、薯类、糖蜜及其他可食用农作物等为原料，经发酵、蒸馏制成食用酒精，再经过特殊工艺精制加工而成的蒸馏酒。伏特加酒质晶莹澄澈，无色且清淡爽口，使人感到不甜、不苦、不涩，独具特色。

俄罗斯是伏特加的主要生产国，德国、芬兰、波兰、美国、英国等国也能酿制优质的伏特加。

伏特加名品有：俄罗斯的波尔斯卡亚（Bolskaya）、哥丽尔卡（Gorilka）、斯大卡（Starka）、苏连绿（Moskovskaya）、苏连红（Stolichnaya），波兰的维波罗瓦（Wyborowa），芬兰的芬兰牌（Finlandia），美国的斯米诺（Smirnoff）、沙莫瓦（Samovar），英国的哥萨克（Cossack）等。

（五）朗姆酒

朗姆酒（Rum），又称罗姆酒、兰姆酒，是一种以甘蔗汁或甘蔗制糖的副产品——废糖蜜为原料，经过发酵、蒸馏、陈酿而制成的蒸馏酒。朗姆酒的主要特征是具有甘蔗香气。

朗姆酒产于盛产甘蔗及蔗糖的地区，如牙买加、古巴、海地、多米尼加、圭亚那等加勒比海国家，其中以牙买加、古巴生产的朗姆酒最有名。

朗姆酒名品有：百家得（Bacardi）、摩根船长（Captain Morgan）、海军罗姆（Lamb's Navy）、朗立可（Ronrico）、上尉珍藏（Captains Reserve）、老牙买加（Old Jamaica）、美雅士（Myers's）等。

（六）特基拉酒

特基拉酒（Tequila），又称龙舌兰酒，产于墨西哥，是以龙舌兰的汁浆为原料经发酵、蒸馏而得到的酒。

特基拉酒名品有：白金武士（Conquistador）、奥美加（Olmeca）、豪帅快活（Jose Cuervo）、斗牛士（El Toro）、索查（Sauza）、欧雷（Ole）、玛丽亚西（Mariachi）、培恩（Patron）等。

二、邮轮常见烈酒的服务方式

（一）白兰地的服务

比较讲究的白兰地饮用方法是净饮，饮用者使用白兰地杯，并搭配一杯冰水。品尝时，饮用者用手掌握住白兰地杯杯壁，让手掌的温度经过酒杯稍微温暖一下白兰地，让其香味挥发，充满整个酒杯。224 毫升的白兰地杯只需倒入 28 毫升白兰地，边闻边喝，只有这样才能真正地享受饮用白兰地的奥妙。冰水的作用是：饮用者每喝完一小口白兰地，喝一口冰水，能使下一口白兰地的味道更香醇。

白兰地也可以与其他软饮料混合。例如，白兰地加可乐，一般使用柯林杯，放半杯冰块，量 30 毫升白兰地、168 毫升可乐，用酒吧匙搅拌后饮用。

（二）威士忌的服务

威士忌为烈性酒，酒精度数一般在 40 度左右。其饮用方法灵活多样，除可直接饮用外，还可加入汽水、冰或其他饮料，如混合苏打水等，也可加绿茶、切碎的柠檬片等作为配料。优质威士忌加水稀释后，香型不变、澄清透明。不同的饮用方法所适用的酒杯亦不相同，净饮、加冰时通常使用古典杯，这种宽大而不深的平底杯更利于威士忌粗犷豪迈风格的表现。混合各种汽水（如苏打水）饮用时，则可用柯林杯，加入大约 30 毫升威士忌及适量汽水和冰块。

（三）金酒的服务

荷式金酒主要用于餐前或餐后单饮，英式金酒广泛用于调制鸡尾酒。净饮时，先将 30 毫升的金酒加少量冰块搅匀，滤入鸡尾酒杯，加一片柠檬；加冰饮用时，在古典杯中加冰块和 30 毫升金酒，加一片柠檬；亦可选用柯林杯，与苏打水、汤力水混合饮用。

（四）伏特加的服务

伏特加通常以常温饮用，快饮（干杯）是其主要饮用方式，所以伏特加出品时量不会很大，标准用量为每位客人 42 毫升，一般用容量较小的烈酒杯饮用，也可用利口酒杯替代。加冰饮用时多选用容量大一些的古典杯。伏特加可作佐餐酒或餐后酒。纯饮时，常备一杯凉水。许多人喜欢冰镇后干饮，仿佛冰溶化于口中，进而转化成一股火焰般的热烈。

（五）朗姆酒的服务

在生产朗姆酒的国家，人们多喝纯的、未作任何调和的朗姆酒。在美国，人们更多地用朗姆酒来调制鸡尾酒，很少净饮。因为烧焦的蔗糖有强烈的香味，所以朗姆酒也经常用于制作糕点、糖果、冰激凌以及作为法式大菜的调味酒。饮用朗姆酒时还可加冰、加水、加可乐。

（六）特基拉酒的服务

墨西哥人对特基拉酒情有独钟，品饮方式独特，常用于净饮。桑格丽塔（一种红色辣味汁）、切成小块的绿色柠檬、盐是特基拉酒的必备“伴侣”。饮用时，要备两个细高的圆形小酒杯，分别斟满特基拉酒和桑格丽塔。饮用者在左手虎口上放一点盐，饮一口特基拉酒，吮一下柠檬，舔一点盐，再饮一点桑格丽塔。特基拉酒也常作为鸡尾酒的基酒。

三、烈酒服务操作流程

烈酒服务操作流程如表 5–3 所示。

表 5–3　烈酒服务操作流程

酒品	服务标准
白兰地	用白兰地杯，倒入杯中约 30 毫升。服务时不跟杯垫。
威士忌	净饮、加冰，出品用古典杯，倒入杯中 1 盎司，加入 3 块冰。服务时跟杯垫。 混饮，出品用柯林杯，倒入杯中 1 盎司，加入 3 块冰，依客人喜好配可乐或者苏打水。服务时跟搅拌棒和杯垫（搅拌棒放入杯中）。
金酒	净饮、加冰，出品用古典杯，倒入杯中 1 盎司，加 3 块冰。服务时跟杯垫。 混饮，出品用柯林杯，倒入杯中 1 盎司，加 3 块冰，配柠檬片、可乐或汤力水。服务时跟搅拌棒和杯垫（搅拌棒放入杯中）。
伏特加	净饮、加冰，出品用古典杯，倒入杯中 1 盎司，加 3 块冰。服务时跟杯垫。
朗姆酒	净饮、加冰，出品用古典杯。倒入杯中 1 盎司，加 3 块冰。服务时跟杯垫。 混饮，出品用柯林杯，倒入杯中 1 盎司，加 3 块冰，配柠檬片或可乐。服务时跟搅拌棒和杯垫（搅拌棒放入杯中）。
特基拉酒	净饮，出品用古典杯，配盐、柠檬角。服务时跟杯垫。 混饮，出品用古典杯，配雪碧。服务时跟搅拌棒和杯垫（搅拌棒放入杯中）。

任务实施

1. 教师导入本任务设定情景：酒吧服务生皮特在为客人服务，客人表示喜欢威士忌，尤其钟爱带有浓郁烟熏味的威士忌。皮特应该如何进行酒水服务？

2. 教师列出威士忌服务可能用到的相关英文词汇、短语，以供学生参考。

3. 教师逐一示范几款烈酒的服务操作过程。

4. 将班级学生分组（5～6 人为一组）。其中 1 位学生扮演酒水服务生，另外 4～5 位学生扮演客人。根据所学操作规范，学生轮流进行情景化威士忌服务实操训练。

任务评价

根据实训任务情况，教师和学生共同讨论、评分。烈酒服务评价表如表 5-4 所示。

表 5-4

表 5-4 烈酒服务评价表

评价内容	评价标准	分值	组内自评（20%）	小组互评（30%）	教师评价（50%）	综合得分
准备工作	所需的酒水和酒具均准备齐全	20				
服务操作程序	操作动作规范、流畅	40				
沟通能力	中英文表述正确、清晰，沟通顺畅	20				
模拟情景	内容完整，能灵活应变	10				
团队协作	分工明确、团队协作	10				
合计得分：						
评分标准（100 分制）：81 ～ 100 分优秀；71 ～ 80 分良好；60 ～ 70 分合格；60 分以下不合格						

思考练习

【综合题（简答题）】

1. 请列出至少 4 种烈酒，并介绍每种烈酒的 2 个著名品牌。
2. 请谈谈在服务不同品种的烈酒时应注意哪些细节。

知识拓展：烈酒出品常用载杯

任务三　鸡尾酒服务

案例引入

邮轮酒吧的高峰时间是从晚上 10 时开始，但是客人购买鸡尾酒的机会非常多。

航海日期间：船舶从港口驶出的上层甲板上会出售饮料。酒吧服务员穿梭在客人之间出售鸡尾酒和饮料以此来庆祝开始一段新旅途。现场会有音乐演出，以此来增添气氛。

剧院：餐桌服务适用于所有娱乐场所。在当天剧场的高峰时段会提供鸡尾酒和特别促销活动。

酒吧：各式各样的酒吧是针对不同客人的。例如，体育酒吧里会有体育赛事的录像或者显示在电视或屏幕上的直播体育赛事；传统的酒吧间会使用深色木材和舒适的长沙发、椅子的设计，使客人被一种浓浓的“俱乐部”的感觉所包围。在这种氛围下，来一杯鸡尾酒再惬意不过了。

夜总会：提供餐桌服务和鸡尾酒酒单。鸡尾酒在邮轮上十分受欢迎。

白天：客人可以全天内从船舱内酒吧或者甲板上的池畔吧购买鸡尾酒。客人也可以在用餐时间从自助餐厅或者主餐厅内的移动点购买饮料。

各式各样的鸡尾酒常见于邮轮上的一系列活动，包括艺术拍卖、卡拉 OK、舞蹈秀、时装秀和娱乐节目等。鸡尾酒在邮轮上无处不在。

思考：邮轮上的不同场景适合哪种类型的鸡尾酒？为什么？

任务描述

通过本任务学习，学生应了解邮轮常见鸡尾酒的类型，掌握鸡尾酒制作的基本方法，并能够在邮轮不同的场景下为客人进行鸡尾酒服务。

任务准备

1. 收集邮轮上常见的鸡尾酒种类相关资料，包括教材、参考书籍、网络资料等。

2. 成立学习小组，每组 3～6 人。小组成员观看相关视频、案例，完成课前思考任务。每组选出一名组长，由其负责工作任务的实施。

知识储备

一、鸡尾酒的种类

鸡尾酒是由两种或两种以上的酒混合配制，或在某种酒中兑入果汁、碳酸饮料等配制而成的一种饮品。具体来说，鸡尾酒是用基酒（主要是烈性酒）和辅料（主要是加色加味溶液、调缓溶液、香料、香精、色素等）按一定比例配制而成的一种混合饮品。

鸡尾酒的分类方法多种多样：

（一）根据饮用时间和地点分

1. 餐前鸡尾酒

餐前鸡尾酒是以增加食欲为目的的鸡尾酒，口味分甜和不甜两种，如马天尼、曼哈顿。

2. 俱乐部鸡尾酒

俱乐部鸡尾酒通常在正餐（午、晚餐）时提供，或代替头盘、汤菜。俱乐部鸡尾酒色泽鲜艳，如三叶草俱乐部鸡尾酒。

3. 餐后鸡尾酒

几乎所有的餐后鸡尾酒都是甜味酒，如亚历山大鸡尾酒。

4. 晚餐鸡尾酒

晚餐鸡尾酒是晚餐时饮用的鸡尾酒，口味辛辣，如法国的鸭臣鸡尾酒。

5. 香槟鸡尾酒

香槟鸡尾酒通常在庆祝宴会上饮用，将调配混合酒的各种材料放入杯中预先调好，饮用时再斟入适量香槟即可。

（二）根据混合方法分

1. 短饮类

短饮类鸡尾酒的酒精含量较高、香料味浓重，放置时间不宜过长，如马天尼、曼哈顿均属于短饮类，通常用矮杯提供。

2. 长饮类

长饮类鸡尾酒是用烈性酒、果汁、汽水等混合调制的酒精含量较低的饮料，是一种温和的鸡尾酒，可放置较长时间而不变质，通常放在高杯中饮用。

3. 热饮类

与其他鸡尾酒的区别是热饮类鸡尾酒是用沸水、咖啡或热牛奶冲兑而成，如热托蒂鸡尾酒。

二、鸡尾酒的制作原料

一款色、香、味俱佳的鸡尾酒，通常是由基酒、辅料、装饰物三部分构成的。

基酒，又称鸡尾酒的酒底，主要以烈性酒为主。鸡尾酒通常以白兰地、威士忌、金酒、朗姆酒、伏特加、特基拉酒为酒底，其含量较高，往往达到甚至超过总量的一半，长饮类则低于一半。一般而言，只用一种烈性酒作为基酒，但在有些情况下，也可用两种烈性酒作为基酒，不能用更多的不同烈性酒，否则会导致气味混杂而破坏酒味。

鸡尾酒的色彩非常艳丽，除基酒外，还需要加色加味溶液、调缓溶液和传统的香料、香精、色素等辅料，如金色的香蕉酒、绿意盎然的蜜瓜酒、透明白净的白薄荷酒、蔚蓝天空般的蓝橙力娇酒等。

装饰物具有装饰和调味的双重作用。经典的鸡尾酒的装饰物的构成和制作方法是约定俗成的，调酒师应保持原貌，不得随意篡改。对于创新的鸡尾酒而言，装饰物的修饰和雕琢不受限制，调酒师可充分发挥想象力和创造力。对于不需要装饰的鸡尾酒品，加以装饰则是画蛇添足，会破坏酒品的意境。

三、鸡尾酒的调制方法

（一）摇荡法

摇荡法是调制鸡尾酒的简易方法，是指将酒类材料及配料、冰块等放入摇酒壶内，用劲来回摇晃，使其充分混合的调制方法。摇荡法能去除酒的辛辣，使酒温和、入口顺畅。摇荡法使用的器材有摇酒壶、量杯、酒杯。

调酒师摇荡时速度要快并有节奏感，摇至摇酒壶表面起霜即可。摇酒的方法有单手摇和双手摇两种。

1. 单手摇

单手摇的方法是：右手食指按住壶盖，用拇指、中指、无名指夹住壶体两边，手心不与壶体接触。摇荡时，尽量以手腕用力；手臂在身体右侧自然上下摆；要求力量大、速度快、有节奏、动作连贯。

2. 双手摇

双手摇的方法是：左手中指按住壶底，拇指按住壶中间过滤盖处，其他手指自然伸开；右手拇指按壶盖，其余手指自然伸开固定住壶身；壶盖朝向调酒师，壶底朝外，并略向上方。摇荡时，可在身体左上方或右上方；要求两臂略抬起，呈伸曲动作，手臂呈三角形，在身体的一侧摇动。

（二）搅拌法

搅拌法是指将材料倒入调酒杯中，用调酒匙充分搅拌的一种调制方法，适用于马天尼、曼哈顿等酒味较辛辣、后劲较强的鸡尾酒。搅拌法使用的器材有调酒匙、量杯、隔冰器、酒杯。搅拌方法如下：

（1）将材料用量杯量出正确分量后，倒入调酒杯中。

（2）用夹冰器夹取少许冰块，放入调酒杯中。

（3）用调酒匙在调酒杯中前后来回搅拌三次，再正转两圈、倒转两圈。

（4）移开调酒匙后加上隔冰器滤出冰块，再把酒液倒入酒杯内；有时也可以直接在酒杯中搅拌。

（三）直接注入法

直接注入法是指将材料直接注入酒杯的一种鸡尾酒调制法。其做法非常简单，调酒师只需将材料分量控制好，直接将原料兑入载杯，无须搅拌；但有时也需要用吧匙贴紧杯壁慢慢地将酒水倒入，以便使其分层。

（四）果汁机混合法

果汁机混合法是指用果汁机取代人工进行摇荡搅拌的方法。调酒师事先准备细碎冰或刨冰，在果汁机上座倒入材料，然后加入碎冰，开动电源混合搅动，10 秒钟左右关掉开关，等电动马达停止后拿下混合杯，将酒液倒入酒杯中即可。

四、鸡尾酒的调制步骤

（一）调制前的准备

1. 准备酒水

调酒师拿到鸡尾酒的配方后，应分析本款鸡尾酒的主要原料，进行酒品的准备。

知识拓展：准备酒水的注意事项

2. 传瓶

传瓶是指将酒瓶从酒柜或操作台传至手中的过程。调酒师一般是将酒瓶从左手传至右手。调酒师应用左手拿酒瓶瓶颈部分传至右手上，用右手拿住酒瓶的中间部位，或者直接用右手提及瓶颈部分，迅速向上抛出，并准确地用手掌接住瓶体的中间部分，要求动作迅速、稳准连贯。

3. 示瓶

调酒师应用左手托住瓶底，右手扶住瓶颈，呈 45° 角将商标展示给客人。

4. 开瓶

调酒师应用右手握住瓶身，并向外侧旋动，用左手的拇指和食指按逆时针方向迅速将瓶盖打开，直接拔出软木帽形瓶塞，并用左手拇指和食指夹着瓶盖（塞）。

5. 量酒

开瓶后，调酒师应立即用左手的中指、食指、无名指夹起量杯，两臂略微上抬，呈环抱状，将量杯置于敞口的摇酒壶等容器的正前上方约 4 厘米处，量杯端拿平稳，略呈一定的斜角，然后用右手将酒斟入量杯至标准的分量，随即将量杯中的酒倒入摇酒壶等容器中，左手拇指按顺时针方向旋上瓶盖或塞上瓶塞，最后放下量杯和酒瓶。

（二）调制酒水

原料准备就绪后，调酒师应分析鸡尾酒的调制方法。不同的鸡尾酒具有不同的调制方法，酒吧常用的是英式调酒法，它是传统的鸡尾酒调制方法。英式调酒法的特点是使用英式摇酒壶、量酒器、吧勺等，按照所规定的方式进行调酒。调酒师要做到一丝不苟，体现绅士风度；同时要尊重配方，不能随意改变。

（三）制作装饰物

标准的鸡尾酒均有规定的与之相适应的装饰物。即使其他配方相同，但装饰物不同，鸡尾酒名也会各异。但需要指出的是，并不是每款鸡尾酒都可以任意装饰，装饰物的制作要遵循一定的原则，如色泽的搭配与载杯是否协调等。另外，有些特定的鸡尾酒的装饰物还有调味效果。例如，马天尼中的柠檬皮实际上就是鸡尾酒的调味辅料。有些装饰物仅局限于装饰功能，只要不影响鸡尾酒固有的风格，稍作改观也是允许的。

五、鸡尾酒的服务程序

鸡尾酒的服务程序如表 5–5 所示。

表 5–5　鸡尾酒的服务程序

工作要点	内容描述
1. 仪表仪容要求	举止文雅大方，站立位置恰当，面带笑容。 客人来到吧台前要主动表示欢迎，并为客人介绍酒水种类。
2. 落单	熟悉酒的产地、特点、度数等知识，合理地推荐饮品，遵循先开单后出品的程序。
3. 出品前的检查	出品时检查杯具是否干净、有无缺口，斟酒时必须使用量杯，酒瓶的标签应朝向客人。
4. 饮料出品要求	所有饮品都要按照出品标准规范出品，要按配方准确调制。
5. 出品需求	如果客人需要加冰块，应先在杯中加入冰块；如果客人需要使用冰镇酒杯，应事先在冰柜内备好相应的杯具。
6. 调制鸡尾酒的原则	调制时间要掌握好，不要过久，配酒的原料必须使用量杯，不可随意估量倒入，以保证口味的统一、纯正。

任务实施

1. 教师导入本任务设定情景：酒吧内，餐厅服务生詹姆斯在为一对年轻情侣服务。客人表示想尝试一下鸡尾酒，但是没有特别指定。詹姆斯应该如何进行酒水服务？

2. 教师列出酒水服务可能用到的相关英文词汇、短语，以供学生参考。

3. 教师进行鸡尾酒调制技法的讲解，并予以示范。

4. 将班级学生分组（3～4 人为一组）。其中 1～2 位学生扮演酒水服务生，另外 2 位学生扮演客人。根据所学操作规范，学生轮流进行情境化鸡尾酒服务实操训练。

任务评价

根据实训任务情况，教师和学生共同讨论、评分。鸡尾酒服务评价表如表 5–6 所示。

表 5–6

表 5-6　鸡尾酒服务评价表

评价内容	评价标准	分值	组内自评（20%）	小组互评（30%）	教师评价（50%）	综合得分
准备工作	鸡尾酒的推荐符合客人需求	20				
服务操作程序	调酒过程操作规范、符合标准	30				
鸡尾酒出品	鸡尾酒成品符合要求，按照要求搭配吸管、杯垫等	20				
语言能力	中英文表述正确、清晰，发音标准、声音洪亮	10				
模拟情景	内容完整，能灵活应变	10				
团队精神	分工明确、团队协作	10				
合计得分：						
评分标准（100 分制）：81 ～ 100 分优秀；71 ～ 80 分良好；60 ～ 70 分合格；60 分以下不合格						

思考练习

【客观题（判断题）】

1. 标准的鸡尾酒均有规定的与之相适应的装饰物。即使其他配方相同，但装饰物不同，鸡尾酒名也会各异。（　　）

2. 合理地推荐饮品，可以不用每次都遵循先开单后出品的程序。（　　）

3. 英式调酒法的特点是通常使用英式摇酒壶、量酒器、吧勺等，按照所规定的方式进行调酒，调酒师要做到一丝不苟，体现绅士风度。（　　）

4. 直接注入法是指将材料直接注入酒杯的一种鸡尾酒调制法。其做法非常简单，调酒师只需将材料分量控制好，直接将原料兑入载杯，无须搅拌。（　　）

【综合题（简述题）】

请列出在为客人制作鸡尾酒时应做好哪些准备工作。

知识拓展：机器人调酒师

项目六 邮轮特色餐饮服务

项目描述

一般而言，接近一周或超过一周的邮轮旅行都至少会举行一次船长晚宴，一些客人会被邀请与船长同桌。这是邮轮旅游的一种文化，也是一种传统，是船方对客人的一种尊重。船长就像邮轮的掌舵者，客人如果能和船长一同进餐、合影留念，是一种荣誉。

项目目标

知识目标

1. 了解船长晚宴的种类和形式；
2. 了解船长晚宴的要求；
3. 了解西餐特色宴会的类型和服务要求。

能力目标

1. 能够掌握船长晚宴的服务要求；
2. 能够掌握不同船长晚宴的服装要求、仪态要求；
3. 能够掌握西餐特色宴会准备工作的顺序和程序标准。

素养目标

1. 了解船长晚宴的传统和文化；
2. 通过了解船长晚宴的各种文化和要求，提升自身的素质和修养；
3. 习得严谨、细致的工作态度。

任务一 船长晚宴服务

案例引入

李先生全家第一次乘坐邮轮出游，在预订餐厅时被告知第二天晚上会举行船长晚宴，有机会可以与船长及邮轮高层管理者同桌进餐。李先生全家都很开心，李先生认为要穿得正式一些，行为举止应文明，李太太开始挑选晚宴的服装，并与大家提前商量拍照细节，全家人都不想错过这个非常特别的晚宴。

思考：参加船长晚宴应该注意什么？

任务描述

船长晚宴是邮轮旅行中一项非常隆重的活动，是客人们享受美食、交流情感、体验船上奢华氛围的绝佳机会。本任务旨在让学生了解船长晚宴的形式、参与方式及晚宴要求等内容。

任务准备

1. 收集邮轮船长晚宴的相关资料，包括教材、参考书籍、网络资料等。

2. 成立学习小组，每组 5～8 人。小组成员观看相关视频、案例，完成课前思考任务。每组选出一名组长，由其负责工作任务的实施。

知识储备

邮轮上的船长晚宴是邮轮之旅中最为隆重和最富特色的议程之一，是船长与邮轮上的高层管理者共同出席，并与客人一同享用晚餐的宴会。

在船长晚宴上，船长与高层管理者一起在餐厅外迎接客人，在晚宴上致辞，在餐桌上与客人畅聊，穿梭在餐厅与客人打招呼、合影留念。客人与船长或高层管理者的合影是由船方的摄影师拍摄的。船长晚宴是一个规格相当高的宴会。在通常情况下，鸡尾酒会也是船长晚宴的重要组成部分，鸡尾酒会一般早于船长晚宴半小时开始。

船长晚宴（见图 6–1）的就餐人数较多、菜品丰富、气氛隆重热烈、就餐时间较长、接待服务讲究。在厅堂布置及台面上既要舒适、干净，又要突出隆重、热烈的气氛。在菜点选配上也有一定规格和质量要求，按照一定的顺序和礼节递送，讲究色、香、味、形、器、质、名，注重菜式的季节性，运用拼图、雕刻等形式烘托喜庆、热烈的气氛。在接待服务上强调周到细致，讲究礼节礼貌，凸显服务技巧和服务水平。

图 6–1　船长晚宴（丽星邮轮欢迎晚宴）

一、船长晚宴的种类

船长晚宴的种类有很多。按照进餐形式，可分为立式宴会和坐式宴会；按照餐别，可分为中餐、西餐自助餐和鸡尾酒会等；按照礼仪，可分为欢迎宴会和欢送宴会等。以下介绍正式船长晚宴和招待会。

（一）正式船长晚宴

正式船长晚宴（见图 6–2）是船长及邮轮高层管理者代表船上所有员工为欢迎或欢送客人而举行的宴会。就餐人员按编排的座位就座，礼仪要求比较严格，席间一般都有致辞或祝酒，有时也会有乐队表演。

图 6–2　正式船长晚宴（丽星邮轮）

（二）招待会

招待会是一种灵活便利、经济实惠的宴请形式，常见的有冷餐会、鸡尾酒会和茶话会。

1. 冷餐会

冷餐会是一种立餐形式的自助餐，不排座位，但有时设主宾席。冷餐会供应的食品以冷餐为主，兼有热菜。菜肴有中式、西式或中西结合式，分别以盘碟盛装，连同餐具陈设在菜台上供客人自取。酒水饮料则由服务员端至席间巡回敬让。冷餐会对船方来说很方便，省去了排座次的步骤；标准可高可低，参加的客人可多可少；时间亦很灵活，宾主间可以广泛交际，任何人都可以自由交谈，顺便拜会朋友。

2. 鸡尾酒会

鸡尾酒会（见图 6–3）也是一种立餐形式，它以供应鸡尾酒为主，附有各种小食如三明治、小串烧、炸薯条等。鸡尾酒会一般在正式船长晚宴之前举行。鸡尾酒会与冷餐会一样，船方不需要排座次，客人来去自由、不受约束。整个鸡尾酒会气氛和谐热烈、轻松活泼。

图 6-3　鸡尾酒会（船长晚宴前）

3. 茶话会

茶话会是一种简便的招待形式，茶话会上备有茶水、咖啡、冷饮、点心和多种风味小吃。茶话会对茶叶、茶具的选择很有讲究。茶话会不排座次，但通常主宾和主人会被安排在一起，其他人则随意入座，宾主共聚一堂，品用茶点、亲切交谈，席间常安排一些文艺节目助兴。

二、船长晚宴的形式

现代邮轮公司推出的船长晚宴主要有以下两种形式。

（一）需要提前预订的船长晚宴

此种船长晚宴在出行之前船方便会告知客人。客人可以根据自己的需要上船后到规定地点进行预订，并可自行选择预订的餐厅。客人预订过后会得到船长晚宴的邀请函（见图 6-4）。

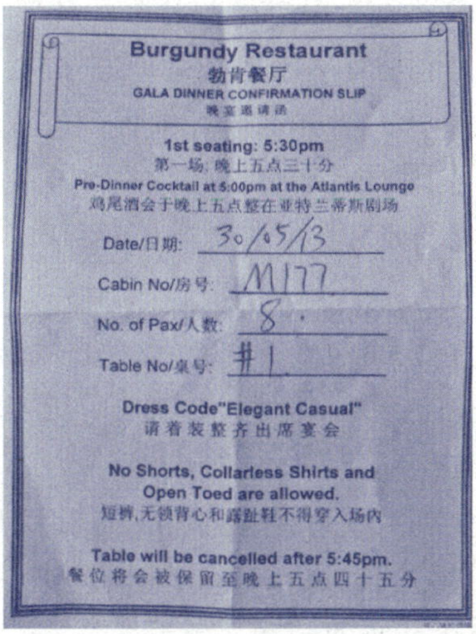

Burgundy Restaurant
勃肯餐厅
GALA DINNER CONFIRMATION SLIP
晚宴邀请函

1st seating: 5:30pm
第一场：晚上五点三十分
Pre-Dinner Cocktail at 5:00pm at the Atlantis Lounge
鸡尾酒会于晚上五点整在亚特兰蒂斯剧场

Date/日期: 30/05/13
Cabin No/房号: M177
No. of Pax/人数: 8
Table No/桌号: #1

Dress Code"Elegant Casual"
请着装整齐出席宴会

No Shorts, Collarless Shirts and Open Toed are allowed.
短裤、无领背心和露趾鞋不得穿入场内

Table will be cancelled after 5:45pm.
餐位将会被保留至晚上五点四十五分

图 6-4　“海娜号”船长晚宴邀请函

（二）无须预订的船长晚宴

此种船长晚宴在出行之前船方会告知客人，客人可在上船后的每日行程上提前了解到船长晚宴的时间和地点，并可根据自己的意愿决定参加与否。

在船长晚宴上，一些客人可以与船长及邮轮高层管理者在同一张桌子上用餐（见图 6–5），或者与他们一起出现在欢迎仪式上。在一些邮轮上，套房客人或者邮轮公司的重要会员往往会被邀请参加船长晚宴。如果恰逢客人的特殊纪念日，如金婚、结婚等，那么这部分客人可能会在受邀名单中。

图 6–5 “海娜号”船长晚宴

三、船长晚宴的要求

（一）服装要求

早期的邮轮上，客人每晚都要更换自己的礼服，从黑色到白色或其他颜色。如今，每艘邮轮上的规矩都不一样，但是有些规矩是必须遵守的。

邮轮客人于每晚享用晚宴时，船方都会提前提醒客人穿着的礼仪规定。旅途中适宜、大方、得体的衣饰穿着表现，除不至于在社交场合失礼之外，也可以为邮轮旅游漫漫航程增添乐趣。较为常见的晚宴穿着有以下三种。

1. 正式服装

早期邮轮上，男性需要穿着燕尾服参加宴会，如今仅要求男士穿着深色西装外套，配以浅色衬衫、打蝴蝶结或深色领带。女士则以穿着连身一件式西式晚礼服或中式旗袍为宜。男士穿黑色或深咖啡色皮鞋，女士穿高跟鞋。

（1）男士西装依纽扣的排列方式有单排扣和双排扣两种。单排扣西装多为三件式，即搭配一件背心（非必需）、衬衫及领带。双排扣西装则不必搭配背心，但男士应扣上纽扣（包括暗扣），西裤则尽可能与西装同一色系。

（2）女士的连身一件式西式晚礼服一般为低胸、无袖、露背、束腰的拖地长裙，再搭配炫目耀眼的饰物。

2. 半正式服装

邮轮公司为顾及客人的方便，如今上述的正式穿着较为少见，半正式服装较为常见。通常而言，邮轮公司会要求：

（1）男士穿着西装、西裤、衬衫、打（或不打）领带。

（2）女士以穿着过膝裙配上外套为宜。

（3）男性以黑色或深咖啡色皮鞋为宜，女性则以低跟鞋为宜。

（4）男士穿着单排扣或者双排扣西装时，除坐下用餐时为了舒适可以解开扣子之外，均应随时扣上扣子以示庄重。

3. 轻便服装

建议男士穿着运动上衣、休闲裤，女士穿着休闲装即可。至于鞋子的穿着，除了拖鞋不适宜外，休闲鞋甚至球鞋都不失礼数。

业务链接——着装注意事项

（1）无论何时进入晚宴餐厅，男士、女士均不宜穿着拖鞋，也不宜穿着无领T恤衫或者牛仔装。

（2）工作人员的衣着要求：船长晚宴上，所有的服务人员都会换上与往日不同的服装为客人服务，烘托出一种庄严的气氛，同时也表示对客人的尊重。

（二）仪态要求

客人参加船长晚宴这种比较隆重的宴会时，应十分注重自己的仪态。虽然客人在邮轮上受到尊贵的礼待，但不能做失礼的事情。邮轮上曾经发生过这样的事情：一位被邀请参加船长晚宴的男士因为喝了点酒，装疯卖傻，调戏船上的工作人员，尽管他的理由是喝了酒，最后他还是受到要求离船的惩罚。

知识拓展：邮轮上的其他穿着礼仪

业务链接——小费

尽管大多数的邮轮都是允许客人给服务员和助理服务员小费的，但是工作人员不能主动向客人索要小费，更不能因为有些客人给的小费多，而在服务过程中冷落其他客人，否则这样会引起其他客人的不满。在大多数情况下，船长晚宴会被安排在一个航程的最后一天晚上，这天大多数的客人都会给在整个航程中为自己服务的服务员和助理服务员小费。总的来说，对于是否给小费，客人遵循自愿原则。

四、船长西餐晚宴服务

船长晚宴是在普通用餐基础上发展起来的高级用餐形式，是邮轮上常见的礼仪活动。其形式主要有船长西餐晚宴、船长中餐晚宴、招待会、冷餐会和鸡尾酒会等，具体形式的选用取决于船方的活动安排。

由于邮轮旅游业在欧洲和北美地区发展较为成熟，因此目前大多数的船长晚宴以西餐为主。

（一）船长晚宴台型设计

船方应根据宴请活动的性质、形式、参加活动的人数、宴会厅的形状和面积等情况来设计船长晚宴的场地布置方案，然后由销售预订员画出标准比例尺的布置图，注明所有布置的细节要求。

现场布置由工作人员通力合作完成，要求庄重、美观、大方，家具摆放整齐、对称、平稳，一切事项都要按船长晚宴通知单的布置要求准备。常见的台型设计如图 6-6 所示。

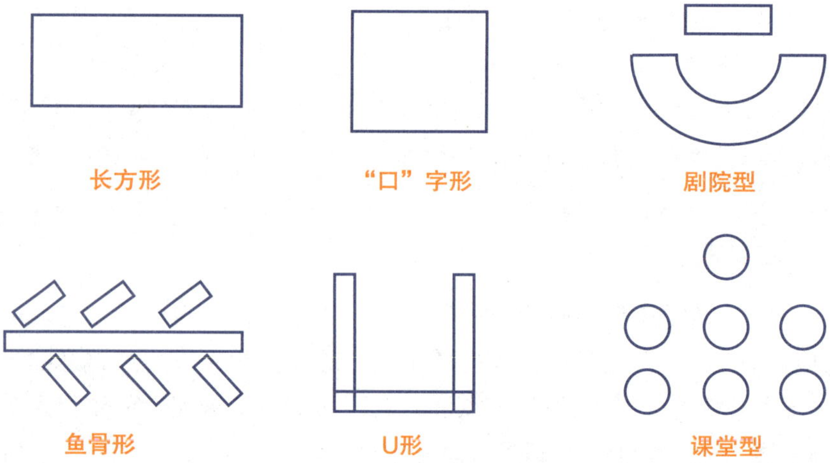

图 6-6 常见的台型设计

（二）船长西餐晚宴服务的程序

船长西餐晚宴服务工作包括宴请准备工作、餐前鸡尾酒服务、开宴上菜服务、结束上菜服务、结账工作等。具体可分为以下步骤。

1. 环境布置

服务员根据宴会通知单的要求布置餐厅，摆出台型，铺上台布，按列出的菜单摆放刀、叉等餐具，餐具摆放要松紧得当、规格统一；按通知单的酒水要求摆放相应的酒水杯；餐台中央放插花、烛台、胡椒罐、盐罐、牙签盅（3～4 人一套）。

2. 准备工作台

服务员根据人数、菜肴准备工作台。工作台上通常备有咖啡器具、茶具、冰水壶、托盘以及服务用刀、叉、勺等。备餐间则准备面包篮、新鲜面包、黄油、酒水等。

3. 餐前鸡尾酒服务

在船长晚宴开始前半小时或 15 分钟，服务员通常会先为客人提供鸡尾酒式的酒水服务。服务员用托盘端上饮料、鸡尾酒，巡回请客人选用，茶几或小圆桌上备有虾片、干果仁等小吃。待到宴会开始时，服务员会请客人进入宴会厅，并通知厨房，船长晚宴正式开始。

4. 酒水、菜肴服务

（1）在宴会开始前几分钟摆上黄油，分派面包。

（2）引领客人就座（女士优先），为客人递上晚宴菜单。

（3）西餐宴会多采用美式服务，有时也采用俄式服务。上菜顺序依次是冷开胃品、汤、鱼类、副盘、主菜、甜点、水果、咖啡或茶。

（4）按菜单顺序撤盘上菜。每上一道菜前，服务员应先将用完的前一道菜的餐具撤下。服务员要留意客人对撤盘的示意方式。例如，将刀叉平行放在餐盘左边或右边，表示客人用餐完毕，可以撤盘；将刀叉呈“八”字形搭放在餐盘的两边，则表示暂时不需要撤盘。西餐宴会要求等所有客人都吃完一道菜后，服务员才会一起撤盘。

（5）上甜点、水果之前，服务员应撤下桌上除酒杯以外的餐具，包括主菜餐具、面包碟、黄油盅、胡椒罐、盐罐，摆好甜品叉匙。水果要摆在水果盘里，配水果刀叉。

（6）上咖啡或茶水前，服务员应放好糖盅、奶壶，在每位客人右手边放咖啡杯或茶具，然后用咖啡壶或茶壶依次斟上饮品。有时服务员也会推酒水车送餐后酒。

5. 结账

在船长晚宴过程中，若有客人消费了不包含在宴会菜单里的食物或酒水，服务员要告知客人须另外付费，并要求客人刷房卡并签单（邮轮上消费时不允许直接付现金）；若房卡与银行卡绑定，则客人须在离船前到前台结算消费的金额。

6. 宴会结束工作

当客人起身离座时，服务员应为其拉开座椅，检查是否有遗留物品，并送客人至宴会餐厅门口。

最后收台时，服务员应先收餐巾，然后用托盘或手推车收餐具，撤掉台布。服务员应了解宴会情况，在下班前完成下一餐宴会的餐桌摆台。领班记录宴会完成情况。

知识拓展：冷餐会服务

五、鸡尾酒会服务

鸡尾酒会以供应各种酒水为主，也提供简单的小吃、点心和少量的热菜。鸡尾酒会一般不设座，只准备临时吧台、食台，在餐厅四周设小圆桌，桌上放置纸巾、牙签等物品。

鸡尾酒会的服务程序如下：

（一）准备工作

服务员根据宴请通知单的具体细节要求摆放台型、桌椅，准备所需各种设备，如立式麦克风、横幅等。

1. 吧台

服务员负责在酒会前准备好鸡尾酒会临时设置的酒吧，根据通知单上的“酒水需要”栏准备各种规定的酒水、冰块、调酒用具和足够数量的玻璃杯具等。

2. 食品台

服务员将足够数量（一般是到席人数的三倍数量）的甜品盘、小叉、小勺放在食品台的一端或两端，中间陈列小吃、菜肴。在高级鸡尾酒会上，服务员会使用肉车为客人现场切牛柳、火腿等。

3. 桌椅

小桌摆放在餐厅四周，桌上放置花瓶、餐巾纸、牙签盅等物品，少量椅子靠墙放置。

4. 酒会前分工

宴会厅主管根据酒会规模配备服务员，由专人负责托送酒水、托送菜点及鸡尾酒，以及提供各种饮料。

（二）服务工作

鸡尾酒会开始后，每个岗位的服务员都应尽自己所能为客人提供尽善尽美的服务。

（1）负责托送酒水的服务员应使用托盘托送酒水，自始至终在客人中巡回，由客人自己选择盘上的酒水或另外点鸡尾酒。一般酒水托盘中放一只餐巾纸杯，服务员为客人递上饮料时应附上一张餐巾纸。服务员负责收回客人放在小桌上的空杯子、空盘子并送至洗涤间，然后重新布置小桌子。

（2）负责点菜的服务员要保证有足够数量的盘碟、勺、叉。服务员应帮助老年客人取食、添加点心菜肴。必要时用托盘托送特色点心，并负责回收小桌上的空盘、牙签、使用过的餐巾纸等并送往洗涤间。

（3）吧台服务员负责斟倒酒水和调制客人所点的鸡尾酒。

（三）结束工作

客人结账离去后，服务员负责撤走所有的物品，余下的酒品按要求收回酒吧存放。服务员应将脏餐具送至洗涤间，将干净餐具送工作间重新消毒后备用。最后，服务员应撤下台布，收起桌裙，为下一餐做好准备。

有些鸡尾酒会不是包价的，客人每点一杯酒水饮料就要支付一杯酒水饮料的钱。管理人员在分工时要向服务员讲明收费方式。

六、船长中餐晚宴服务

近年来，全球各大邮轮公司逐步加大对亚洲市场的投入，尤其是中国邮轮旅游市场呈现巨大的增长潜力。为了满足不同游客市场的需求，航行于亚洲区域的邮轮，如“海洋光谱号”“丽星号”“招商伊敦号”邮轮等，也开始适当地在邮轮上安排船长中餐晚宴。

一般而言，船长中餐晚宴服务可以分为四个基本环节，分别是宴会前的组织准备工作、宴会前的迎宾工作、宴会中的就餐服务和宴会结束工作。具体包括以下程序：

（一）开餐准备

1. 了解情况

由餐厅主管负责落实并传达到每位领班及服务员。

（1）对宴会做到“六知”。

1）知台数：知道宴会的预订桌数、有无主桌、台数的备份情况等。

2）知人数：知道参加宴会的总人数及来宾人数、主办单位人数、工作人员人数等。

3）知宴会标准：清楚宴会所定标准、档次。

4）知开餐时间：知道宴会所定的开餐时间。

5）知菜式品种：知道宴会的菜单安排，凉菜、主食、热菜、汤的品种、数量及制作方法和口味。

6）知邀请的特殊客人：熟悉宴请特殊客人的相关信息。

（2）对宴会做到“三了解”。

1）了解客人风俗习惯：清楚参加宴会的客人有无少数民族及其人数，并准确了解这些民族的风俗习惯。

2）了解生活忌讳：除了风俗习惯中客人忌讳的，其他的生活忌讳也要清楚、明白，根据客人的要求提供服务。

3）了解客人的特殊要求：问清客人对宴会的一切需求，对客人的特殊需求应尽量给予满足。

2. 明确分工

餐厅主管或餐饮部经理应全面负责分工：

（1）规模较大的宴会要确定总指挥人员，一般为餐厅主管，重要宴会由餐饮部经理亲自指挥。在准备阶段，总指挥人员要向服务员交代任务，讲清宴会的意义，提出要求，宣布人员分工和服务注意事项。

（2）根据宴会要求，迎宾、值台、传菜、供酒、主宾专人专用服务员、取挂衣帽等岗位都要有明确的服务分工和具体的服务任务，将责任落实到人，要求服务员在思想上重视，做好检查、落实工作。

（3）收尾工作的分工应在宴会前责任落实到人。清洗小件餐具、分类清洗、准备餐具、撤台收餐具、恢复台型等重要环节应有专人负责。服务员要保质保量，保证效率。这些主要由区域领班具体负责落实。

3. 熟悉菜单

（1）服务员应熟悉宴会菜单和主要菜点的风味特点，以做好上菜、派菜和回答客人对菜点提出的询问的准备，同时应了解每道菜的服务特点，以保证准确无误地进行上菜服务。

（2）对于菜单，服务员应能准确地说出每道菜肴的名称，准确描述每道菜肴的风味特色，准确讲出每道菜肴的配菜和配食佐料，准确知道每道菜肴的制作方法，准确地按标准提供上菜服务。

4. 物品准备

（1）席位卡、菜单由餐厅主管落实后交给备餐间领班，由其负责送商务中心打印，由宴会主办人负责摆放。

1）中式宴会两人一份，放于两人之间，整齐划一。大型宴请（圆桌）每桌两份，放于台面主副位。

2）席位卡字体要求统一，剪裁标准、整齐。席位卡放在筷架正上方，与其呈一条直线。

（2）根据菜单的服务要求，备好各类餐用具，具体由领班负责分工，落实到员工。

（3）根据宴会的性质和规格布置台面，具体由餐厅主管来设计安排。

1）宴会的主桌根据其面积、人数来确定宴会的台面风格。

2）宴会的设计要求突出宴会的主题。

3）根据客人的要求和喜好来布置安排。

5. 铺台摆台

铺台摆台由领班负责分工，服务员具体落实。

（1）宴会开始前1小时，要求铺台摆台完毕。

（2）备好茶水、饮料、酒水、小毛巾和调味品，备上开餐用具，保持餐厅整洁。

6. 摆设冷盘

摆设冷盘由备餐间领班全面负责，前台服务员具体操作。

（1）大型宴会开始前30分钟左右摆上冷盘。

（2）冷盘的摆放要求：根据菜肴的品种、数量，注意菜点色调的分布、荤素的搭配、菜型的正反、刀口的逆顺、菜盘间的距离，注意造型美观。

（3）准备工作结束后，管理人员（餐厅主管及领班）还应做一次全面检查，包括台面服务传菜分工、餐具酒水是否备齐、摆台规格、调料准备、卫生清洁、餐酒具的卫生和消毒、服务员的个人卫生和仪容仪表、照明、空调、音响等。

（二）迎宾

迎宾员见到客人时应热情问候，将客人引入餐厅。

1. 热情迎宾

根据宴会的入场时间，宴会主管和引座员应提前在宴会厅门口迎候客人，值台员在各自负责餐桌旁准备为客人服务。

客人到达时，迎宾员要热情迎接，微笑问好。待客人脱去衣帽后，迎宾员应将客人引入休息间就座。迎宾员在回答客人问题、引领客人时，要注意用好敬语，做到态度和蔼、语言亲切。

2. 接挂衣帽

如果宴会规模较小，则可不设专门的衣帽间，只在宴会厅门前摆放衣帽架，服务员照顾客人宽衣并接挂衣帽。

如果宴会规模较大，则应设衣帽间存放衣帽。服务员接挂衣服时，应握衣领，切勿倒提，以防衣袋内的物品倒出。贵重的衣服要用衣架，以防衣服走样。对重要客人的衣物，服务员要凭记忆进行准确的服务，贵重物品须请客人自己保管。

（三）递送毛巾

当客人落座后，服务员要及时递送热毛巾。

（四）茶水服务

大型宴会的茶水品种一般是提前确定的，在开餐前 15 分钟要提前泡茶。

> 知识拓展：茶水服务的注意事项

（五）斟酒服务

（1）宴会的酒水一般由主办单位提前确定好，可在开餐前 15 分钟提前倒上。

（2）如果没有确定酒水，在客人看完菜单后，服务员应及时问主人或宴会主办人，需要用什么酒水，并主动介绍本餐厅可以提供的酒水。当客人确定后，服务员应将客人所定的酒水让主宾或主人鉴定后再打开。

（3）斟酒时，服务员应从主宾顺时针开始，同时要注意将标签朝向客人。

（4）斟倒饮料时，服务员应从主宾顺时针开始，饮料放在托盘内，逐一征求意见："请问您需要哪种饮料？"服务员应等客人确定后再为客人斟倒。

（六）上菜服务

（1）当桌上的冷菜吃剩 2/3 时，服务员应主动询问客人是否可以上菜，在得到同意后，通知备餐间上热菜，由餐厅主管征询意见、沟通信息。上菜速度由备餐间领班控制、指挥。

（2）上菜时，值台服务员要把好关，先看菜单上有没有这道菜。如果是炖盅，则应跟上垫碟和小勺。上炖盅时，服务员应先撤骨碟，再将炖盅放在客人面前，小勺靠右，勺把向后，同时揭开盖子伸手示意并报汤名。

（3）上虾、蟹或乳鸽等需要用手拿着吃的食品时，服务员应先上洗手盅。上洗手盅时，服务员一定要告知客人这是洗手水。有配料的要先上配料。

（4）上大排、羊腿等需要用手拿着吃的食品时，服务员应先上卫生手套。

（5）在上锅仔时，服务员要先将电炉打开，烧开后再揭开盖子并报菜名。

（6）在上带汤或粒状的菜时要跟上公用勺，如松子玉米、扬州炒饭等。

（7）上菜时服务员要将菜放在转盘中间，后退一步报菜名，然后征求客人意见："请问是否需要分菜？"如果客人要求分菜，则服务员可以说"各位请稍等"，并迅速按照分菜的服务标准为客人分菜。

（8）在上菜时如果台面不够，服务员应将台面剩的最少一份菜给客人换成小碟，再上下一道菜。

（9）主食以风味小吃为主，同热菜穿插着上。当上完最后一道菜时，服务员要告知客人，菜已上齐。

（七）收撤服务

为了显示宴会服务的优质和菜肴的名贵，凸显菜肴的风味特点，以及保持桌面的卫生，在宴会进行的过程中，服务员需要多次撤换骨碟或小汤碗。重要宴会要求每道菜换一次餐碟，一般宴会的换碟次数不得少于三次。

通常在遇到以下情况时，服务员就应更换餐碟。

（1）上汤之前，服务员应上一套小汤碗。待客人吃完后，服务员送上毛巾，收回小汤碗，换上干净餐碟。

（2）客人吃完带骨的食物之后。

（3）客人吃完茨汁多的食物之后。

（4）上甜菜、甜品之前应更换所有餐碟和小碗。

（5）上水果之前，换上干净餐碟和水果刀叉。

（6）残渣骨刺较多或有其他脏物的餐碟要随时更换。

（7）客人将餐具跌落在地时服务员要立即更换。

撤换餐碟时，服务员要待客人将碟中食物吃完方可进行，若客人放下筷子而菜未吃完，服务员在征得同意后才能撤换。服务员撤换时要边撤边换，撤与换交替进行；按先宾后主的顺序，先撤后换，站在客人右侧操作。

（八）席间服务

宴会进行中，服务员要勤巡视、勤斟酒水饮料，细心观察客人的表情及示意动作，主动服务。服务时，服务员的态度要和蔼、语言要亲切、动作要敏捷。

在撤换菜盘时，如转盘脏了，服务员要及时擦拭干净。待转盘清理干净后，服务员才能重新上菜。若客人在席上弄翻了酒水杯具，服务员要迅速用餐巾帮助客人清洁，并用干净餐巾盖上弄脏部位，为客人换上新的杯具，然后重新斟倒酒水饮料。

客人用餐后，服务员要送上热茶和香巾，随即收去台上除酒杯、茶杯以外的全部餐具，擦拭干净转盘，换上点心碟、水果刀叉、小汤碗和汤匙，然后上甜品、水果，并按分菜顺序分送给客人。

（九）送客服务

1. 结账准备

上菜完毕后服务员即可做结账准备，清点所有酒水、佐料、加菜等另付费项目并累计总数，送收款处准备账单。结账时，服务员要告知客人不收现金，应将账单交客人或宴会经办人签字后送收款处核实，及时送财务部入账结算。

2. 拉椅送客

主人宣布宴会结束后，值台员要提醒客人带齐物品。客人起身离座时，服务员要主动为其拉开座椅，以方便其离席行走，并视具体情况目送或者随送客人至餐厅门口。如宴会后安排休息，服务员要根据接待要求进行餐后服务。

3. 取递衣帽

客人出餐厅时，衣帽间的服务员要检查取衣牌号码，及时、准确地将衣帽取递给客人。

4. 收台检查

在客人离席的同时，值台员要检查台面上是否有客人遗留的物品，在客人全部离去后立即清理台面。清理台面时，按先餐巾、香巾和银器，后酒水杯、瓷器、刀叉、筷子的顺序分类收拾。服务员要当场清点贵重餐具。

5. 清理现场

各类开餐用具要按规定位置复位，重新摆放整齐。餐厅现场重新布置并恢复原样，以备下次使用。

任务实施

1. 各组通过对船长晚宴相关资料的搜集和整理分析，掌握邮轮船长晚宴的概念、特点以及服务注意事项。具体步骤如下：

（1）通过课前预习掌握的资料、教师对相关知识进行介绍，学生设计邮轮船长晚宴的相关信息、服务礼仪等汇总表格。

（2）汇总、整理、角色扮演，分析案例资料。

（3）通过角色扮演，模拟邮轮船长晚宴场景及服务礼仪等。

2. 以小组为单位，进行课堂汇报。

任务评价

根据各组汇报情况，教师和学生共同讨论、评分。船长晚宴服务任务评价表如表 6–1 所示。

表 6–1

表 6–1　船长晚宴服务任务评价表

评价内容	评价标准	分值	组内自评（20%）	小组互评（30%）	教师评价（50%）	综合得分
完整性	内容完整、类别全面覆盖	30				
专业性	服务流程正确、服务态度良好、服务礼仪恰当	40				
创新性	有一定创意	10				
团队精神	分工明确、团结协作	20				
合计得分：						
评分标准（100 分制）：81 ～ 100 分优秀；71 ～ 80 分良好；60 ～ 70 分合格；60 分以下不合格						

思考练习

【客观题（简答题）】

1. 你认为参加船长晚宴应该注意哪些方面？
2. 请你谈谈邮轮上的中餐晚宴和西餐晚宴在服务中的区别和特点。

知识拓展：宴会服务的注意事项

任务二　特色宴会服务

案例引入

随着人们生活水平的提高，越来越多的宴会举办地点开始由陆地酒店转移到“移动的酒店”——邮轮。邮轮上会举办许多风格和主题不同的特色宴会，通常服务要求较高，讲究规格和场面。

思考：邮轮特色宴会和船长晚宴的主要区别是什么？

任务描述

特色宴会作为一种高级的服务形式，逐渐成为重要的交际形式，同时也是邮轮餐饮的主要收入来源之一。本任务旨在让学生了解邮轮特色宴会的种类、特点以及服务标准，从而在未来能够顺利做好邮轮西餐特色宴会的服务工作。

任务准备

1. 收集邮轮特色宴会的相关资料，包括教材、参考书籍、网络资料等。

2. 成立学习小组，每组 5～8 人。小组成员观看相关视频、案例，完成课前思考任务。每组选出一名组长，由其负责工作任务的实施。

知识储备

一、西餐特色宴会服务概述

（一）西餐特色宴会的种类

西餐特色宴会按时间可以分为早餐宴会、午餐宴会、晚餐宴会；按类型可以分为国宴、便宴、婚宴、寿宴、家宴、商务宴请、公司宴请、冷餐酒会、鸡尾酒会、自助餐宴会等。

（二）西餐特色宴会的特点

（1）酒水以葡萄酒为主，很少上烈性酒；
（2）庄严肃穆，摆台以白色为主基调；
（3）布置讲究情调，使用鲜花装饰较多；
（4）上菜撤菜时间上讲究整齐统一；
（5）所有餐具都提前摆到餐桌上；
（6）重要的宴会讲究布菜服务；
（7）葡萄酒的服务讲究程序和礼仪；
（8）宴会服务讲究女士、老人、儿童优先；
（9）菜品极少浪费；
（10）用餐方式文明，减少疾病的传播。

知识拓展：特色宴会服务在邮轮中的作用

二、西餐特色宴会的准备工作

（一）宴会“十点早知道”

宴会“十点早知道”如表 6–2 所示。

表 6–2　宴会“十点早知道”

1. 时间	6. 标准
2. 地点	7. 主宾
3. 规格	8. 菜单
4. 人数	9. 服务要求
5. 桌数	10. 主办单位

（二）服务“三了解”

（1）了解客人的风俗习惯；
（2）了解客人的生活忌讳；
（3）了解客人的特殊需要。

（三）结账方式

常用结账方式如表 6–3 所示。

表 6–3　常用结账方式

1. 现金：个人宴请	3. 信用卡：私人宴请
2. 银行卡（储蓄卡或信用卡）：个人或公司宴请	4. 签单挂账：协议单位

（四）人员分工

（1）迎宾：迎候客人。
（2）值台：负责某个区域的桌面服务。
（3）传菜员：将菜品从厨房传递到备餐台。
（4）酒水员：主要负责酒水的调制工作。
（5）贵宾室服务员：当客人进入贵客室时，应热情迎接并引领客人入座，及时为客人提供茶水服务。
（6）衣帽间服务员：帮助客人在进入宴会厅前，将大衣等厚重衣服存放在衣帽间。

（五）简要服务流程

宴会的简要服务流程如表 6–4 所示。

表 6–4　宴会的简要服务流程

服务顺序	服务内容
餐前准备	准备餐具菜单、酒水、摆台等。
迎宾服务	问候客人，询问是否有预订，或收取客人参加宴会的请柬，将客人带到指定餐桌。
上菜服务	按照不同服务方式将菜品服务到桌。

续表

服务顺序	服务内容
酒水服务	根据客人所点酒水，按照邮轮规定为客人提供标准的酒水服务。
巡台服务	在客人用餐时，及时巡台，为客人添加酒水，撤掉不用的餐具等。
结账服务	将账单放到账单夹里面，请宴会组织者或主人签字或者付现。
送客服务	为客人拉座椅时，应提醒客人勿遗留物品，送客人到餐厅门口，欢迎客人再次光临。

三、西餐特色宴会的服务标准

（一）宴会前的服务标准

1. 特色宴会预订

西餐特色宴会预订是客人为了保证自己在理想的时间举行宴会所采取的措施，通常客人会在订船票时完成预订。预订人员应熟悉西餐特色宴会的服务知识、预订程序、操作方法和宴会类别，准确掌握宴会厅利用情况，熟练运用外语为客人提供预订服务，回答客人询问。预订人员应主动热情接待、礼貌细致，能够根据客人预订要求、宴会标准拟定菜点和安排菜点。

岗位小贴士： 预订单上须标明的事项包括主办单位、预订人姓名 / 地址 / 联系电话、宴会名称、宴会类别、等级规格、预订人数、保证人数、预订标准、开宴时间、设备与厅堂布置要求等。

2. 宴会确认

大中型宴会负责人员须提前 3～5 天与主办单位联系，签发宴会通知单。预订人员应准确、及时地告知客人宴会准备情况、开宴时间、地点等，对客人尚未完全落实的预订要跟踪联系，主动推销，保证预订落实。

3. 联络准备

正式举办宴会前，餐饮部应根据宴会规模提前 3～5 天（或航行前）打印宴会联络单，通知厨房、宴会厅、酒水部、采购部、工程部、保安部等有关部门宴会名称、宴会类别与规格、预订人数、宴会标准、菜单与酒水安排、开宴时间、主办单位对厅堂的布置和设备各项准备，保证宴会预订与宴会接待服务的衔接和协调。

4. 环境氛围设计

厅堂设计应与客人所订西餐特色宴会的类型、等级规格、出席人数，以及主办单位对设备与台型的要求相适应。整个宴会厅用餐环境应典雅大方、舒适方便、气氛宜人，符合主办单位要求。

环境装饰：突出宴会的主题和礼仪规格。

环境布置：

（1）遵循“中心桌第一”的原则；

（2）注意灯光照明和温度舒适度；

（3）设计通道和行走路线。

5. 西餐特色宴会的台型设计

西餐特色宴会的台型有很多种。不管选用哪种台型，均应做到美观、大方、舒适、方便。台面须整洁，厅内客人通道宽敞。大型宴会设主席区，中小型宴会设主台或主桌。主席区或主台应位置突出、精心布置、形象美观，与整个台型设计相适应，具有美感。

6. 宴会菜单与酒水设计

（1）宴会菜单的外观设计精美；

（2）宴会菜点组合合理；

（3）宴会酒水搭配得当；

（4）酒水档次与宴会档次一致；

（5）酒水种类与宴会性质一致；

（6）酒水搭配与宴会性质一致。

7. 宴会铺台与座次安排

宴会开始前 1 小时，服务员应按照西餐宴会标准铺台。台布铺设要平整、美观，餐用具要摆放整齐。座次安排根据主办方的要求确定。

8. 接待环境美化

宴会厅门前设置存衣处、客人休息室，门前环境整洁、美观。厅堂入口处布置花草、屏风。厅内根据宴会规格和主办单位要求设置签到台、演说台、麦克风、音响、射灯等设备，摆放整齐、美观，与整个厅堂布置协调一致。整个接待环境应具有形象吸引力，令客人有舒适感。

9. 服务人员业务准备

（1）迎宾领位员、桌面服务员熟悉西餐宴会工作内容和服务程序。

（2）西式由沙拉、主菜、甜点、酱汁（配冷菜）、调味汁（配热菜）组成。

（3）服务员需要熟记宴会菜单，掌握上菜顺序（沙拉—主菜—甜点—酱汁）和酒水情况，并准备宴会服务所需各种餐具、酒具和服务用品，摆放整齐，避免出现差错。

（4）检查并确认以下事项：

1）面包、黄油是否准备好？

2）桌签是否准备好？

3）接待台是否准备好？

4）着装、仪容是否符合规范？

（二）宴会中的服务标准

1. 迎接客人

迎宾员应面带微笑，协助主办单位在门口热情迎接客人，将客人引领到餐厅后，为客人拉开座椅。

（1）引座按照先主宾、后随员、先客人、后主人、先女宾、后男宾、先重要客人、后一般客人的礼仪。

（2）待客人入座后，服务员为客人打开餐巾，然后将各种饮料送至客人面前（左手托盘）并逐一说明，待客人选定后为客人斟倒饮料。

2. 餐前鸡尾酒服务

客人来到餐桌时，服务员要主动、及时地拉椅让座，询问客人需要酒水饮料还是餐前鸡尾酒，并做到热情、快速。

3. 客人祝酒服务

客人祝酒前，服务员应为客人斟倒香槟酒，斟酒六七成满，避免溢出。

客人祝酒讲话时，服务员要停止走动，服务员应及时为客人续斟酒水。

宴会过程中，所上菜点与酒水要匹配，冷菜上开胃酒，汤菜上雪利酒，海味上白葡萄酒，肉类上红葡萄酒。

4. 西餐宴会酒水服务注意事项

（1）客人入座后 3 分钟内为客人点酒。

（2）点完酒水后 5 分钟内上齐酒水。

（3）空杯后 2 分钟内为客人斟满酒水。

（4）宴会服务员随时拿一块服务用餐巾。

（5）所有的菜品必须放上手推车后用托盘上。

（6）餐盘上邮轮公司的标志要放在 12 点方向的位置。

（7）服务员拿玻璃杯子时只能拿杯子下部或杯柄。

（8）所有酒水和饮料在客人右侧服务。

（9）宴会服务开始时先为主桌上菜。

（10）从右侧撤盘子和杯子。

（11）撤盘子时不要朝向客人刮盘子里的残羹。

（12）对于规模较大的宴会，在宴会开始前服务员可以将开胃菜先放到餐桌上。

（13）所有热菜的服务必须在所有客人坐定后才开始。

5. 上菜服务

西餐特色宴会上菜服务顺序如图 6–7 所示。

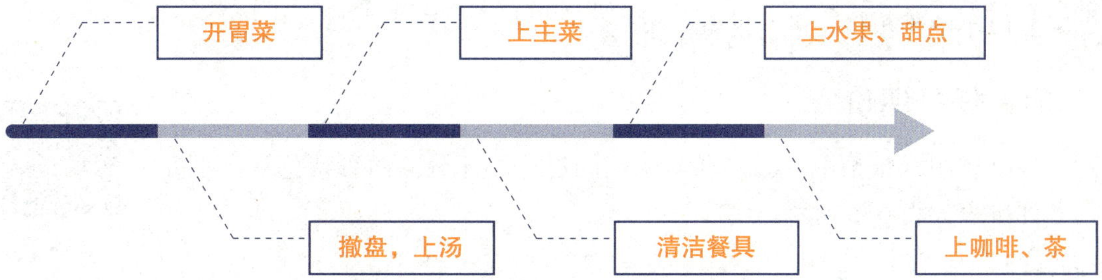

图 6–7　西餐特色宴会上菜服务顺序

宴会过程中，服务员要照顾好每一桌的客人。服务员应及时撤换并清理台面餐具。

递送餐巾、红茶，撤走洗手盅，添加酒水、饮料等各项服务均做到适时、准确、耐心，符合操作规范。

业务链接——上菜服务注意事项

（1）按照开胃菜、汤、主菜、甜点的顺序上菜。

（2）上开胃菜时，服务员应斟倒白葡萄酒。当客人用完开胃菜时，服务员须从主宾或女士位置开始撤盘。服务员应在客人右侧，用右手撤下餐盘和刀叉。

（3）服务员从客人右边将汤放到客人面前，先女宾、后男宾，再主人。

（4）上菜时服务员要遵守操作程序，掌握好上菜的节奏，能报出菜名，并介绍菜品的风味与特点，采用分菜服务方式。

（5）递送菜点时服务员要讲究礼仪顺序，操作技术熟练，不漏酒汤汁，上水果、甜点前要撤去酒杯。

（6）清理台面要及时，桌子上不放没有用处的餐具。

（7）待客人吃完水果后，服务员再上茶或咖啡。

（三）宴会后的服务标准

客人餐饮结束后，服务员要拉开座椅并征求客人意见，递送衣物要主动、及时，告别语言运用规范。客人离开时，服务员要协助主办单位欢送客人，欢迎其再次光临。客人离开后，服务员要清理台面，整理餐具时要迅速、无声响。

任务实施

1. 通过对西餐特色宴会相关资料的搜集和整理分析，掌握西餐特色宴会的相关概念、特点以及服务注意事项。具体步骤如下：

（1）通过课前预习掌握的资料、教师对相关知识的介绍，学生设计邮轮特色宴会的相关信息、服务礼仪等汇总表格。

（2）汇总、整理、角色扮演，分析案例资料。

（3）通过角色扮演，模拟邮轮宴会场景及服务礼仪等。

2. 以小组为单位，进行课堂汇报。

任务评价

根据各组汇报情况，教师和学生共同讨论、评分。西餐特色宴会服务任务评价表如表 6–5 所示。

表 6–5

表 6-5　西餐特色宴会服务任务评价表

评价内容	评价标准	分值	组内自评（20%）	小组互评（30%）	教师评价（50%）	综合得分
完整性	内容完整、类别全面覆盖	30				
专业性	服务流程正确、服务态度良好、服务礼仪恰当	40				
创新性	有一定创意	10				
团队精神	分工明确、团结协作	20				
合计得分：						
评分标准（100 分制）：81 ～ 100 分优秀；71 ～ 80 分良好；60 ～ 70 分合格；60 分以下不合格						

思考练习

【综合题（简答题）】

1. 西餐宴会的特点是什么？
2. 请你列出西餐特色宴会的服务流程和注意事项。

知识拓展：西餐特色宴会服务管理要点

Module 3

模块三

邮轮餐饮管理

项目七 邮轮餐饮卫生与安全

项目描述

安全是餐厅有序生产的前提，是实现餐厅效益的保证。环境与卫生管理是餐饮卫生管理不可忽视的环节。随着邮轮行业的发展，各大邮轮公司都很注重邮轮餐饮的发展。由于客人的一日三餐都在邮轮这个相对密闭的空间里，因此邮轮餐饮卫生直接关系到邮轮客人的身体健康。邮轮餐饮服务人员必须提高餐饮卫生意识，强化餐饮卫生观念，遵守相关卫生安全制度，进而能够更好地满足邮轮消费者的餐饮需求。通过本项目的学习，学生可以了解邮轮的餐饮卫生和食品安全的相关要求、规范，掌握邮轮餐厅的清洁消毒程序，进一步提高卫生安全意识和服务技能。

项目目标

知识目标

1. 了解邮轮食品卫生与安全的重要性；
2. 了解食品污染、食物中毒的概念；
3. 了解邮轮餐饮部门食品卫生标准和原则；
4. 了解邮轮垃圾分类的要求；
5. 了解邮轮餐厅的卫生安全标准；
6. 掌握邮轮餐厅清洁消毒的程序。

能力目标

1. 能够掌握食物中毒的判断依据并做相应处理；
2. 能够明确邮轮餐饮部门食品卫生标准和原则；
3. 能够正确地进行邮轮垃圾分类；
4. 能够使用合适的方式进行邮轮餐厅的清洁消毒。

素养目标

1. 培养良好的职业道德素质和精益求精的敬业精神；
2. 培养踏实肯干、吃苦耐劳的坚毅意志；
3. 培养良好的卫生安全意识，保持个人健康和工作环境的卫生；
4. 逐步养成规范意识，约束自身行为，出色完成工作任务。

任务一　邮轮食品卫生与安全

案例引入

2015 年 12 月，一艘周一早上停泊在悉尼的豪华邮轮上的乘客称，这艘邮轮是“漂浮的灾难船”，爆发肠胃炎只是他们 12 晚的旅途中所出现的众多问题之一。P&O 邮轮公司证实，搭乘“太平洋伊甸园号”（Pacific Eden）的 1 500 名乘客从悉尼到凯恩斯，再返回悉尼，途中有约 60 人因感染诺如病毒而病倒。这一数字远高于该公司发言人所说的 11 人，这也是该公司买入“太平洋伊甸园号”并进行翻新，于 11 月 25 日处女航以来，第二次爆发食物中毒事件。

思考：

1. 为什么邮轮会爆发这样大规模的传染病事件？
2. 邮轮公司应采取哪些措施预防和处理此类事件的发生？

任务描述

通过对邮轮上餐饮部门的食品卫生与安全知识点的学习，学生应了解邮轮食品管理体系与要求，并建立起食品安全的基本理念。本任务要求学生掌握食品安全知识及与邮轮食品卫生相关的 HACCP 体系。

任务准备

1. 收集不同邮轮公司餐饮部门食品安全管理措施等相关资料，包括教材、参考书籍、网络资料等。

2. 成立学习小组，每组 5～8 人。小组成员观看相关视频、案例，完成课前思考任务。每组选出一名组长，由其负责工作任务的实施。

知识储备

一、食品污染

（一）食品污染的定义

在各种条件下，外来的影响食品食用价值和食品安全的生物、化学、物理的物质进入食物的过程称为食品污染。受污染的食物一旦进入人体，可能对人体健康造成急性或慢性的危害。

（二）食品污染的分类

按照污染物的性质不同，食品污染分为以下三种：

1. 生物性污染

生物性污染包括微生物污染（细菌、霉菌及其毒素，肝炎病毒、脊髓灰质炎病毒、口蹄疫病毒等）、寄生虫污染（囊尾蚴、旋毛虫、弓形虫等）和昆虫污染（蝇、蛆、蚊子、蟑螂等）。

2. 化学性污染

化学性污染包括农药（有机磷、有机氯、有机砷等）、治疗用药（抗生素、磺胺、生长促进剂等）、工业“三废（废气、废水、废渣）”及生活垃圾、食品添加剂（防腐剂、发色剂等）、食品容器和包装材料的污染。

3. 物理性污染

物理性污染是指物理因素引起的环境污染，如放射性辐射、电磁辐射、噪声、光污染等。

知识拓展：食品中的天然有害物质

二、邮轮餐饮食品卫生标准

搭乘邮轮旅游，安全固然是第一位的。各大邮轮公司都将安全摆在了重要位置，船上的餐饮食品卫生与人体健康包含在安全的范畴中。在邮轮上，所有的客人和船员都挤在一个相对封闭的环境中，这意味着导致疾病的危险性大大增加。对于同一艘邮轮来说，客人和船员来自不同国家和地区，人员在船上的接触频率较大，人员流通与变动也非常频繁。邮轮上的食物用量很大，这无疑增加了食品检疫工作的难度，因此，潜在的疾病暴发概率会增加。邮轮上的环境如图 7–1 所示。

图 7–1　邮轮上的环境

因此，邮轮上某些群体（见图 7–2）的卫生与健康颇受关注，他们是：（1）婴儿和年幼的孩子；（2）孕妇；（3）老年人；（4）长期服用特定药物的人；（5）免疫系统低下的人。

图 7-2　邮轮上的易感染人群

在 X 光照射下，我们可以看到手上最容易残留细菌、病毒的部位是手指、手心、指关节（见图 7-3），所以邮轮客人一定要注意手部卫生，洗手时要仔细搓洗手指关节和手心。

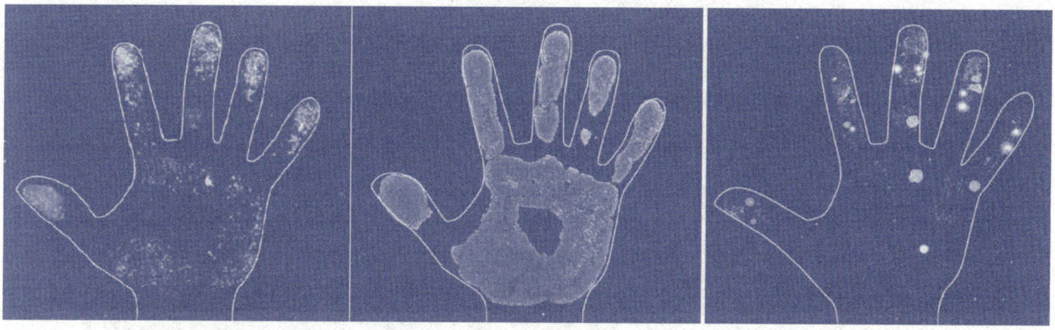

图 7-3　X 光照射下不同情况下的手部细菌、病毒

邮轮餐饮服务人员应具备强烈的个人卫生意识，在以下情况下应清洁手部。

（1）使用完洗手间。

（2）处理完生的食物。

（3）接触头发或身体前。

（4）打喷嚏、咳嗽后。

（5）吸烟、饮酒后。

（6）使用化学物质后。

（7）处理垃圾后。

（8）触摸了脏盘子。

（9）接触其他未经消毒的表面。

知识拓展：食物中毒（详见 MOOC 平台微课）

业务链接——员工注意事项

在邮轮上，员工会被要求做到以下事项：

（1）在工作的时候不要触摸头发。

（2）不要用手指掏耳朵。

（3）不能将鼻子凑到食物上去嗅。

（4）在工作时不能抽烟、吃零食或者嚼口香糖。

（5）必须勤洗手。

（6）在工作时不要触碰身体的私处。

（7）受伤的部位要用医用防水套包裹。

（8）处理不同类别的垃圾时要佩戴不同的装备。

邮轮上员工保持个人卫生应注意的地方如图 7-4 所示。

图 7-4　邮轮上员工保持个人卫生应注意的地方

三、邮轮餐饮部门食品安全

（一）食品安全的定义

食品安全问题是指食物中含有有毒、有害物质对人体健康造成影响的公共卫生问题。根据世界卫生组织（WHO）的定义，食品安全是一个绝对的概念，任何对人类健康造成急性或慢性的危险、潜在的危险都应避免。在邮轮上，如何保证食物的卫生安全呢？

（二）垃圾分类处理

在邮轮上，大量的客人和船员会在生活过程中产生大量的废弃物，如果处理不当，会造成污染，严重影响客人的旅游与船员的生活质量。因此，邮轮公司在针对废弃物处理与回收方面做了很多的工作。

每个邮轮公司都有保护海洋环境的责任。以歌诗达邮轮公司为例，根据船舶卫生计划、政府部门的规定和海商法规定，为了保护海洋和避免食源性疾病，所有船员都有责任进行适当的垃圾分类。

在邮轮上，贴着类别标签的垃圾桶（见图 7-5）随处可见，客人若乱丢垃圾，有可能会遭到投诉。区分垃圾的工作由船员来完成，等邮轮靠港后，会有相应的车辆来处理这些垃圾。

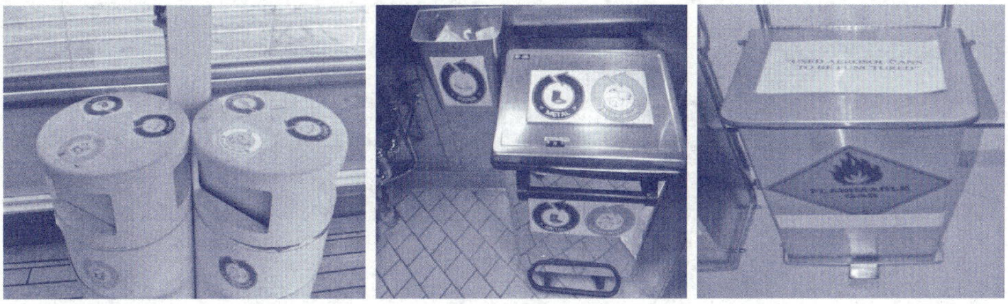

图 7–5　贴着类别标签的垃圾桶

邮轮垃圾分成三类：生活垃圾、操作垃圾、未分类垃圾。

生活垃圾包括塑料、玻璃、纸张、瓷器碎片、食物垃圾、易拉罐等。在邮轮上处理生活垃圾时需要经过简单的压缩、分类、冷藏防腐，在邮轮靠港时由专人回收处理。生活垃圾中的食物垃圾有两种处理方法：一是对于无害的、海洋生物可食用的食物垃圾，直接抛弃入海；二是丢入船上的食物垃圾桶后统一处理。包装在食物残渣外的塑料袋或保鲜膜须按环保要求处理。

操作垃圾包括废水、固体废弃物等，符合要求的固体废弃物会被进行干燥和焚烧处理。

未分类垃圾是指落入邮轮上的动物尸体等。在处理这类垃圾时，应该由邮轮上医疗部门进行隔离，按照世界卫生组织或者邮轮船旗国相关卫生法律法规进行无害化处理。

邮轮垃圾分类处理流程如图 7–6 所示。

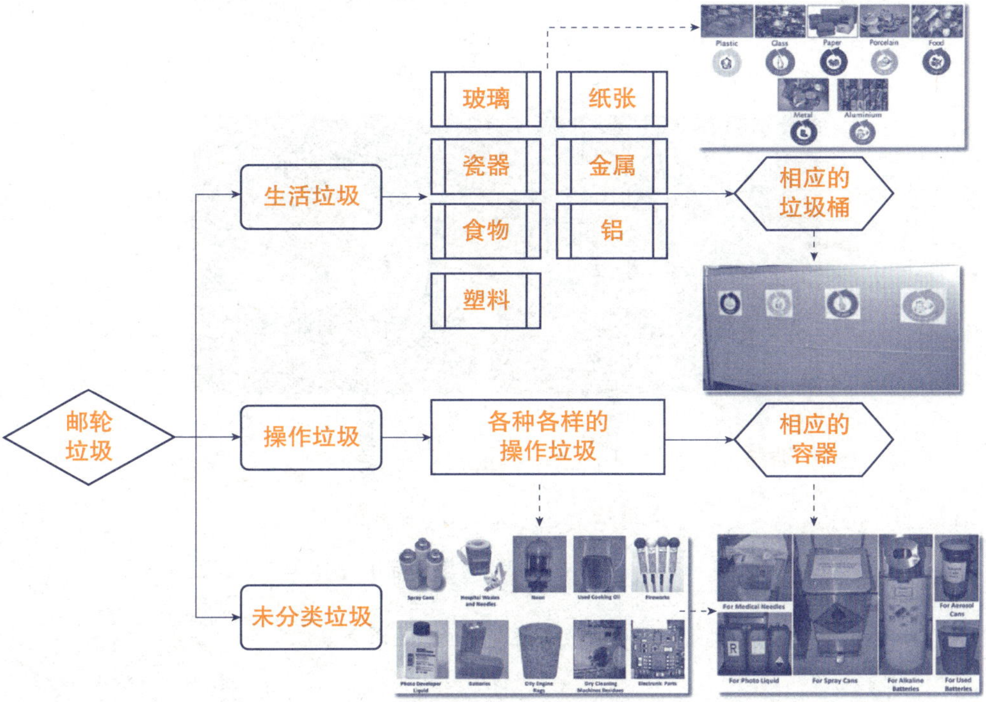

图 7–6　邮轮垃圾分类处理流程

业务链接——邮轮垃圾分类标签

为了简化各种产品的分类，根据垃圾的类型，邮轮上有专门的容器使用不同颜色的符号和标签进行标识。七种生活垃圾及其对应分类标签如图 7-7 所示。

图 7-7　七种生活垃圾及其对应分类标签

邮轮上的垃圾桶必须盖上盖子，贴上标签，每天清洗一次。邮轮垃圾桶标识如图 7-8 所示。

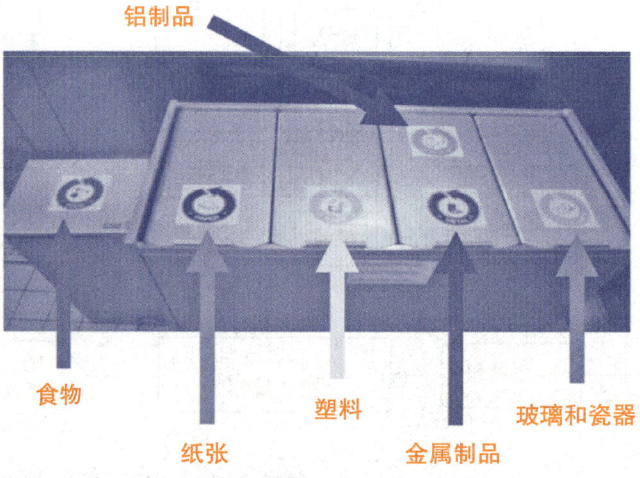

图 7-8　邮轮垃圾桶标识

邮轮垃圾应使用不同颜色的垃圾袋来分类处理（见图 7-9）。

- 白色：纸张和塑料。
- 蓝色：铁制品和玻璃。
- 透明：铝制品和瓷器。
- 黑色：食品。

图 7-9 邮轮上不同颜色的垃圾袋

（三）邮轮餐饮卫生与安全控制与监督——HACCP 体系

HACCP（Hazard Analysis Critical Control Points）中文名称为危害分析和关键点控制，它是一个国际认可的、科学、高效的食品安全管理体系。近年来，随着人们对食品安全的日益重视，该体系也成为食品、餐饮市场的准入体系。HACCP 体系是一个动态的过程。在邮轮的食品处理上，HACCP 用于识别和检测食品循环过程中的危害，控制含有健康安全风险的食品，并记录下一个合理的食品流动过程。整个过程包括食品采购和存储、食品预处理、烹饪、传菜、冷藏、再加热、分类回收等阶段（见图 7-10）。每个阶段都要进行 HACCP 体系的鉴定，以确保食品安全。

图 7-10 HACCP 体系的环节控制

HACCP 体系可以很好地与 ISO9000 质量体系兼容，该体系更重视食品企业经营活动的各个环节的分析和控制，使之与食品安全相关联。在 HACCP 体系的指导下，食品安全被融入设计过程中，而不是传统意义上的产品最终的检疫检测，所有邮轮工作人员只要涉及食品、消毒、卫生环节都必须遵循这一体系的要求。在邮轮上，HACCP 体系的存在是非常重要的。因为该体系能有效减少易爆发的食品中毒风险，保证食品的使用安全，对食品的可靠性做出安全评估。

任务实施

1. 通过对邮轮食品安全管理相关资料的搜集和讨论，了解邮轮餐厅部门食品安全管理的措施与标准。具体步骤如下：

（1）通过课前预习掌握的资料、相关知识的介绍，设计表格并罗列不同邮轮餐厅的食品安全管理措施。

（2）每组分别选取 3 艘不同邮轮品牌旗下的邮轮（包括且不限于皇家加勒比国际游轮、嘉年华邮轮、MSC 地中海邮轮、爱达邮轮等）进行调研分析。

（3）汇总、整理、分析不同邮轮的视频安全管理规则和措施。

（4）制作汇报材料，包括分析报告、汇报 PPT、短视频等。

（5）以小组为单位，课堂汇报和展示分析结果。

2. 根据邮轮垃圾分类的要求，能够掌握邮轮上不同垃圾的处理方式，能够在工作中做到正确的垃圾分类。具体步骤如下：

（1）以小组为单位，5～6 人为一组。

（2）在规定时间（3 分钟）内完成“垃圾分类接力赛”，每人选一种“垃圾”，将其放入正确的垃圾桶，然后换下一位同学，依次进行。

（3）将所有类别的垃圾放入正确的垃圾桶，用时最短的小组获胜。

任务评价

根据各组汇报情况，教师和学生共同讨论、评分。不同邮轮公司食品安全管理措施调查分析评价表如表 7-1 所示。

表 7-1

表 7-1　不同邮轮公司食品安全管理措施调查分析评价表

评价内容	评价标准	分值	组内自评（20%）	小组互评（30%）	教师评价（50%）	综合得分
完整性	内容丰富、完整	10				
专业性	材料真实、无专业术语错误	30				
时效性	材料数据具有时效性、有现实意义	10				
图文并茂	配以合适图片	10				
分析制作	资料翔实、报告完整、逻辑清楚、图文清晰	30				
团队精神	分工明确、协作完成	10				
合计得分：						
评分标准（100 分制）：81～100 分优秀；71～80 分良好；60～70 分合格；60 分以下不合格						

思考练习

【客观题（单选题）】

1. 突发事件应急处理指挥中心根据需要可以采取下列措施，除了（　　）。

A. 对食物和水源采取控制措施　　B. 对突发事件现场采取控制措施

C. 向全船人员散布消息　　D. 宣传突发事件防治知识

2. 以下哪种食物不被视为潜在危害食物？（　　）

A. 鱼　　B. 茄子

C. 鲜鸡蛋　　D. 牛奶

E. 家禽

3. 以下哪一项不是一个安全的食物处理员的特征？（　　）

A. 报告疾病　　B. 保持手部卫生

C. 保持健康　　D. 脏手

E. 穿着干净、得体的衣服

【综合题】

1.（填空题）食品的生物性污染包括 __________、__________ 和昆虫污染。

2.（填空题）诺如病毒性胃肠炎是一种 __________ 疾病，病程 2～3 天，恢复后也一般没有症状。

3.（简答题）简述邮轮餐厅发生食物中毒事件的应急措施。

知识拓展：邮轮卫生和疾病控制

任务二　邮轮餐厅环境卫生管理

案例引入

美国公共卫生署（USPH）颁布的相关法规是邮轮行业普遍遵守的卫生安全标准，旨在预防和控制邮轮上传染病的发生和传播。其中一个分支机构——疾病预防控制中心（CDC）协助邮轮业预防及控制肠胃疾病的传入、传播及扩散。

如果邮轮上爆发了肠胃疾病，疾病预防控制中心是邮轮公司首先要联系的部门。检查人员随后将上船，协助医疗部门采集食品样本，试图找到原因，检查船只，主要检查地点是厨房和储藏室。疾病预防控制中心的报告会列在其网站上，这对于邮轮公司来说是一个绝佳的营销工具。

疾病预防控制中心在邮轮上对清洁程序、清洁程度、存货、工作习惯、个人卫生和正确处理食物等进行抽查是一种很好的做法。由于疾病预防控制中心的要求，邮轮在到达美国之前，餐饮部门工作人员要用消毒水+水清洗所有物品（包括冰箱垫片、储藏室等），确保一切都符合清洁标准，随时可以处在待检查的状态等。

思考：邮轮公司会不定期地要求疾病预防控制中心登船检查船上的环境卫生，尤其是厨房和储藏室，这说明什么？邮轮餐厅高水准的环境卫生应该如何保持？

任务描述

邮轮餐厅环境卫生管理是餐饮卫生不可轻视的环节，包括各个餐厅的卫生管理，主要目标是保证餐厅的环境、餐具、设施设备、产品及工作人员个人卫生符合食品安全法的各项要求，确保邮轮客人的健康。本任务主要从餐厅环境卫生的标准和要求，结合清洁方法来介绍邮轮上如何保持良好的餐厅环境卫生。

任务准备

1. 查阅相关资料、网站，了解邮轮餐厅卫生标准、餐厅环境卫生标准及要求；了解邮轮公司常用的卫生清洁方法。

2. 成立学习小组，每组5～6人。每组选出一名组长，由其负责工作任务的实施。

3. 各组通过查阅、采访或走访现任或曾任职于邮轮上的相关工作人员，收集资料并进行整理。

知识储备

一、邮轮餐饮部设施设备标准

（1）餐厅配置：西餐厅、吧台、客用洗手间等。

（2）门、墙、天花板、地面装饰：用材中、高档，美观、协调。

（3）优质家具、工艺精良，高档灯具、光线明亮。

（4）标牌专业设计：中文 / 英文。

（5）座位密度：每个座位的平均面积不小于1.3平方米。

（6）空调系统和背景音乐系统处于完好状态。

（7）消防设备器材、紧急出口、应急照明符合规定配置且有效。

（8）餐厅和厨房之间配套备餐间。

（9）吧台酒架、冰箱、咖啡机、冰激凌机、制冰机、碎冰机、冰沙机、榨汁机、电磁炉、微波炉、开水器、消毒柜、展示柜、冰柜等设备完好。

（10）各种设施设备完好率一般不低于95%（依据各邮轮公司标准，完好率会有差异）。

二、餐厅环境标准

（1）布置高雅美观、环境清洁舒适。

（2）卫生间清洁卫生，专人定时服务。

（3）空调室温冬季为 18℃～24℃，夏季为 22℃～24℃。

（4）室内噪声不高于 50 分贝。

（5）相对湿度为 40%～60%。

三、西餐厨房、比萨站等的设施设备和环境标准

（1）灶台、冰箱、炉灶、蒸汽等设施设备完好。

（2）防蝇、排烟通风设施完好。

（3）消防设备器材完好有效。

（4）各种食品加工机械完好有效。

（5）室高不低于 3 米，面积不小于 1.5 平方米 / 人。

（6）连接餐厅的通道有隔音、隔气装置，干净整洁。

四、餐厅服务卫生标准

（1）零点铺台按照规范，台椅横竖对齐或呈一定图案；铺台前要洗净双手，避免污染餐具。

（2）菜单、酒水单外形美观、质地优良、印刷清晰、中 / 英文呈现、干净无污渍，菜单、酒单上的品种 95%～98% 能保证供应。

（3）严格执行托盘服务，保持托盘无油腻。严禁用手拿杯直接服务客人。

（4）在客人用餐过程中，坚持“三勤”服务，即“嘴勤、手勤、眼勤”，及时提供服务。

（5）上菜时手指不触及食物、汤水不外溢。

（6）保持餐厅走廊过道、洗手间等公共场所的干净整洁，无浮尘、无污渍。

（7）保持清洁卫生，门窗光亮，地毯、地板、墙面、天花板无积灰、无四害，无蜘蛛网。

（8）保持花木盆景的清洁，盆内无垃圾、烟蒂、枯叶。

（9）保持餐厅内各种艺术挂件完好，挂放端正，无浮灰、无污迹。

（10）保持餐桌、椅子、工作台的清洁，工作台内物品摆放分类、整齐。

（11）保持餐具、水杯、酒杯的清洁完好，所有餐具、水杯、酒杯保证严格消毒，无手纹、无水渍、无缺口、无裂痕。

（12）保持调味器皿或芝士粉、番茄酱等调味品的清洁完好，无污渍、无缺口，若内装调料须保证调料不变质、不发霉。注意每天开餐前的检查工作。

（13）保持台号（卡）、菜单的清洁完好，无污渍、无油腻、无破损、无涂改，做好定期的清洁消毒工作。

（14）保持台布、口布的清洁完好，熨烫平整，无污渍、无破洞。

（15）保持备餐台、工作车的干净清洁，无油腻、无垃圾，工作间内摆放整齐，随手关门。

（16）做好客人就餐结束的收尾工作，桌椅归位，台面铺设复原，无遗留垃圾，所在区域地面保持清洁。

五、周期性清洁工作质量标准

（1）按规定着装，个人卫生符合食品卫生安全要求。

（2）爱护和正确使用清洁器械和各类用具、设备，保持工作场地干净、清洁，设备、用具整洁卫生，做好每餐的收尾工作。

（3）清洗消毒严格执行三桶清洁消毒法的工作程序，谨慎操作，轻拿轻放，最大限度地减少损耗。清洗消毒后的餐用具及时分类，定点存放。

（4）严格执行厅面保洁工作操作流程。

（5）根据规范制订卫生计划。

（6）定期进行除四害工作（邮轮上由专人进行此项工作），四害密度不超过卫生部门规定的标准（100 平方米范围内不超过两只苍蝇）。

知识拓展：邮轮上常用的清洁工具

业务链接——邮轮餐厅的清洁消毒程序

在清洁和消毒过程中，清洁人员可以根据分配的任务使用不同的方法。

1. 餐厅的清洁方法

（1）清扫：在拖地之前认真完成。

（2）拖地：扫地之后进行，确保拖把尽可能干，在拖地之前必须放置“湿地”安全标志，以警告客人和邮轮工作人员清洁操作正在进行中。1）如果拖地面积很大，为了更好的效果，一定要经常换水；2）操作应正确、迅速地进行；3）安全标志必须在地板完全干燥后才能拆除。

（3）吸尘：在吸尘时，需要遵守以下原则：1）所有边缘必须使用专用的调整配件进行真空清理；2）每次使用后必须清空吸尘机/更换除尘袋。

2. 三桶清洁消毒法

三桶清洁消毒法（见图 7-11）是目前邮轮上常用的清洁消毒方法。

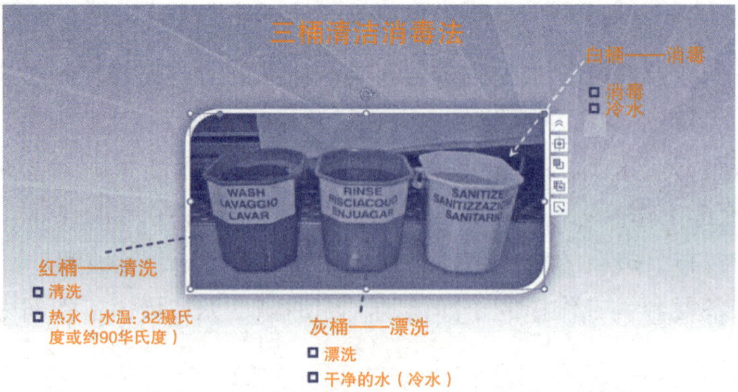

图 7-11　三桶清洁消毒法要求

三桶清洁消毒法操作程序如表 7-2 所示。

表 7-2　三桶清洁消毒法操作程序

第一步：整理用具	红、灰、白三桶摆放顺序正确，动线合理
	擦拭用具：海绵、黄色抹布、胶皮手套
	溶液配置工具：热水、冷水、清洁剂、氯片、试纸条
	分类摆放，码放整齐
第二步：红桶的清洁	戴手套—倒热水（约 32 摄氏度）—加肥皂液—拿清洗布—清洁
	清洁顺序为从上到下、从里到外
	红桶水温保持在 32 摄氏度 / 约 90 华氏度，操作过程中至少加一次热水
第三步：灰桶的清洗	倒入冷水
	戴手套—拿海绵—漂洗（冲干净）
	清洁顺序为从上到下、从里到外
第四步：白桶的消毒	白桶中放入冷水，再加入氯片，用试纸测试氯含量（100ppm）
	戴手套—放氯片并用试纸测试—拿黄布—消毒
	清洁顺序为从上到下、从里到外
	过程中再次用试纸条测试氯含量是否达到 100ppm
第五步：用具归位	完成操作后，将用具放回原处，保持整洁

业务链接——地毯必须每天用吸尘器吸尘并检查

（1）水渍 / 饮料溢出（必须用洗地毯机清洗）；

（2）食物和鞋印（必须立即用地毯污点探测器标记）；

（3）口香糖（必须立即用口香糖清洁剂清除）；

（4）普通污渍。

岗位小贴士：当检测到污点时，应注意：

（1）在不超过地毯污点直径的地方喷洒地毯去污剂；

（2）等待 3～5 分钟；

（3）用软毛刷去除斑点；

（4）如果斑点没有消失，请重复步骤（1）至（3）。

任务实施

1. 各小组根据课前自主学习及教师的课堂讲解，讨论并归纳邮轮餐饮卫生相关标准和要求。

2. 教师进行邮轮餐厅清洁消毒的示范操作。

3. 学生分组，模拟餐厅的不同工作场景，在所选工作场景下选取适当的清洁方法进行清洁操作。

4. 各组按要求分别进行实训练习。

5. 教师穿插指导，纠正错误动作。

6. 各组抽签进行三桶清洁消毒实操的汇报展示。

任务评价

根据汇报情况，教师和学生共同讨论、评分。邮轮餐厅清洁实训评价表如表 7-3 所示。

表 7-3

表 7-3 邮轮餐厅清洁实训评价表

评价内容	评价标准	分值	组内自评 (20%)	小组互评 (30%)	教师评价 (50%)	综合得分
邮轮餐厅清洁	选用清洁工具正确	10				
	选取清洁方法正确	10				
	清洁流程正确	30				
	严格遵循操作标准	30				
	良好的团队协作	20				
合计得分：						
评分标准（100 分制）：81～100 分优秀；71～80 分良好；60～70 分合格；60 分以下不合格						

思考练习

【综合题（简答题）】

1. 三桶清洁消毒法在使用过程中应注意哪些地方？若不注意这些地方，是否会影响清洁消毒的效果？

2. 邮轮上最常用的清洁剂是什么？其主要用于清洁哪里？

知识拓展：邮轮餐饮卫生与安全的控制与监督

项目八 菜单的设计与制作

项目描述

本项目主要介绍了菜单的作用与分类，以及菜单的设计与制作。只有了解菜单的作用、分类与特点，才能制作符合餐厅特色的菜单，更好地发挥菜单的促销功能。邮轮餐饮服务人员只有了解菜单的作用、分类及内容，才能在对客服务中进行有效推荐，有效地完成点菜服务，赢得客人的满意。

项目目标

知识目标

1. 了解菜单的作用；
2. 掌握菜单的分类及内容；
3. 了解菜单设计的原则；
4. 掌握菜单设计与制作的一般程序。

能力目标

1. 能够掌握菜单的分类及特点，为邮轮上不同类型的餐厅设计相符的菜单；
2. 能够依据菜单设计的原则，掌握菜单设计的程序及方法，为相应餐厅设计一份菜单。

素养目标

1. 培养良好的职业道德素质和精益求精的工作态度；
2. 培养良好的卫生安全意识；
3. 培养规范意识，逐步提升审美能力。

任务一　认知菜单

案例引入

电子菜单，又称电子点菜单，是一款可以替代传统菜单的电子产品。它综合了传统菜单和无线点菜机的优点。例如，它可以展示菜品分类，客人可以查看菜品图片、价格、口味等，还可以点菜、查单、退菜、催菜。与传统菜单相比，电子菜单具有很多优势。以往如果餐厅修改了菜品价格，换了厨师，菜单就要重新印制，改用电子菜单后，仅菜单印刷成本这一项，餐厅每年就能节省大量费用。电子菜单也不像传统菜单那样易磨损。此外，电子菜单提供客人自主点菜功能，在餐厅就餐高峰时段或者当服务员数量比较少时，客人可以自主点菜。

电子菜单具有以下特点：

（1）多版式选择。餐厅可以根据节日更换菜单主题，如春节、中秋节、情人节，也可以根据婚宴、寿宴等不同需求制定个性化主题，彰显时尚品位。

（2）客人自主点菜。电子菜单通过图片、文字描述各种菜品，客人可对分量、口味、做法偏好做出选择，随时查询消费账单。

（3）广告宣传。餐厅可通过文字、视频、图片介绍餐厅文化、周边旅游景点、名厨、获奖菜品及合作企业的产品。

（4）智能排序。电子菜单可通过智能排序推荐重点菜品，提升酒店形象，优化顾客体验，提升服务品质。

资料来源：汪京强 . 餐饮服务与管理 [M].3 版 . 北京：科学出版社，2019.

思考：电子菜单因其便利的特点受到许多餐厅和客人的喜欢。电子菜单是完美的吗？在邮轮餐厅中使用电子菜单时应注意哪些方面？

任务描述

在本任务中，学生通过了解菜单的作用，掌握菜单的分类及内容，进而能够在实际工作中充分发挥菜单的各种功能，更好地进行对客服务。

任务准备

1. 成立学习小组，每组 5～6 人。每组选出一名组长，由其负责工作任务的实施。
2. 查阅菜单的来源、概念和分类等资料，并走访或查阅不同特色餐厅的菜单。

知识储备

一、菜单的作用

（一）餐饮管理方面

1. 选聘员工的依据

菜单是邮轮餐厅服务水平和特色的标志。邮轮餐厅要体现其特色、反映其水平，还必须通过邮轮餐厅的服务员和厨房的厨师来实现。因此，菜单自然成了邮轮餐饮经营者选择和培养具有相应技术水平厨师和服务员的依据。

2. 影响设备选配布局

制作不同风味的菜肴时，需要不同规模、类型的厨房设备。例如：餐厅经营者经营粤菜需要配备广式炒炉、烧烤设备；经营苏、鲁、宫廷菜肴则需要配备用于焖、烧菜肴的炉灶。设备配备不同，餐厅布局方式自然就不一样。

3. 确定原料采购储备

菜单在很大程度上决定着采购活动的规模、方法和要求。例如，使用零点菜单时，菜式品种在一定时期内保持不变，厨房生产所需食品原料的品种、规格等也相对固定。这就要求在原料采购方法、采购规格标准、货源等方面相对稳定。

4. 决定服务规格要求

邮轮餐厅选用何种服务方式、采用什么样的服务规程、使用哪些服务用具等，都必须依据菜单来决定。菜单是邮轮餐厅制定服务规程、选购服务器具的主要依据。此外，不同档次、不同规格的邮轮餐厅在服务规格和服务要求方面也不尽相同。

5. 影响食品成本控制

零点菜单所列菜点大多选料广泛，如果每种原料制作菜式单一，不仅限制了客人前来消费，而且为原料的保管和充分使用增加困难，导致浪费、成本增加。宴会菜单核算不准、菜点组合不当，更会直接影响成本控制。

（二）餐饮经营方面

1. 反映餐厅经营方针

菜单是餐饮工作的指挥棒，菜单的设计制作是餐饮计划管理主要的基础性工作。菜单是经营者和生产者通过对客源市场需求的分析，以及对竞争对手产品的研究后，结合本邮轮具体资源状况制定的，是餐厅经营方针和经营思想的具体体现。餐饮部是优质高价还是薄利多销，其经营策略和方针通过菜单所列经营品种、销售单位及售价便基本可以把握。

2. 彰显菜肴特色水准

每一家餐厅都力求推出体现特色、符合定位的产品。餐厅经营的风味特色和产品水准是通过列入菜单经营的品种及其制作工艺的难易程度等体现的。菜单所展示的品种、规格，以及这些菜肴背后的制作工艺无疑是餐厅经营特色和水准在菜单上的客观反映。客人通过阅读菜单，不仅对餐厅的产品有所了解，而且对餐厅的特色和水准有了认识。

3. 沟通客我信息桥梁

菜单是连接客人与餐饮服务的桥梁，起着促成买卖交易的媒介作用。餐厅通过菜单向客人介绍、推销餐饮产品及服务，客人凭借菜单选择符合口味的菜肴。同时，餐厅的菜肴品种、价格、风格特色在菜单上一览无余，这正是餐饮经营信息的反映。菜单在向客人传递餐厅经营信息的同时，也将客人口味喜好的信息反馈给了餐厅经营者。客人点菜的种类、数量、点击率都反映了客人的喜好。餐厅经营者根据客人点菜的情况，可以了解客人的口味、爱好，以及客人对本餐厅菜肴的欢迎程度，从而不断改进菜肴质量，增加菜肴品种，在满足客人需求的同时也促进了餐厅的经营。

4. 邮轮形象宣传载体

一份精心设计的菜单，雅致动人、色调得体、洁净亮丽，读起来赏心悦目，看起来心情舒畅，客人大多乐于欣赏。不仅如此，客人还愿意将精美的菜单带出餐厅、带回故里，与亲朋好友共同赏析。这个过程实际上就是一个广告、宣传的过程。当然，精美菜单的背后肯定需要有邮轮良好管理和高品位企业文化的支撑。一份破烂不堪、污迹斑斑、印制粗劣的菜单，不但会给客人留下难以忍受的第一印象，而且无论餐厅的菜肴多么可口、价格何其便宜，恐怕也不会改变客人对餐厅的不良印象。邮轮各类菜单如图 8-1 至图 8-3 所示。

Dinner
晚餐
开胃菜 Appetizers
（1）上海酱鸭*#
（2）辣味时蔬拌厚百叶 V
（3）番茄，黄瓜，洋葱，胡萝卜沙拉（生菜）V
自选酱料：意大利酱，千岛酱，亚洲酱
汤 Soup
（4）培根奶油土豆汤#
（5）冬瓜鸡汤*#
主菜 Main Courses
（6）意大利粉配辣味香蒜蛤蜊汁*#
（7）西红柿意大利粉 V
（8）意大利肉酱面#
（9）牛肉时蔬炒河粉#
（10）烤龙虾配意面和西兰花，胡萝卜*#
此单为定食份量（半只），或另加 10 美金可点单一份
（整只龙虾，已包含服务费）
（11）蜜汁叉烧配炒饭，青菜和菌菇#
（12）蒸鱼配豆豉酱、土豆泥和时蔬*#
（13）蚝油炒蔬菜 V
（14）炸米兰猪排配番茄碎#
（15）地三鲜 V
常备菜 Side Dish
（16）白饭
甜品 Desserts
（17）巧克力蛋糕
（18）橙子奶油蛋糕
（19）芒果西米露
（20）无糖：水果果冻
（21）每日冰淇淋：巧克力，榛子
（22）新鲜切片水果
Chef Suggestion

海上捞火锅
Hot Pot Restaurant
第 9 层船尾 Deck 9 Ginger & Fred
27 美金/每人（包括服务费）

葡萄酒特别促销 Wine Suggestion
价格：15美元/瓶
（包含服务费）
意大利红葡萄酒
Italian Red Wine: NEGROAMARO IGT FEUDI
红葡萄酒搭配肉类菜肴，
令您回味无穷
意大利白葡萄酒
Italian White Wine: TRAMINER AROMATICO DOC
白葡萄酒搭配鱼肉，
味道更加鲜美

意式餐厅
Mama Trattoria restaurant:
By Chef
Riccardo Schiorlin
第 10 层船尾 Deck 10 E La Nave Va

今日促销 Special Offer of the day:
烧猪蹄/炸鸡+200ml 扎啤
4.50 美元（包含服务费）
龙虾套餐 Lobster Promotion
烤龙虾配西式龙虾汁和炒饭，
烤番茄西兰花和胡萝卜
（仅需 14.38 美元，已包含服务费）
2 只龙虾配西式龙虾汁和
炒饭烤番茄，西兰花和胡萝卜
+1 瓶香槟酒仅需 28.75 美元
（已包含服务费）

图 8-1　歌诗达“大西洋号”邮轮主餐厅晚餐菜单

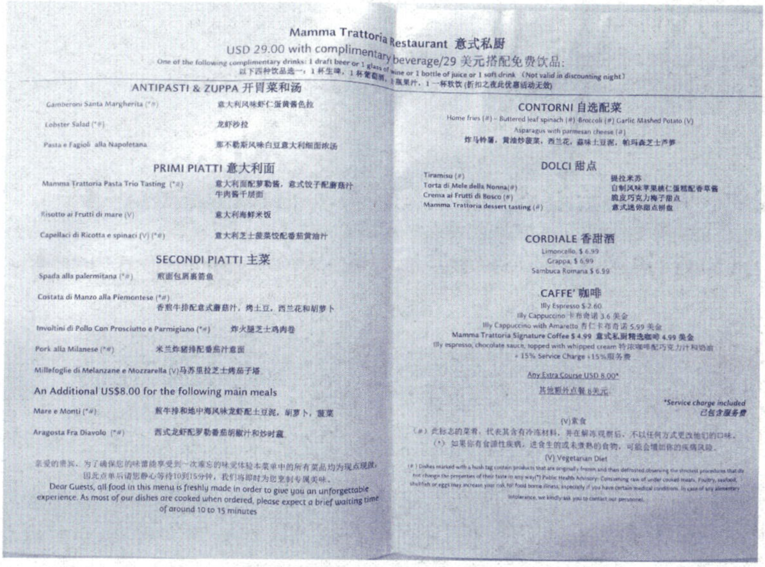

图 8-2　歌诗达“大西洋号”邮轮意式特色餐厅“Mamma Trattoria”菜单

图 8-3　皇家加勒比“海洋量子号”邮轮海岸厨房餐厅菜单

二、菜单的分类

邮轮餐厅所使用的菜单通常有早餐菜单、午餐菜单、晚餐菜单、宴会菜单、团体菜单、酒会菜单、自助餐菜单、特殊菜单（如儿童菜单、家庭菜单等）、国际菜单（指异国风味餐饮菜单）、餐后甜品单、客房餐饮菜单、泳池茶座菜单、夜宵点心单等。上述各类菜单充分体现了一艘邮轮所提供的各种餐饮形式和餐饮内容。

（一）按照用餐时间分类

按照用餐时间分类，邮轮菜单分为早餐菜单、午餐菜单、晚（正）餐菜单、夜宵菜单等。

（二）按照使用时间长短及更换频率分类

按照使用时间长短及更换频率分类，邮轮菜单分为固定性菜单、循环性菜单和即时性菜单。

1. 固定性菜单

固定性菜单是指在就餐客人流动量大的餐厅中，在较长一段时间内（一年或一个季度）每天给就餐客人提供相同菜品的菜单。这种菜单由于菜色品种每天一成不变、生产工艺模式单一、食品制作过程易于控制和标准化，当天采购所剩余的食品原料可以继续被利用，从而减少了浪费。使用固定性菜单，餐厅经营者易于进行成本控制和原料的储存保管。同时，餐厅和厨房所需要的设备用具也相对单一和经济，人力和物力的调配也较为方便。

固定性菜单因其菜色品种一成不变，有时候也会导致一些日常经营的不利因素。例如，当菜单上的菜品原料价格大幅上升时，餐厅会因菜单的固定不变而不得不继续采购高价的食品原料，并按照菜单上制定的固定价格出售，从而导致餐厅的盈利率下降。再者，菜色品种固定不变，也会使餐厅加工人员和服务人员在工作中感到缺乏创新和挑战，易于产生厌烦和懈怠感，从而降低餐厅的工作效率。更不利的是，由于固定性菜单的菜色品种、制作工艺和服务方式一成不变，餐厅的就餐风格会表现出单一和缺乏活力的特点，以至于餐厅逐渐流失就餐客源。

2. 循环性菜单

循环性菜单是指拟定若干套由不同菜色品种组成的书面目录，在相对较短的时间内（如一周或两三周）可以反复循环使用的菜单。这种菜单往往适用于面向经常性光顾的就餐客人的餐厅。由于菜色品种每天翻新、丰富多彩，客人前来餐厅就餐时会产生新鲜感，增加食欲，从而使餐厅对客人的吸引力大大增加。再者，由于要在一定时期内面对多套不同的菜单制作各式菜品，餐厅的加工人员和服务人员也会因为工作的多样性而产生兴趣，增强工作的欲望，从而提高菜品制作的创新性和劳动生产效率。

但是，循环性菜单也有其缺点，主要体现在成本方面。首先，由于要制作多套不同菜单，其编制和印刷成本较高。其次，循环性菜单相对固定，导致餐厅不能根据食品原料市场供应的变化和消费者饮食风格的千变万化而灵活改变，对菜单的调整相对滞后，从而导致成本的上升。最后，每天要调整菜单，会造成前一天菜单上的剩余原材料无法在第二天的新菜单中得到利用，从而造成食材的积压和浪费。

需要注意的是，大部分餐厅的循环性菜单的使用周期为 1～4 周。这是较为恰当的使用周期。如果菜单使用周期过短、变动过大，就会造成餐厅在原料采购和储存等经营环节的成本过大；而菜单使用周期过长，则与固定性菜单区别不大，会引起餐厅常客的厌倦感。

3. 即时性菜单

即时性菜单往往没有固定或正式的书面形式，多通过菜品样品的形式展示，是餐厅经营者通过价格合适且具有时令特色的食品原料制作，由就餐客人即兴点取的菜单。这种菜单所示的菜品的制作要考虑季节不同、消费市场需求的变化、食品原料的可获得性、原料的质量和价格状况以及餐厅加工人员的烹调能力等因素。

即时性菜单有许多优势。餐厅经营者可每天更换菜品饮品，随行就市、灵活性强；可充分利用餐厅每天剩余的食品原料和库存物品，降低生产成本，可调动生产人员的烹饪创新能力和工作积极性，制作推陈出新的各式新菜；为经常光顾餐厅的客人带来新鲜感，稳定客源；可以节省餐厅编制和印刷书面菜单的成本。从消费者角度来看，客人在点菜时不再是面对单调且缺乏想象力的书面形式的菜单，而是可以直接面对餐厅陈列的各式菜品样品进行点菜，这样的点菜方式直观、经济，深受欢迎。

但是这种菜单也存在一些缺点。由于餐厅每天提供的菜品变化太大，因此餐厅经营者对菜品的原料采购及储存极为困难，经常造成较大的浪费和餐厅经营成本的上升；同时由于每天的菜品品种繁多，会使这些菜品的生产制作和管理过程变得难以标准化。

（三）按照其他标准分类

此外，按照菜品风味分类，邮轮菜单分为中餐菜单、西餐菜单、其他风味菜单等；按照产品类别分类，邮轮菜单分为餐食菜单、饮料单、餐酒单、甜品单等；按照消费对象分类，邮轮菜单分为餐厅菜单、酒廊茶座菜单、客房用餐菜单等；按照服务对象分类，邮轮菜单分为对外菜单（用于各营业点满足客人零点需要的公开、正式的营业菜单）、对内菜单（邮轮内部员工餐厅使用的菜单）；按照消费对象分类，即针对某一类特殊消费群体而设计的专一菜单，如儿童菜单、家庭菜单、情侣菜单、素食菜单等。这类菜单的内容和形式的针对性强、使用范围窄。

一家邮轮应使用多少种菜单，主要取决于有多少数量及种类的餐饮服务设施和餐饮服务项目，以及各餐厅每天开餐次数与时间。

知识拓展：歌诗达邮轮餐厅菜单

业务链接——菜单周期性工作

餐饮服务员要做的菜单周期性工作如下：（1）从船上的印刷处收集菜单；（2）将菜单拿到餐厅；（3）在每次服务前，将菜单分发给其他服务员；（4）将自助菜单放置在餐厅外的菜单架上；（5）服务结束后，将使用过的菜单存档。

岗位小贴士：

邮轮菜单上印有意大利语、英语、西班牙语、葡萄牙语、德语、法语或中文。服务员对菜单的准确了解是非常重要的。餐饮部经理和餐饮部助理经理会在晚餐前组织菜单简报和食物演示。服务员必须在讲解过程中全神贯注，以便更专业和准确地回答客人的问题。

三、菜单的内容

（一）菜品名称和价格

菜品名称直接影响客人对菜品的选择，客人未品尝菜品之前，往往凭菜名做出选择。如果给菜品起一个特定的名称，它就会在人们头脑里产生一种特定的印象，也会引起人们相应的联想。因此，餐厅经营者在为菜品命名时，一方面要尽量确切，另一方面要具有艺术性。确切性，即菜品的用料要与菜名相符合，切忌故弄玄虚，避免客人看到菜名时难以理解所对应的菜品究竟是什么。菜名的艺术性主要体现在雅致顺口、充满趣味、能够引起食欲。

菜品价格应依据菜肴的不同分量、规格分别标定，需要加收服务费的要在菜单上注明。菜单的价格不可随意涂改，若有必要调整价格，应及时更换菜单。

（二）菜品介绍

为了促进菜品的销售和提高客人选菜的速度，餐厅经营者有必要对一些特色产品进行简单的文字介绍，这种介绍可以在一定程度上代替服务人员的介绍，一方面节省了餐厅服务人员的服务时间，另一方面节约了客人的选菜时间。菜品介绍的内容包括：

（1）菜品的主要原料、独特味型和调料。有些原料要注明规格，如肉类要注明是里脊还是腿肉等；有些原料须注明质量，如新鲜的果汁、活鱼等。

（2）菜品的烹调制作和服务方法。如菜品具有独特的烹调方法和服务方式，必要的介绍能起到良好的推介和宣传作用。

（3）菜品的份额。有些菜品要标注每份的重量或数量。重量是指烹调后菜品的重量，有的菜品要标注数量。如果一份菜单只是列出菜品和价格，会显得过于枯燥，服务人员要重点介绍特色菜、招牌菜。

菜品的介绍不宜过多，有时过多的介绍反而会使客人产生厌烦心理，从而拒绝一些菜肴，产生不购买行为。

（三）餐厅声誉宣传

对于主题餐厅而言，菜单是确立餐厅公众形象的理想工具。主题餐厅的自身特色、服务方式和历史沿革等都是餐厅声誉宣传的良好素材。

声誉宣传可以用文字介绍和图例佐证。餐厅既可以宣扬自己的悠久历史或特殊事件，也可以渲染其优雅的环境氛围和风情掌故。声誉宣传还应包括一些告示性信息，其中餐厅名称、特色风味一般列在菜单封面；餐厅地址、电话号码、营业时间一般列于封底；有的菜单还附有餐厅的交通位置等信息。

任务实施

1. 通过对菜单相关资料的搜集和整理分析，掌握菜单的分类、特点以及作用。具体步骤如下：

（1）通过课前预习掌握的资料、教师对相关知识的介绍，设计表格并汇总菜单的分类及作用。

（2）汇总、整理、分析案例资料。

（3）制作短视频或电子文档等。

2. 以小组为单位，进行视频展示和课堂汇报。

任务评价

根据各组汇报情况，教师和学生共同讨论、评分。认知菜单任务评价表如表 8–1 所示。

表 8–1

表 8–1　认知菜单任务评价表

评价内容	评价标准	分值	组内自评（20%）	小组互评（30%）	教师评价（50%）	综合得分
完整性	内容完整，类别全面覆盖	10				
专业性	案例真实、无专业术语错误	30				
时效性	材料数据具有时效性、有现实意义	10				
创新性	有一定创意	10				
设计制作	设计精巧、逻辑清楚、图文清晰	30				
团队精神	分工明确、团结协作	10				
合计得分：						
评分标准（100 分制）：81～100 分优秀；71～80 分良好；60～70 分合格；60 分以下不合格						

思考练习

【综合题（简答题）】

1. 请谈谈邮轮餐厅菜单分类的依据。

2. 请为下列关于菜单特点的表述勾选精选菜单、零点菜单或自助餐菜单（见表 8–2）。

表 8-2　菜单特点的识别

序号	特点	精选菜单	零点菜单	自助餐菜单
1	对每个菜单类别进行适度的选择			
2	每种食品单独定价			
3	用于收费餐厅			
4	展示在主餐厅和自助餐厅外面			
5	精美的菜品摆盘			
6	包括开胃菜、沙拉、比萨、意大利面			
7	注意烹调方法和使用的酱料			
8	可以有相关主题的呈现			
9	大量、丰富的食物选择			
10	在自助服务区域使用			
11	为每个菜单类别提供广泛的选择			
12	包括牛肉、猪肉、家禽和甜点			
13	菜品选择没有限制			
14	用于主餐厅			

知识拓展：菜单的由来

任务二　菜单的设计和布局

案例引入

常有人抱怨：兴冲冲去了饭馆，一到点菜就犯了难。一本菜单翻看了好几遍，也没找出几道合适的菜，结果还是点了常吃的那几道菜，一顿美食的期待就此变成了"工作餐"，毫无新意。又有人抱怨：餐厅都要客人自己扫码点餐，可是当用手机扫码后，显示出的菜品也只有很少的介绍，手机屏幕一次也只能显示几道菜。而客人往往只点了首页推荐的那几道菜，其他的菜品折叠在菜品分类当中，需要自己去列表中找出。此外，对于特殊需求如免香菜、免辣等，客人依然需要咨询餐厅服务员，比较麻烦。

思考：在设计菜单的过程中餐厅经营者应该考虑哪些因素？一份完整的菜单包括哪些内容？

任务描述

掌握菜单设计的原则和菜单设计应考虑的因素，并能够根据不同餐厅的经营特色，运用菜单内容布局知识，设计并制作出科学、合理的菜单。

任务准备

1. 成立学习小组，每组 5～6 人。每组选出一名组长，由其负责工作任务的实施。
2. 查阅菜单设计的原则、设计菜单应考虑的因素，以及菜单内容如何布局、装帧等资料，调研一家餐厅的经营特色，制作一份菜单。

知识储备

一、菜单设计的原则

（一）以客人需求为中心

以客人需求为中心要求邮轮餐厅经营者在明确目标市场的前提下，深谙客人的饮食习惯，掌握客人的消费心理。例如，邮轮餐饮服务人员应了解不同地区客人的饮食习惯，提供多样化的菜单选择。

（二）以经营特色为重点

首先，邮轮餐厅经营者应根据经营方针来决定提供中式或西式的菜单，根据餐厅的等级决定是大众化菜单还是风味佳肴式菜单。餐厅经营者应选择反映本店特色的菜肴列于菜单上，进行重点推销。在设计菜单时一定要突出特色，突出拿手好菜和拳头产品，将其列在菜单的醒目位置，单独介绍。只有充分体现自身的特色，才能给客人留下深刻的印象。

（三）以客观因素为依据

这里所指的客观因素包括原料的供应状况、餐厅的设施设备条件、员工的技术水平、员工数量等。其中原料的供应状况包括市场的货源、库房库存、各种原材料价格、原材料净料率、原材料涨发率等。餐厅的设施设备条件包含设施设备的质量与数量、菜式的种类数量比例是否合理等。此外，餐厅经营者还应兼顾员工的技术水平和员工数量。

（四）力求协调统一

首先，菜单风格必须与餐厅整体风格相一致，主要体现在与餐厅的装修风格、设施风格、经营风格与菜肴风格相一致。其次，菜肴的营养成分必须搭配合理，针对客人的年龄、身体状况、每天各种营养素的大致摄入需求，安排适量的含有脂肪、蛋白质、糖类、维生素、纤维素等营养成分的菜肴，做到荤素搭配、粗细搭配、各种营养搭配合理。再次，菜肴的价格必须确保有利可获。最后，虽然菜单有固定性菜单和即时性菜单等类型，但总的来说，无论哪种类型，都应讲究改革创新、与时俱进，适时增加创新菜品，及时突出时令特色菜，更新传统菜肴，迎合消费者不断变化的消费需求。

二、菜单内容的布局

我们在日常就餐经历中可以见到规格不同的各类菜单，但不管菜单的外观如何，在菜目的布局上通常都会遵循一定的进餐次序，这样便于客人选择菜品，突出主要菜式，避免出现眼花缭乱、无章可循的不良点餐体验。

（一）菜目排列次序

餐厅经营者通常按照进餐次序排列菜单菜目。中餐的进餐次序一般是：冷菜—热菜—汤—点心等。餐厅经营者应根据这一次序将菜品按原料或烹饪的方法分类排列。例如，中餐零点餐厅的午、晚菜单的排列次序是：冷菜—肉类—禽类—海鲜类—蔬菜类—汤类—面饭—点心。

西餐与中餐的进餐次序稍有不同，一般按开胃菜—汤—主菜—甜点顺序进行。所以，西餐午、晚餐菜目的排列次序通常按照开胃菜—汤菜—主菜类（海鲜、鱼虾、牛羊猪肉、禽肉）—蔬菜类—甜点等依次排列。其他内容诸如配菜类、沙拉、三明治、饮料等要根据餐饮经营场所的情况和餐别来决定。午餐时段，沙拉可以与主菜排在一起；晚餐时段，沙拉可以与开胃菜排在一起。酒类饮料不可以列在早餐菜单中，通常会被排在晚餐菜单的尾部。

（二）突出主要菜式

菜目的排列不仅要符合进餐次序，还要注意突出主要菜式，餐厅经营者应将特色菜、招牌菜安排在菜单的显要位置。菜品的分布位置对其销售有很大影响。调查和研究表明，单页菜单的中央部位、对折菜单的右侧中央部位以及三折菜单的中心部位是最能引起客人注意的区域，客人的目光常会在这些区域停留。因此，在布局菜品时，餐厅经营者应尽量将主要菜式安排在这些重点区域，以提高客人选择的概率。如果因菜品分类排列顺序的限制而无法顾及的话，也应将这些重点菜式以不同的字体或加框突出显示。

业务链接——菜单上的“重点区域”

时令菜、特色菜、高价菜、创新菜等都可以作为邮轮餐厅重点推销的菜肴。要使推销效果显著，就必须遵循两大原则：最早和最晚，即在同类菜品中列在第一项和最后一项的菜品最能吸引客人的注意力。此外，菜单上一些需重点推销的菜肴，可以用插页、夹页或台卡的形式单独进行推销。

不同表现形式的菜单，其重点推销区域也不同。单页菜单的重点推销区在其上半部；双页菜单的重点推销区在其右上角；而对于三页菜单，客人的阅读顺序为菜单的中心—右上角—左上角—左下角—菜单中心—右下角。三页菜单的中页的中部是最显眼之处，可以放置餐厅重点推销的菜肴。

知识拓展：菜单的装帧设计

三、菜单设计的程序

（一）确定菜单类别

菜单设计的第一步是确定菜单类别，确定的依据为餐厅特色、目标人群、所处地理位置等因素。

（二）确定菜单规格

邮轮餐厅经营者应根据餐厅的消费档次定位、目标人群等因素确定菜单规格。例如，自助餐菜品、团体套餐菜品规格可以低一些，零点菜品、宴会套餐菜品规格可以高一些；餐厅环境一般、风格较为普通的餐厅菜品规格可以低一些，餐厅环境豪华、装修优雅的菜品规格可以高一些。

（三）确定菜品原料及其搭配

首先，邮轮餐厅经营者及生产人员应掌握好每个菜肴原料的用量；其次，应掌握好每个菜肴的主、配料搭配比例；最后，还应把握好每个菜肴的原料品质。

（四）确定菜品名称

菜品的命名应遵循真实可信、雅致得体、便于记忆、满足客人心理需要的原则。在命名方法上，可采用在主料前加烹调方法、人名或地名以及菜肴的色彩或形态的方法，也可以以烹调方法和原料的某一特征命名，还可以直接以形象或寓意命名。

（五）确定菜品价格

邮轮餐厅经营者确定菜品价格时，首先应了解菜品的价格构成，主要包括原料成本、经营费用、营业税费和经营利润。其次，应了解影响菜品价格的主要因素，除以上价格构成因素外，还包括竞争状况、供求情况、节假日以及其他不可控因素的影响。

（六）确定菜单制作形式和内容

菜单制作形式包括单页式、折叠式、书本式、活页式、悬挂式、艺术式等。菜单内容在前文已涉及，这里不做赘述。示例如图 8–4、图 8–5 所示。

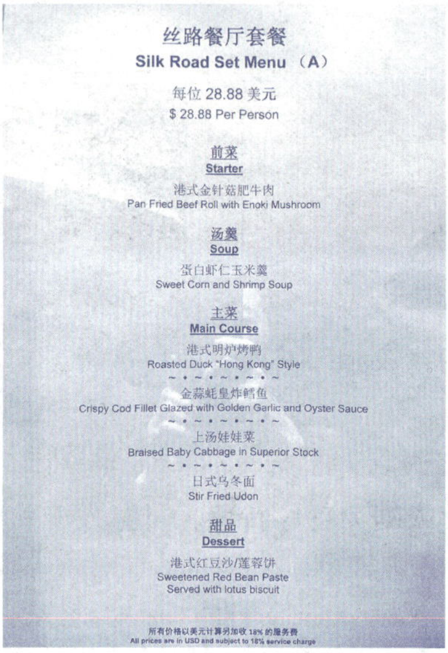
丝路餐厅套餐
Silk Road Set Menu （A）
每位 28.88 美元
$ 28.88 Per Person
前菜
Starter
港式金针菇肥牛肉
Pan Fried Beef Roll with Enoki Mushroom
汤羹
Soup
蛋白虾仁玉米羹
Sweet Corn and Shrimp Soup
主菜
Main Course
港式明炉烤鸭
Roasted Duck "Hong Kong" Style
~ • ~ • ~ • ~ • ~
金蒜蚝皇炸鳕鱼
Crispy Cod Fillet Glazed with Golden Garlic and Oyster Sauce
~ • ~ • ~ • ~ • ~
上汤娃娃菜
Braised Baby Cabbage in Superior Stock
~ • ~ • ~ • ~ • ~
日式乌冬面
Stir Fried Udon
甜品
Dessert
港式红豆沙/莲蓉饼
Sweetened Red Bean Paste
Served with lotus biscuit
所有价格以美元计算另加收 18% 的服务费
All prices are in USD and subject to 18% service charge

图 8–4 “鼓浪屿号”邮轮主餐厅——丝路餐厅菜单

Costa
From Italy with Love
Appetizers
（1）Rosticceria Italiana
（1）意大利格式面包
(breaded shrimps, breaded mozzarella in carozza, breaded broccoli flowers, arancini di riso, casatiello)
炸虾裹面包屑，炸马苏里拉芝士，炸西兰花，炸饭团，火腿面包
Soup
Piccolo bollito alla Piemontese
（2）Beef broth with diced meat and vegetables
（2）牛肉蔬菜汤
Pasta
（3）Spaghetti aglio olio pepperoncino
（3）蒜油辣味意面
Main Course
Mare monti
（4）Grilled lobster and beef tenderloin served with mash potatoes and spinach
（4）煎龙虾和牛肉配土豆泥和白菜
Desserts
（5）Budino di uovo alla vaniglia
（5）鸡蛋布丁配香草汁

图 8–5 歌诗达邮轮主餐厅晚宴菜单

（七）确定菜单的制作

邮轮餐厅经营者还需要确定菜单用纸、字体、规格、颜色搭配。彩色图片的印刷要注意质量。印刷质量也会影响客人的观感和对餐厅的整体感知。

菜单对于餐厅的经营起着至关重要的作用。对于餐厅来说，重视菜单的功能承载、深入细致地研究菜单的定位、科学合理地设计菜单，有助于餐厅经营水平与管理水平的提高，所以，设计内容丰富、装帧精美的菜单是邮轮餐厅的一项重要工作。

业务链接——菜单的期望目标

无论菜单的内容设计和艺术设计如何缜密，菜单在使用后都要进行评估。邮轮餐厅经营者应该制定评估目标，即菜单的期望目标。例如，午餐的评估目标是“每桌客人的账单平均达到 300 元”，如果目标未达到，就要分析并确定原因是什么，进而修改完善或重新设计和制作菜单。

任务实施

1. 根据调研情况，对被调研餐厅原有的菜单和小组新制作的菜单进行对比。
2. 小组讨论，分析对比结果，在课堂上展示。
3. 教师点评，介绍邮轮特色餐厅菜单案例。
4. 小组提交分析报告。

任务评价

根据报告情况，教师和学生共同讨论、评分。菜单设计和制作任务评价表如表 8–3 所示。

表 8–3

表 8–3　菜单设计和制作任务评价表

评价内容	评价标准	分值	组内自评（20%）	小组互评（30%）	教师评价（50%）	综合得分
功能性	菜单各要素齐全	20				
专业性	专业术语无误	20				
特色鲜明	符合餐厅特色	15				
创新性	有一定创意	15				
设计制作	设计精巧、逻辑清楚、制作精美	10				
团队精神	分工明确、团结协作	20				
合计得分：						
评分标准（100 分制）：81～100 分优秀；71～80 分良好；60～70 分合格；60 分以下不合格						

思考练习

【综合题】

1.（简述题）如何根据餐厅特色和客人需求进行菜单设计？如何进行菜单评价和修改？

2.（思考题）在餐饮行业目前发展现状的基础上，请结合餐厅特色提出菜单设计和制作的技巧和发展方向。

知识拓展：亚太经济合作组织（APEC）会议的一次工作午餐

项目九 厨房及餐饮原料管理

项目描述

邮轮餐饮管理的目标和要求是通过科学的管理手段和措施，指导厨房的生产流程；并且在采购、验收和储存的各个环节都能保证各种食品原料的数量和质量，尽量减少自然损耗；及时接收、储存和发放各种食品原料并将有关数据送到财务部门以保证餐饮成本得到有效控制。

本项目主要介绍了厨房的种类、厨房各部门的职能。学生需要认知厨房的生产流程，了解餐饮食品原料的采购目标、方式、程序，餐饮食品原料的采购数量控制、质量控制、价格控制、方式控制的方法，以及餐饮食品原料的验收管理和储存管理。

项目目标

知识目标

1. 了解厨房的种类；
2. 了解厨房各部门的职能和组织结构设置原则；
3. 了解和掌握餐饮原料采购的组织形式、采购方式和采购流程；
4. 了解食品原料的验收方法及流程；
5. 了解邮轮餐饮原料储存管理的基本要求。

能力目标

1. 能够掌握并分析不同类型、规模和档次的餐饮企业的厨房组织结构；
2. 能够认知厨房的管理流程，掌握控制管理的方法；
3. 能够掌握餐饮原料的采购数量控制、质量控制、价格控制、方式控制的方法；
4. 能够掌握餐饮食品原料的验收管理方法；
5. 能够掌握餐饮食品原料的储存管理方法。

素养目标

1. 培养良好的职业道德素质和精益求精的敬业精神；
2. 培养良好的责任心和一丝不苟的工作态度；
3. 培养良好的卫生安全意识；

4. 培养良好的成本意识，避免食品原料浪费，降低餐饮成本；

5. 逐步养成规范意识，出色完成工作任务。

任务一　邮轮厨房分类及岗位设置

案例引入

由于邮轮规模大、接待游客数量多，因此厨房配置也较为完备。不少邮轮上的厨房有两层之大，主餐厅服务员在营业过程中每天要乘坐扶梯往返餐厅和厨房，非常辛苦。

思考：邮轮餐厅的厨房都有哪些类型呢？其岗位分工是怎样的？

任务描述

本任务中，通过对厨房种类的认知，学生应认真分析邮轮上不同类型厨房各部门的职能，根据邮轮餐饮部各部门的岗位职责，学会设计厨房的组织结构。

任务准备

1. 成立学习小组，每组 5～6 人。每组选出一名组长，由其负责工作任务的实施。

2. 通过网络、实地走访等方式，搜集不同类型、不同规模、不同档次的厨房种类及图片等。

3. 搜集不同档次的厨房各部门的职能及组织结构。

知识储备

厨房可以根据不同的分类标准划分为不同的种类，以下是一些常见的分类方式。

一、按照厨房规模划分

（一）大型厨房

大型厨房是指生产规模大、能供众多客人同时用餐的烹饪场所。客房在 500 间、经营餐位在 1 500 个以上的综合型饭店大多设有大型厨房。这种大型厨房是由多个不同功能的厨房组合而成的。各厨房分工明确、协调一致，承担餐厅大规模的生产出品工作。

经营面积在 2 000 平方米或餐位在 800 个以上的单一功能的餐馆、酒楼，其厨房亦多为大型厨房。通常而言，游客接待量达到 800 人以上的邮轮厨房就算作大型厨房。邮轮大型厨房场地开阔，大多集中设计、统一管理。经营数种风味的大型厨房需要归类设计、细分管理、统筹经营。

（二）中型厨房

中型厨房是指能同时生产、提供 300～500 个餐位供客人用餐的烹饪场所。中型厨房场地面积较大，大多对加工、生产与出品等进行集中设计、综合布局。

（三）小型厨房

小型厨房是指能生产、提供200～300个餐位甚至更少餐位供客人用餐的烹饪场所。小型厨房对厨房各工种、岗位进行综合设计、布局，占用场地面积相对节省。

（四）超小型厨房

超小型厨房是指生产功能单一、服务能力十分有限的烹饪场所。例如，在餐厅设置面对客人现场烹饪的明炉或明档、综合性饭店豪华套间或总统套间内的小厨房、行政楼层内的小厨房、公寓式酒店内的小厨房等。这种厨房多与其他厨房配套完成生产出品任务。这种厨房虽然小，但是其设计比较精巧、方便、美观。

二、按照餐饮风味类别划分

（一）中餐厨房

中餐厨房是生产中国不同地域、不同风味、不同风格菜肴及点心等食品的烹饪场所，如粤菜厨房、川菜厨房、淮扬菜厨房、鲁菜厨房、宫廷菜厨房、清真菜厨房、素菜厨房等。

（二）西餐厨房

西餐厨房是生产西式风味菜肴及点心的烹饪场所，如法国菜厨房、美国菜厨房、俄罗斯菜厨房、英国菜厨房、意大利菜厨房等。

（三）其他风味菜厨房

除了典型的中餐风味、西餐风味厨房外，还有一些生产制作特定地区、民族的特殊风格菜肴的场所，即其他风味菜厨房，如日本料理厨房、韩国烧烤厨房、泰国菜厨房等。

三、按照厨房生产功能划分

厨房生产功能，即厨房主要从事的工作或承担的任务，它是与对应营业的餐厅功能和厨房总体工作分工相吻合的。

（一）热菜厨房

热菜厨房内部主要分为四个功能区，即原料加工间、切配加工间、炉灶间和洗碗间。

1. 原料加工间

原料加工间，又称加工厨房，是负责对各类鲜活烹饪原料进行初步加工（宰杀、去毛、洗涤）、对干货原料进行涨发，并对原料进行刀工处理和适当贮藏的场所。加工厨房在国内外一些大型餐饮企业、大饭店中又称为主厨房，负责餐饮企业内各烹调厨房所需烹饪原料的加工；在特大型餐饮企业或连锁、集团餐饮企业中，加工厨房有时又被切配中心取代，二者工作性质和生产功能基本相同。由于加工厨房每天的工作量较大、进出货物较多、垃圾和用水量也较多，因此许多餐饮企业将其设置在建筑物的底层或出入便利、易于排污和较为隐蔽的地方。

原料加工间以食品原料的粗加工为主，包括洗涤、拣洗、拆卸、涨发等。因此，这里的设施、设备主要有三类：一是洗涤设备，如各类水池，大、中、小型洗菜或盛菜的盆具及桶具等；二是案板和刀具，主要用于切菜、拆卸加工等；三是盛器，以盆、箩、筐等为主。

2. 切配加工间

切配加工间以食品原料的细加工和配菜为主，与炉灶间紧密相连，没有隔断。因此，这里的设备配置是根据食品原料的细加工和配菜需要来安排的，主要有四类：一是案板和刀具，用于菜点的切配加工；二是橱柜和冰箱，用于加工好的食品原料和剩余原料与食品的存放、短时间冷藏；三是配菜设备与用具，如天平、原料、菜点的盛器等，主要供配菜师和炉灶间使用；四是水池，主要用于洗涤原料，如肉类、鱼类等的清洗等。

3. 炉灶间

炉灶间以炒菜炉灶为主，炉灶的多少根据所对应的餐厅座位按比例设置。为炉灶间配备的炉灶设备除炒菜炉灶外，还有蒸锅、烤炉、炸灶、铁扒炉等。

4. 洗碗间

每个炒菜厨房都会配备一个相应的洗碗间，洗碗间的设备主要有四类：一是洗碗机，主要用于碗具的高温洗涤和消毒；二是洗涤水池，主要用于餐具洗涤前的冲洗；三是消毒池和消毒箱，主要用于刀叉、筷子等小件餐具的灭菌消毒；四是餐具柜，主要用于各种餐具的分类存放，便于每餐使用。

（二）冷菜厨房

冷菜厨房，又称冷菜间，是加工制作、出品冷菜的场所。冷菜制作程序与热菜不同，多为先加工调制，再切配装盘，故冷菜厨房的设计在卫生和工作环境温度等方面有更加严格的要求。冷菜厨房还可分为冷菜烹调制作厨房（如加工卤水、烧烤或腌制等）和冷菜装盘出品厨房，后者主要用于成品冷菜的装盘与发放。

1. 洗菜间

洗菜间主要用于冷荤食品正式烹制前的洗涤、拣洗、拣除等。其设备配置与热菜厨房的原料加工间基本相同，也分为三类：一是洗涤设备，如水池、水桶、盆具等；二是案板和刀具，用于冷菜上灶前的加工；三是盛器，如盆、筐、箩等。

2. 加工间

加工间主要用于冷菜食品上灶前的加工和调制完成后的刀工处理。加工间设备配置主要有五类：一是案板和刀具；二是冰箱与橱柜；三是盛具与用具；四是量器，如天平、量杯、量具等；五是消毒设备，以红外线或紫外线消毒为主。室内要光线明亮，温度不超15℃。加工过程还要做到生、熟分开，荤、素分开。

（三）面点厨房

面点厨房是加工制作面食、点心及饭粥类食品的场所，中餐厅称其为点心间，西餐厅称其为包饼房。由于生产用料的特殊性，制作工艺与菜肴制作明显不同，故又将面点生产称为白案、菜肴生产称为红案。各餐饮企业分工不同，面点厨房生产任务也不尽一致。有的面点厨房还承担甜品和巧克力等的制作任务。面点厨房分为以下功能区：

1. 面点加工区

面点加工区的设备配置主要有三类：一是机器设备，如和面机、包饺子机等；二是案板和厨具，主要用于人工和面、面点造型、馅类制作等；三是存放设备，如橱柜、冰箱、盛器等。

2. 炉灶烹制区

炉灶烹制区的中餐面点炉灶以蒸锅、煮锅、煎锅等炉灶为主；西餐面点以烤箱、烤炉、微波炉等设备为主。

（四）其他厨房

1. 宴会厨房

宴会厨房是指为宴会厅服务，主要生产和烹制宴会菜肴的场所。大多数餐饮企业为保证宴会规格和档次，专门设置了此类厨房。

2. 零点厨房

零点厨房是专门用于生产和烹制客人临时、零散点用菜品的场所，即该厨房对应的餐厅为零点餐厅。零点餐厅是给客人自行选择、点食的餐厅，故列入菜单经营的菜点品种较多。这种厨房多设有足够的设备和场地，以方便制作和及时出品。

3. 咖啡厅厨房

咖啡厅厨房是负责生产制作咖啡厅供应菜肴的场所。相对于扒房等高档西餐厅而言，咖啡厅为西餐快餐或简餐餐厅。咖啡厅经营的品种多为普通菜肴，包括小吃和饮品。因此，咖啡厅厨房设备配备相对较齐，制作出品快捷。许多综合型餐厅的咖啡厅每天营业时间最长，咖啡厅厨房也就成了制作出品时间最长的厨房。有的咖啡厅厨房还兼备房内用餐食品的制作出品功能。

4. 烧烤厨房

烧烤厨房是专门用于加工制作烧烤类菜肴的场所。烧烤菜肴，如烤乳猪、叉烧、烤鸭等，由于加工制作工艺、时间与热菜、普通冷菜程序、时间和成品特点不同，因此需要配备专门的制作间。烧烤厨房一般室内温度较高，其成品多转交冷菜明档或冷菜装盘间出品。

5. 快餐厨房

快餐厨房是加工制作快餐食品的场所。快餐食品是相对于餐厅经营的正餐或宴会餐菜品而言的。快餐厨房大多配备炒炉、油炸锅等便于快速烹调出品的设备，其成品较简单、经济，生产流程的畅达和生产节奏的快捷是其显著特征。

业务链接——邮轮厨房部分岗位职责

邮轮厨房可以提供以下工作岗位：行政总厨、行政总厨助理、厨师长、一级厨师、二级厨师、三级厨师、厨师实习生、船员厨师、船员厨师助理、船员厨师实习生、为船员服务的跑堂人员、原料采购人员、仓库管理员、助理原料采购人员、糕饼师傅、助理糕饼师傅、糕饼人员、糕饼店实习生、面包师、助理面包师、面包店实习生、厨房清洁工、洗碗工等。部分岗位的职责如下：

- 行政总厨的主要职责：（1）制定菜单，适时推出时令菜、特选菜；（2）负责厨师的技术培训工作；（3）负责菜肴的质量管理及成本控制；（4）亲自为重要客人做宴会主厨；（5）根据客情及库存状况提出食品原料的采购计划；（6）拟定标准菜谱；（7）协调厨房与餐厅的关系；（8）处理客人对菜肴的投诉；（9）验收食品原料，把好质量关；（10）合理调配员工；（11）负责对厨师长的考评；（12）出席部门例会。

- 厨师长的主要职责：（1）做好开餐前的准备工作；（2）指挥厨房运转；（3）安排厨房人员的工作班次，并负责考勤；（4）保证食品质量，控制成本消耗；（5）组织技术交流和业务竞赛；（6）申领物料用品；（7）每日抽查下属的个人卫生、饮食卫生及厨房的环境卫生；（8）对下属进行考核评估；（9）出席部门例会；（10）协助行政总厨不断增加菜肴的新品种和更换菜单工作；（11）编制成本卡，控制毛利率。

- 初加工厨师的主要职责：（1）负责食品原料的清洗、宰杀和加工，保证对客人的正常供应；（2）当好切配厨师的助手；（3）按规格进行加工；（4）注意原料的综合利用，保证出净率，避免浪费；（5）做好收尾工作；（6）按规定和程序涨发厨房所需的各类干货，如海参、鱼翅、鲍鱼、鱿鱼等；（7）负责料头原料的加工，如去蒜皮、葱皮根等。

- 切配厨师的主要职责：（1）负责所有菜肴的刀工处理，使原料符合烹调要求；（2）负责高级宴会、酒会的料头和干货等原料的调配；（3）根据点菜单的要求，严格按照标准食谱及时、准确地配菜；（4）如果客人点了菜单上没有的菜，则尽可能满足其要求。

- 冷盘厨师的主要职责：（1）按照厨师长工作指令，确定宴会、团队、零点所需的冷菜品种；（2）协助拟定成本卡，控制毛利率；（3）安全使用和保养本岗位的各种设备；（4）对照菜单和客情，检查冷菜原料的质量和冷盘食品的数量；（5）经常检查工作箱的温度，防止存放的食品霉变。

- 炉头厨师的主要职责：（1）按照菜单和成本卡控制菜肴成本，严格按照程序操作，把好质量关；（2）了解当天客人流量、要求、特点，备好当天使用的调料和佐料；（3）熟悉和掌握各种原料的名称、产地、味型、特点、净料率、用途和制作方法；（4）协助厨师长研制新菜品和推销季节食品；（5）正确使用和保养本岗位的各种设备。

• 面点师的主要职责：（1）制作宴会、团队、零点所需的各种点心；（2）经常更新花色品种，提高竞争力；（3）把好点心质量关；（4）负责各种生熟馅料的拌制；（5）熟悉成本核算，掌握点心售价，控制成品的成本。

知识拓展：餐饮部厨房工作流程概述

任务实施

1. 通过对不同厨房类型相关资料的搜集和整理分析，了解并掌握邮轮厨房的分类及主要岗位职责。具体步骤如下：

（1）通过课前预习掌握的资料、教师对相关知识的介绍，设计表格并汇总邮轮不同餐厅的厨房设置及岗位内容的异同点。

（2）汇总、整理、分析案例资料。

（3）制作短视频或电子文档等。

2. 以小组为单位，进行视频展示和课堂汇报。

任务评价

根据汇报情况，教师和学生共同讨论、评分。邮轮不同餐厅的厨房设置及岗位内容的异同点评价表如表 9–1 所示。

表 9–1

表 9–1　邮轮不同餐厅的厨房设置及岗位内容的异同点评价表

评价内容	评价标准	分值	组内自评（20%）	小组互评（30%）	教师评价（50%）	综合得分
完整性	内容完整、类别全面覆盖	20				
专业性	案例真实、无专业术语错误	20				
时效性	材料数据具有时效性、有现实意义	10				
创新性	有一定创意	20				
设计制作	设计精巧、逻辑清楚、图文清晰	15				
团队精神	分工明确、团结协作	15				
合计得分：						
评分标准（100 分制）：81～100 分优秀；71～80 分良好；60～70 分合格；60 分以下不合格						

思考练习

【客观题（单选题）】

1. 下列不属于热菜厨房的是（　　）。

A. 原料加工间　　B. 洗碗间

C. 炉灶间　　D. 面点加工区

2. 下列不属于初加工厨师的职责的是（　　）。

A. 负责食品原料的清洗、宰杀和加工，保证对客人的正常供应

B. 当好切配厨师的助手

C. 验收食品原料，把好质量关

D. 注意原料的综合利用，保证出净率，避免浪费

知识拓展：厨房纪律

任务二　餐饮原料的采购与验收

案例引入

拥有多家大中型餐馆的北京华天饮食控股集团有限公司（以下简称华天）为使下属各企业在激烈的市场竞争中掌握市场主动权，决定从源头抓起：在保证货源质量的前提下，减少成本，把菜品价格降下来，服务大众，让利于民。基于此种想法，华天推出了进货招标的方案，这个方案得到了供货商的积极响应，前来报名竞标的经销商、厂家有 100 多家。经过筛选，有近 50 家供货商获准参加竞标。中标的原则如下：同等质量下，选择价格最低的；同等价格下，选择质量最好的。通过质量和价格的认证，28 家供货商以质优价廉取得了向华天供货的资格证书。

目前，这些供货商均已和华天建立了不同程度的合作关系，所提供的原料包括酒、饮、蛋禽、蔬菜等七大类、30 多种。为了与华天保持长期合作关系，这些供货商都很注意自身的商誉。这次招标成功，华天不仅货源质量有了保证，而且供货价格也降了下来。

资料来源：汪京强 . 餐饮服务与管理 [M].3 版 . 北京：科学出版社，2019.

思考：北京华天饮食控股集团有限公司在采购管理中采用了哪种策略？

任务描述

餐饮原料的采购与验收管理是控制餐厅经营成本、保证餐饮产品质量的关键，其中，食品原料的采购更是直接影响餐饮产品的生产和销售。了解餐饮食品原料采购的目标与方式，掌握食品原料的采购程序和验收程序，掌握食品原料采购的质量控制、

数量控制、价格控制的方法是本任务的重点学习内容。

任务准备

1. 成立学习小组，每组 5～6 人。每组选出一名组长，由其负责工作任务的实施。

2. 通过查阅资料、实地走访等方式，搜集餐饮原料的采购方式、采购程序和验收程序，以及质量控制、数量控制、价格控制等相关资料。

知识储备

一、餐饮原料的采购管理

（一）采购目标与方式

餐饮原料是餐饮生产和服务的重要物质基础。菜单确定之后，为满足客人的需求，所有菜单上的菜品生产所需的原料均须通过采购工作来完成。

1. 餐饮原料采购管理的目标

（1）明确质量标准。保证每种原料的质量都符合一定的使用规格和标准。

（2）确定采购数量。保证为厨房等加工部门提供适当数量的食品、饮料原料。

（3）保证采购的价格和费用最优，使食品原料成本处于理想状态。

（4）选择适当的供货商。

2. 餐饮原料的采购方式

（1）即时购买。即时购买是指按照当日的市场行情，直接到市场上对餐饮原料进行选择性购买的一种方式。这种采购方式能够保证原材料的新鲜程度，多适用于那些价格不稳定、保存时间较短的食品原料。使用这种采购方式时，采购人员可以将即时购货量通知多家供应商并获取报价，货比三家，择优采购。这种方式不适用于邮轮餐厅。

（2）预先购买。预先采购是指预先确定经营需要后，提前购买以储存备用的一种方式。预先采购主要基于餐饮企业菜单价格一经确定便无法频繁变动的事实，以保证餐饮价格在一定时期内的相对稳定。采购人员需要准确预测原材料的市场供应情况，这种方式适用于当前市场供应过量、价格合适而不久后可能出现供应短缺、价格上涨的食品原材料。

（3）集中采购。集中采购包含两种类型：一是餐饮企业连锁集团总部专设一个中心采购部或配送中心，集中为所属企业进行采购；二是两家或两家以上单体酒店或餐厅联合起来采购某些原料。无论哪一种类型的集中采购，都能通过大批量购买获得一定的价格折扣，从而降低原料成本，最终使餐饮产品获得价格优势，提升市场竞争力。

业务链接——邮轮公司的采购方式

国际邮轮公司通用的采购方式为“全球采购、统一配送”，即邮轮在出航之前，储备和处理数千人一周（根据每次航期来定）的生活物资。很多邮轮公司会采用集中采购的方式，在母港储备好全程所需的物资。工作人员到码头验收物资，如果质量及数量没有问题，在交接完货物及文件之后，码头工人就会把货物运到邮轮上，这样在途经其他港口的时候，便不需要补充补给。目前，我国邮轮的补给物资多在境内市场直接采购，不同于国际流行的“全球采购、统一配送”方式。

“保税供船”“进口直供”是厦门海关推出的创新监管模式，即在风险可控的基础上，将邮轮进境食品的检验监管方式由原来的“进口食品检验检疫”转变为“过境检疫”，实现“即查即供”，同时发挥海关特殊监管区域内的保税仓储优势，实施关检一站式作业。在该模式下，进口补给物资申报进境后运入海关特殊监管区域内的保税仓库，待邮轮停泊后由仓库直接运抵码头海关放行供船，在提升补给物资供应效率的同时，也大幅压缩了企业的通关手续与成本。同时，这种模式由于采用非储物式查验，也保证了邮轮物资的安全和食品的不受污染。

（二）餐饮原料的采购程序

邮轮公司可根据自身的管理模式，制定相应的采购程序，但无论采用哪种采购程序，其设计的目的和原理都是相同的。餐饮原料的采购程序如图 9-1 所示。

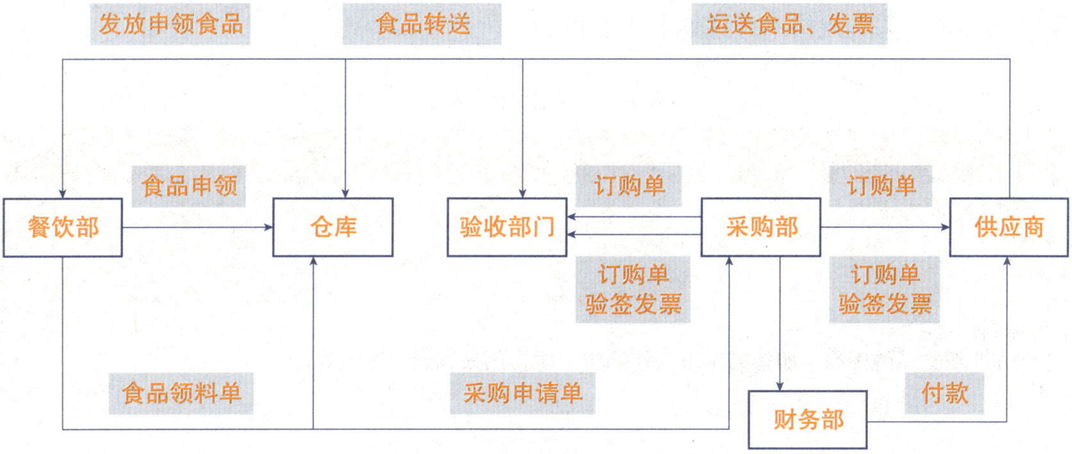

图 9-1　餐饮原料的采购程序

在图 9-1 中，餐饮部所需的食品应向仓库申领，申领时应采用正式的申请手续——食品领料单。仓库根据食品领料单发放食品，所有餐饮原料都必须经过这一手续。发放的餐饮原料既可以是仓库之前保管储存的，也可以是当天经验收合格的新鲜食品原料。

餐饮部和仓库分别通过采购申请单向采购部提出订货要求。餐饮部订购的通常为新鲜食品；仓库订购的是各类可以储存保管的食品。当库存量低于规定的数量时，仓库就要提出采购申请，以保证安全库存量。

采购部接到采购申请之后，应通过正式的订购手续向供应商订货，同时给验收部门一份订购单，以备收货时核对。

订货后，如果供应商送货上门，则由验收部门验收合格后转送入库；如果供应商不提供送货服务，则由采购部运输回来，然后交验收部门验收入库。验收部门收到餐饮部订购的新鲜食品后，应立即通知餐饮部通过申领手续及时领回。

对于单据的处理，应由验收部门将货物发票验签之后，连同订购单交采购部，采购部再交财务部审核，最后由财务部向供应商支付货款。

在整个采购程序中，各部门应明确：各项工作均应以向生产部门及时提供适质、适价、适量的食品为唯一目标。

（三）食品原料采购控制的方法

1. 采购质量控制

食品原料的质量通常是指食品原料的新鲜度、成熟度、纯度、质地、颜色等标准。由于食品原料的质量是餐饮产品的质量保证，因此，餐饮管理人员应对原料质量进行控制。餐饮管理人员在确定本企业的目标和编制有关计划时，应规定食品原料的质量标准。采购部经理或成本管理员应当在其他经营管理人员的协助下，列出本企业经常采购的食品原料的目录，并以采购规格书的形式对各种食品原料的质量做出规定。

采购规格书是对邮轮公司要采购的食品原料的质量规格等做出详尽规定的企业采购书面标准。采购规格书样式如表 9–2 所示。

表 9–2　采购规格书样式

拟订时间：
1. 原料名称
2. 原料用途 （详细介绍物品的用途，如猪肉用来制作馅饼、橄榄用来调制鸡尾酒等。）
3. 原料概述 （列出原料的一般质量指标。如：比目鱼，整条，椭圆形，长是宽的 2 倍左右；鱼肉硬面有弹性，呈白色，色泽明亮且清晰；鱼鳃无黏液，呈粉红色；鱼鳞紧贴鱼身。）

续表

4. 详细说明买方应列明的其他有助于识别合格产品的因素，包括： * 产地　　* 规格　　* 比重 * 品种　　* 份额大小　　* 容器 * 类型　　* 商标　　* 净料率 * 式样　　* 稠密度　　* 等级 * 包装物
5. 原料检验程序 （收货时与生产时需要进行检验。例如：收货时，对应该冷藏保管的原料可用温度计检验；容量应该是一定数量蔬菜的箱子可通过点数检验；已加工成形的肉块可通过称重抽查。）
6. 特别要求 （列出明确表明质量要求的其他信息。例如：标记和包装要求、交货和服务要求等。）

业务链接——采购规格书内容

所有采购规格书应该包括以下内容：（1）产品通用名称或常用商业名称；（2）法律法规确定的等级、公认的商业等级或当地通用的等级；（3）产品报价单位或容量；（4）基本容器的名称和大小；（5）容器中的单位数或单位大小；（6）重量范围；（7）最小或最大切除量；（8）加工类型和包装；（9）成熟程度；（10）防止误解所需的其他信息。

2. 采购数量控制

采购规格书确定之后，食品的质量标准可使用相当长一段时间，采购数量标准却需要经常修改。

（1）采购对象的分类。餐饮企业采购的食品原料有些应立即用于生产，有些应存入仓库。从采购的角度出发，食品原料可分为以下两大类。

1）容易变质的食品原料——鲜活原料。容易变质的食品原料是指购入后必须在较短时间内使用完的食品原料，一般指鲜活原料。例如，新鲜蔬菜和鲜鱼会很快变质；有些肉类和乳酪可保存稍长一段时间。因此，容易变质的食品原料应当在进货之后立即使用。

2）不易变质的食品原料——可储存原料。不易变质的食品原料是指可以储存较长一段时间的食品原料，如大米、面粉、食盐、糖、水果罐头和蔬菜罐头、香料、调味品等。这些食品原料的包装物通常是盒子、箱子、袋子、瓶子、坛子、罐子等。在常温条件下，这些食品原料可在储藏室里存放数周甚至数月。

（2）鲜活类食品原料采购的数量控制。鲜活类食品原料不可久存的特点决定了餐饮企业必须遵循在消耗完已购鲜活原料后才能进货的原则。因此，采购的首要工作便是掌握手头拥有的鲜活食品原料存量，然后根据营业量决定下一期营业所需的原料数量，最后计算采购数量。采购鲜活类食品原料通常有以下两种方法：

1）日常即时采购法。因为消耗量变化较大、保存期短，所以必须经常采购的鲜活类食品原料，如新鲜肉类、禽类、水产海鲜类原料等，可以采用这种方法进行采购。这种方法较为简单，但要求管理人员每天巡视储藏室和冷库，对各种相关原料进行盘点，记录实际库存量，并根据营业量预报和具体情况决定所需原料的采购数量。

2）长期订货法。某些鲜活类食品原料，如面包、鸡蛋、奶制品、水果、蔬菜等，其消耗量一般变化不大，因此可以采用长期订货法进行采购。

长期订货法有两种形式：

第一，餐饮企业与某一供货单位商定，由供货单位以固定的价格每天或每隔数天供应规定数量的某种或某几种食品原料。例如，餐饮企业可与某食品公司签订采购合同，由该食品公司每天供应 5 箱鸡蛋，餐饮企业不再每天进行采购联系。价格由双方预先商定，数量固定不变，直到餐饮企业或食品公司感到有必要调整数量或价格时再重新协商决定。

第二，餐饮企业与某一供货单位商定，要求供货单位每天或每隔数天将餐饮企业的某种或某几种原料补充到一定的数量。这就要求餐饮企业对所有原料逐一确定最高储备量。为了防止补充超过最高储备量，餐饮企业通常使用采购定量卡（见表 9–3），对每次进货的数量加以控制。这就需要餐饮企业派专人每天进行盘点，记录各种原料的实际库存量，然后在供货单位送货前，通知其各种原料的需购量。

表 9–3　采购定量卡

年　月　日			
原料名称	最高储备量	现存量	需购量
A	100 千克	30 千克	70 千克
B	75 千克	15 千克	60 千克
C	30 箱	4 箱	26 箱
D			
E			

长期订货法主要用于采购需求相对稳定的鲜活类食品原料。在餐饮企业原料需求量相对稳定时期，使用此方法比较方便、可靠。长期订货法也可以应用于某些消耗量较大的日常消耗品的采购，如餐厅所需的餐巾纸等，这类物品的大量储存无疑会占用大量的仓库面积，因此可采用长期订货法，定期由供货单位供应。

知识拓展：干货类食品原料采购的数量控制

3. 采购价格控制

有效的采购工作目标之一是以理想的价格获得满意的原料和服务。原料的价格受各种因素的影响，诸如市场的供求状况、餐饮的需求程度、采购的数量、食品本身的质量、供应单位的货源渠道和经营成本、供应单位支配市场的程度、其他供应者对其影响等。针对这些影响价格的因素，可以采取以下方法降低价格，保证原料的质量，以实施对采购价格的控制。

（1）规定采购价格。通过详细的市场价格调查，餐饮部对厨房所需的某些原料提出购货限价，规定在一定的幅度范围内，按限价进行市场采购。当然，这种限价是餐饮企业派专人负责调查后获得的信息。限价品种一般是采购周期短、随进随用的新鲜物品。

（2）规定购货渠道和供应单位。为使价格得到控制，许多邮轮公司规定采购部门只能向指定的已签订购货协议的单位购货。

（3）控制贵重和大宗食品原料的购货权。贵重和大宗食品原料的价格是影响餐饮成本的主要因素。因此，有些餐饮企业规定由餐饮部提供使用情况的报告，采购部提供各供应商的价格，具体向谁购买由决策层确定。

（4）提高购货量和改变购货规格。大批采购可以降低购货单价。另外，当某些原料的包装规格有大有小时，如有可能，大批量地购买厨房可以使用的大规格包装的原料，也可降低单位价格。

（5）根据市场行情适时采购。当某些食品原料在市场上供过于求、价格十分低廉而厨房需要大量使用时，只要质量符合标准并有条件储存，餐饮企业可利用这个机会购进，以减少价格回升时的开支。原料刚上市时价格较高，采购量应尽可能减少，只要能满足短期生产即可，等价格稳定时再行采购。

（6）尽可能减少中间环节。餐饮企业也可绕开不必要的供应单位，从批发商、生产商或种植者手中直接采购，往往可获得优惠价格。

二、餐饮原料的验收管理

（一）建立合理、完善的验收体系

餐饮企业不能销售不合格的食品，因此餐饮管理人员应首先建立一套合理、完善的验收体系，保证整个验收工作在机制、体系上完善。

1. 称职的验收员

选择称职的验收员是验收控制的首要环节。合格的验收员应具备以下素质：

（1）责任心强，对验收工作感兴趣。

（2）反应灵敏、虚心好学、诚实可靠。

（3）具备较丰富的食品原料知识。

邮轮餐饮部应制订培训计划，对所有的验收员进行培训。验收员也应经常与厨师、餐厅经理、采购员等交流，丰富自己的食品原料知识和经验。

验收员应懂得，未经上级主管同意，任何人都无权改变采购规格，遇有特殊情况应及时向上级主管汇报请示，不得擅自做主。

验收员在工作时不应受厨师长和采购人员的干扰。验收员的相对独立，有利于其对整个采购进行有效的监督和控制。

2. 实用的验收空间和设备

餐饮企业一般设有验收处或验收办公室，一般位于餐厅的后门或边门，靠近储藏室，与厨房和餐厅在同一区域。验收场地的配置还要同时考虑到车辆进出是否方便，是否有利于卸车搬运，是否便于验收物资的堆放和使用搬运工具，是否有符合食品安全要求的环境。验收场地的大小视验收任务量而定，以不影响验收工作为准。为保证验收工作的效率，验收部门应有适当的验收设备和工具。主要的工具有重量等级不同的磅秤、温度计、起钉器、纸板箱切割工具、尖刀等，还应有验收单、验收标签、购货发票、收货单、采购规格书等单据、材料。

3. 科学的验收程序和良好的验收习惯

验收程序规定了验收工作的工作职责和工作方法，使验收工作规范化。同时，验收员按照程序进行验收，养成良好的习惯，是验收高效率的保证。

4. 经常的监督检查

邮轮餐饮部管理人员应不定期检查验收工作，复核货物的重量、数量和质量，并使验收员明白，管理人员非常关心和重视他们的工作。

业务链接——邮轮餐饮原料验收场地

邮轮餐饮原料验收场地通常设在出发港码头（见图 9-2），面积较大。邮轮的整个航期所需要的餐饮原料须在出发前准备充分，航行期间无特殊情况不进行补给，因此餐饮原料的验收必须在足够宽敞的场地有效地进行。

图 9-2　邮轮餐饮原料验收场地

（二）确定科学的验收程序

科学的验收程序是保证食品质量和成本控制的关键。原材料的验收管理就是要核对采购的数量、质量和价格，检查质量标准是否与订购单一致，核实送货数量和价格是否与发货单一致。因此，验收程序主要围绕这三个方面开展，具体步骤如下：

1. 核对订购单

当供货单位送来食品原料时，验收员应将供货单位的送货发票与事先拿到的对应的订购单进行核对。首先，验收员应核对送货发票上的供货单位的名称与地址，避免错收货和接收本餐厅未订购的货物。其次，验收员应该核对送货发票上的价格。若发票上的价格高于订购单上的价格，则验收员要询问送货员提价的原因，并将情况反映给采购部经理、厨师长或成本控制员，无论退货还是不予退货，都要有采购部经理、厨师长或成本控制员在货物验收单上签字。若供货单位送货时的价格低于订购单上的价格，则验收员应请厨师长检查食品原料的质量，质量合格，厨师长在货物验收单上签名，验收员可按此价格接收这批原料。

2. 检查原料质量

食品原料检验员检验的依据是食品原料采购规格标准、订购单。因为这些表单中均有对所采购的食品原料质量要求的描述。一套完整的采购规格表应贴在墙上或特别定制的大块指示牌上，以便到货时核对参考。若发现质量问题，如食品原料腐烂变色、气味怪异、袋装食品过期、水果有明显斑痕等现象，验收员有权当场退货。

3. 检查原料数量

验收员应该根据订购单检查送货单，通过点数、称量等方法，对所有到货的数量进行核对。

4. 在发票上签字

所有送货都应有送货发票。送货员呈现给验收员的送货发票有两联，送货员要求验收员在送货发票上签名，将第二联还给送货员以示购货单位收到了货物。第一联交给付款人员。发票上面应该有价格，验收员要检查发票上的价格，以避免产生错误。

5. 填写验收单

验收员确定其所验收的这批食品原料的价格、质量、数量全部符合订购单或食品原料采购规格书后，可填写验收单。验收单通常一式四份：第一联交验收处，第二联交储藏室，第三联交成本控制室，第四联交财务部。

6. 退货处理

若送来的食品原料不符合采购要求，验收员应该请示餐饮部经理或厨师长；若因生产需要决定不退货，则应由厨师长或有关决策人员在验收单上签名；若决定退货，则应填写退货单。

验收员应该在退货单上填写所退货物名称、退货原因及其他信息，要求送货员签名。退货单一式三联：一联留验收部，一联交送货员带回供货单位，一联交财务部。此时，验收员要设法通知供货单位关于退货的情况，如果供货单位补发或重发，则新送来的货物按常规处理。

交货中如有腐烂食品原料，退货之后，验收员应向采购部有关人员报告，以便尽快找到可替代的供应来源或可能的生产办法，以减少生产部门的不便。

7. 盖验收章

验收员检查完食品原料的价格、数量、质量及办理完必要的退货之后，可在获准接收的食品原料的送货发票上盖验收章，并把盖了验收章的送货发票贴在验收单上，随后送交财务部。验收章包含餐厅名称、验收员签名、验收日期、成本入账部门。使用验收章有以下几种意义：证实收到食品原料的日期；验收员签名可明确责任；管理人员签名表明已知道收到订购的食品原料；成本控制员核对发票金额的正确性。

8. 注明信息

货物包装上应注明发票相关信息。标注在货物包装上的信息主要有收货日期和价格。

9. 存货标签

验收员应为所收到的肉类和海产品贴上存货标签。对于冷藏室的肉类和海产品等成本费用很高的食品原料，验收员都必须系上冷藏鱼肉食品标签。肉类标签有正、副两联（也可是上、下或左、右两联），正联由验收员用绳子扎在食品外包装或者直接拴在食品原料上，副联与验收单一起交成本控制办公室。

厨房领料时，验收员应连同标签将食品原料一起发给厨房。若厨房没有整包、整箱领料，则储藏室应根据领用数量重新写标签，正联写领剩下的货物数，并扎在剩余冷藏食品上，副联写所领数量，并连同所领货物一起送到对应厨房。

厨房领料之后，验收员应解下标签，加锁保管。原料用完之后，验收员应将标签送会计师核算成本。成本控制员核对由其保管的标签正联和厨房送来的标签副联，根据未使用的标签，盘点存货。若发现存货短缺，成本控制员应分析是否存在偷盗或记错了金额等情况。

10. 收货储存

验收员应负责将到货物品送到储藏室、厨房。所收到的食品原料一部分被直接送到各个厨房或销售地点，称作“直拨原料”；另一部分被送到储藏室，称作“入库原料”。出于质量和安全方面的原因，验收员应负责保证将货物送到储藏室。由供应单位的送货员直接将货物送入仓库置放的做法是不可取的。当送货员离去后，验收员或本单位其他工作人员应把货物迅速搬到安全可靠的储藏室中。验收员应将验收单中规定的一联交给储藏室管理员，后者根据验收单再次验收，最后入库储存。

为了便于进行食品成本核算，验收员应该在发票上明显的地方逐项注明哪一项是直接送厨房的、哪一项是送仓库的；或者根据不同的送货地点，使用不同颜色的发票，以方便送货，并凭此编制验收日报表（见表 9–4）。

表 9-4　验收日报表

日期：202×-07-14　　　　编号：02556

品名	供应商名称	发票号	箱数	瓶 / 听数	每瓶容量（毫升）	每瓶单价（元）	每箱单价（元）	总金额（元）
黑牌苏格兰威士忌	××洋酒公司	34781	5	12	700	120.00	1 440	7 200
路易老爷白兰地	××洋酒公司	34781	4	12	750	50.00	600	2 400
四玫瑰波本威士忌	××洋酒公司	34782	4	12	750	70.00	840	3 360
百威啤酒	金钥匙	34782	30	21	355	4.00	84	2 520
龙徽干白葡萄酒	正泰公司	34782	20	10	500	50.00	500	10 000
总计								25 480

11. 填写验收日报表和其他报表

验收完毕之后，大多数大型餐饮企业均要求验收员完成一张列明所有收货项目的表格，这张表格通常以供货单位分类，以验收的顺序排列。表格之一是验收日报表。除了每种食品原料的价格栏目外，该表将成本分为三类：直拨、储藏室和杂项。杂项是指不属于食品原料的项目，如纸张和清洁用品，不属于食品原料的成本。

12. 将各种验收记录呈交有关部门，并标明过期到达的货物

验收员在所有发票上盖章签字，并把发票贴在验收单上，然后将贴着发票的验收单送至管理员。管理员在发票上签字后送至成本控制员，由成本控制员核对发票数字的正确性。成本控制员检查完毕后，送交财务部，财务部会将有关数字填入采购日志内。

当验收单还在验收员手上时，验收员应该计直拨成本，因为直拨成本是在食品原料一收到时就计入成本的。

建立验收程序的目的是保证餐饮企业收到的货物是已订购的数量、已明确的质量和已报过的价格。不论对大型企业还是小企业而言，这些步骤是最基本的，也是通用的。控制体系越完备，越需更多的人力和设备，当然，这样做也会增加成本。

知识拓展：验收标准

任务实施

1. 通过对食品原料验收相关资料的搜集和整理分析，了解并掌握餐饮部食品原料验收程序、验收方法以及常用食品原料的具体验收标准。具体步骤如下：

（1）教师进行知识点和案例讲解；

（2）汇总、整理、分析案例。

2. 以小组为单位，进行案例分析课堂汇报。

任务评价

根据汇报情况，教师和学生共同讨论、评分。食品原料验收案例分析任务评价表如表 9–5 所示。

表 9–5

表 9–5　食品原料验收案例分析任务评价表

评价内容	评价标准	分值	组内自评（20%）	小组互评（30%）	教师评价（50%）	综合得分
专业性	验收流程正确	20				
规范性	符合行业规范	20				
灵活性	案例分析灵活、随机应变	20				
表达	逻辑清楚、表达顺畅	20				
团队精神	分工明确、团结协作	20				
合计得分：						
评分标准（100 分制）：81～100 分优秀；71～80 分良好；60～70 分合格；60 分以下不合格						

思考练习

【综合题（论述题）】

1. 请以国产牛排为采购对象，为邮轮自助餐厅设计一份实用的采购规格书。

2. 请以畜禽类产品为验收对象，写一份验收标准及流程。

知识拓展：采购价格的控制

任务三　邮轮餐饮原料的储存管理

案例引入

2010 年 12 月至 2011 年 12 月间，上海某酒店的酒水员汪某利用职务便利和公司漏洞虚报茅台销售数量，侵吞了 124 瓶 53 度贵州茅台酒而被控职务侵占罪。上海市浦东新区法院当庭作出判决，汪某获刑5年。

2010年10月起，汪某担任该酒店酒水员。据汪某在庭审时交代，自己担任酒水员的职责是从仓库领取酒水至吧台，然后制作盘存表和日报表，而日报表就是记录每天的酒水结存量和销售量，盘存表是十天做一次。

据汪某交代，其领取酒水所需的单据是一张“写上酒水名称和自己签名”的白纸，流程上所领取酒水的数量并不需要其他人审批，盘存表和日报表则交到公司财务，并由后者核对实际销售数量。

工作中，汪某发现领取酒水时并没有人进行对账。“在报表上多做销售数量，财务并没有发现。”于是他开始动脑筋侵吞茅台酒。汪某说，茅台瓶子小方便携带，不容易被人发现。

公诉方指称，短短一年时间内，被告人汪某利用职务便利，虚报白酒销售数量，将店内53度贵州茅台酒共124瓶侵吞销售非法牟利，价值人民币15万余元。

思考：

1. 为什么汪某能从酒店侵吞124瓶茅台酒？
2. 餐饮企业应采取哪些管理措施防止此类事件的发生？

任务描述

原料的储存与发放是食品原料控制的重要环节，因为它直接关系到餐饮产品生产质量、生产成本和经营效益。良好的库存管理能够有效地控制食品成本。如果控制不当，就会造成原料变质、腐败、账目混乱、库存积压，甚至还会导致贪污、盗窃等严重事故的发生。

邮轮餐饮原料储存管理的目标和要求是通过科学的管理手段和措施，保证各种食品原料的数量和质量，尽量减少自然损耗，防止原料变质或被偷盗；及时接收、储存和发放各种食品原料，并将有关数据送到财务部门以保证餐饮成本得到有效控制。

通过对邮轮餐饮原料的储存管理知识点的学习，学生应了解不同原料的储存要求，掌握原料的库存方法和发放管理原则。本任务中，学生要掌握四种原料库存方法、库存盘点程序以及库存原料的计价方法。

任务准备

1. 查阅相关资料、网站，了解不同邮轮公司餐饮原料储存、发放的方法及要求。
2. 成立4个学习小组，每组选出一名组长，由其负责工作任务的实施。
3. 每组查阅、采访或走访现任或曾任职于邮轮上的相关工作人员，补充、整理所收集的资料。

知识储备

一、原料库存的基本要求

（一）分类储存，确保质量

（1）检查入库的原料是否适于存放。如果有不合适的，应进行必需的加工或重新包装。对于干货原料，为了防止受潮发霉，要使用真空机予以真空包装。

（2）将有特殊气味的餐饮原料与其他原料隔开存放，以免串味。

（3）注意各种餐饮原料所需的存放温度和储存期。

（4）密切注意食品的失效期，应遵循先进先出的储存原则。

（5）一日发现餐饮原料有霉变、虫蛀、异味时，应立即予以处理，以免影响其他物品。

（6）遵守《中华人民共和国食品安全法》的有关条例，保证餐饮原料的清洁和安全。

（二）控制库存的数量和时间

仓库保管员应根据以下因素控制库存的数量和时间：

（1）原料的耗用量大小。

（2）原料采购所需时间。

（3）原料的物理、化学属性，是否适宜久存和多存。

（4）企业流动资金的多少等。

原料的合理存量必须与合理的储存时间相一致。原料的储存时间应考虑生产周期、采购周期和原料储存的有效期。加速库存周转，尽量缩短原料的储存时间是仓库保管员的职责。

（三）遵守仓管制度，确保储存安全

为了正确反映库存物品的进、出、存动态，仓库应建立严格的管理制度，做到账（保管日记账）、卡（存货卡）、货（现有库存数量）相符。仓库保管员应以每个品种为单位，分批设立账户，设立明细完整的保管日记账。一物必有一卡，存货卡要与保管日记账相符，与存货相符。只有这样，才能防止差错、防止被窃与丢失。仓库控制的另一种方法是：定期或不定期地进行盘点，发现有误差或失效物品时要追责。

二、原料库房分类及储存要求

（一）原料库房分类

（1）按地点分类：中心库房、各餐饮经营点的分库房。

（2）按物品的用途分类：食品库、酒类饮品库、非食用物品库。

（3）按贮存条件分类：干藏库、冷藏库、冷冻库。

业务链接——食品贮藏库对温度、湿度和光照的要求（见表 9-6）

表 9-6　食品贮藏库对温度、湿度和光照的要求

储藏库域	温度要求	湿度要求	光照要求
干藏库	干藏库一般不需要供热和制冷设备，其最佳温度为 15℃～20℃	50%～60%	避免阳光直射；玻璃窗应用毛玻璃；在选用人工照明时要选用冷光灯，以免使室内温度升高
冷藏库	1℃～4℃。细菌一般在 4℃以下活动能力有限，15℃～49℃最宜繁殖，在高温（90℃以上）下易被杀死	75%～95%	
冷冻库	-24℃～-18℃。冻藏原料的保存期不是无限期的，一般不超过 3 个月	90%	

（二）原料库房储存种类和管理要求

1. 干藏库

（1）干藏库储存的原料种类：

1）米、面粉、豆类食品、粉条、果仁等；

2）食油、酱油、醋等液体作料以及盐、糖、花椒等固体调料；

3）罐头、瓶装食品，包括罐头和瓶装的鱼、肉、禽类；

4）食品、部分水果和部分蔬菜；

5）糖果、饼干、糕点等；

6）干果、蜜饯、脱水蔬菜等。

（2）干藏库的管理要求：

1）食品应放置在货架上储存，货架离开墙壁至少 10 厘米，离地面 15 厘米，以便空气流动和易于清扫，要随时保持货架和地面的干净，防止污染。

2）食品放置不仅要远离墙壁，还应远离自来水管道、热水管道和蒸汽管道。热水管道和蒸汽管道应隔热良好。

3）使用频率高的食品应存放在容易拿到的下层货架上，货架应靠近入口处。

4）重的食品应放在下层货架上，并且高度适中，轻物放在高架上。

5）库中的食品应按次序排列，分类摆放，同类食品必须放在一起。

6）遵循先进先出的原则，始终保持久存的食品移到货架前面，新入库的放在后面。

7）有些食品由于体积的原因不能放在货架上，则应放在方便的平台或车上。

8）各种打开的包装食品应储存在贴有标签的容器里，并能达到防尘、防腐蚀的要求。

2. 冷藏库

（1）冷藏库储存的原料种类：

1）新鲜的鱼、肉、禽类食品；

2）部分新鲜的蔬菜和水果；

3）蛋类、乳制品；

4）糕点、冷菜、熟食品、剩菜等；

5）饮料、啤酒等。

（2）冷藏库的管理要求：

1）冷藏的食品通常应经过初加工，并用保鲜纸包裹，以防止污染和干燥，应使用合适的容器盛放，容器必须干净。

2）热食品应待凉后冷藏，盛放的容器须经消毒，并加盖存放，以防止食品干燥和污染，避免熟食品吸收冰箱气味，加盖后要易于识别。

3）存放期间为使食品表面冷空气自由流动，放置时要以适当距离间隔，不可堆积过高，以免冷气透入困难。

4）包装食品储存时不要碰到水，不可存放在地上。

5）易腐的果蔬要每天检查，发现腐烂时要及时处理，并清洁存放处。

6）鱼虾类要与其他食品分开放置，奶制品要与有强烈气味的食品分开存放。

7）存、取食品时应尽量缩短开启门或盖的时间；减少开启的次数，以免库温产生波动，影响储存效果。

8）随时和定期地关注冷藏的温度。

9）定期进行冷藏间的清洁工作。

业务链接——食品原料适宜的冷藏温度和相对湿度（见表 9–7）

表 9–7　食品原料适宜的冷藏温度和相对湿度

食品原料	冷藏温度	相对湿度
新鲜肉、禽类	0℃～2℃	75%～85%
新鲜鱼、水产类	–1℃～1℃	75%～85%
蔬菜、水果类	2℃～7℃	85%～95%
奶制品类	3℃～8℃	75%～85%
一般冷藏品	1℃～4℃	75%～85%

3. 冷冻库

（1）冷冻库储存的原料种类：

1）需要长时间保存的冻肉、鱼、禽、蔬菜食品；

2）已加工的成品和半成品食物。

（2）冷冻库的管理要求：

1）冰冻食品到货后应及时置于 –18℃以下的冷冻库中储存，储存时要连同包装箱一起放入，因为这些包装材料通常是防水气的。

2）所有新鲜食品应先速冻，然后妥善包裹后再储存，以防止干燥和表面受污染。

3）存放时要使食品周围的空气自由流动。

4）冷冻库的开启要有计划，所需要的东西应一次拿出，以减少冷气和温度波动。

5）除霜时应将食品移入另一冷冻库内，以利于彻底清洗冷冻库，通常应选择库存最少时除霜。

6）取用应实行先进先出的原则，轮流交替存货。

7）任何时候都要保持货架的整齐、干净。

8）定期检查冷冻库的温度情况。

9）速冻食品一般都保藏在 -23℃～-18℃的冷冻库内，须采用真空包装或覆盖保鲜膜。

业务链接——冷藏原料的库存时间（见表 9-8）

表 9-8　冻藏原料的库存时间

原料名称	库存时间
牛肉（除小牛肉）	9 个月
小牛肉	6 个月
羊肉	6 个月
猪肉	4 个月
家禽	6 个月
鱼	3 个月
虾仁、鲜贝	6 个月
速冻水果和蔬菜	3 个月

三、原料库存方法

仓库保管员只有对原料科学、合理地存放，才能保持较高的工作效率，便于原料的入库上架、清仓盘点和领用发放。原料库存方法有以下几种：

（一）分区分类

仓库保管员应根据原料的类别，合理地规划货品摆放的固定区域。同一品种的原料不能放在两个不同的位置，否则容易被遗忘，也会给盘点带来麻烦，甚至可能导致过量采购。

（二）四号定位

四号定位是指使用四个号码来表示某种原料在仓库中的存放位置。这四个号码依次是库号、架号、层号和位号。任何原料都要对号入位，并在该原料的货品标牌上注明与账页一致的编号。例如，西式火腿在账页上的编号是2-1-1-3，即可知它存放于2号库、1号架、第1层的第3号货位上。四号定位法不仅便于存料发料、盘点清仓，而且便于新来的仓库保管员尽快掌握库存业务。

（三）立牌立卡

仓库保管员应对定位、编号的各类原料建立食品存货标签（料牌）和永续盘存卡。料牌上应写明原料的名称、编号和到货日期，永续盘存卡上应记录物品的进出情况和结存数量。

（四）五五摆放

仓库保管员应根据分类后的物资形状，对包装较为规范的罐、瓶、盒、箱装的原料，以五为计量基数堆放，即做到五五成堆、五五成行、五五成排、五五成串、五五成捆、五五成层。

四、原料发放管理

（一）原料发放方式

1. 直接发放的原料

直接发放的原料主要是鲜活原料，也就是直接采购的原料。这些原料经验收合格后无须入库保存，从验收处由专人直接送到厨房，其价格按当日进料价格记入当天食品成本账内。成本控制员在计算当日食品成本时，只需从验收日报表中的进料栏中抄录数据即可。

2. 仓库的原料发放

仓库的原料发放包括干藏食品、冷藏食品和冻藏食品。这些原料须验收后入库储存，当生产部门需要时，再由仓库发到厨房或酒吧，在发出当日转入当日食品成本。

（二）原料发放控制

1. 发料要求

（1）任何原料的发放都必须通过规定的手续进行，发料人要坚持原则，做到“五不发货”，即没有领料单不发货，领料单没有经过审批不发货，领料单上有涂改或不清楚的不发货，手续不全的不发货，腐败变质的原料不发货。

（2）贮藏库的发料人员必须熟悉本邮轮管理者签名笔迹，也可将各部门审批人的签名笔迹张贴在墙上，以便核对。发料人必须在领料单上签字，如有发料差错可迅速查出。

（3）发料应做到及时、准确。仓库要安排好各生产厨房的领料时间，以免造成上午领料人多、工作量大，忙中出错或耽误厨房领料的时间。为了做到按时供给，厨房可配合仓库一道来完成。厨房各生产点根据客情和正常供应的情况，将第二天所需的原料开好领料单，提前交给仓库，仓库保管人员可在适当的时间里将厨房所需的物品取出，放置在推车上或特定的货架上，以便第二天领发，这样不仅加快了领料速度，还可减少许多差错。

（4）在发放时，如遇到贮藏库缺货时，发料人员应在领料单上该原料的旁边注明“缺货”两字，不得随意涂改领料单。

（5）发料人员根据领料单做好餐饮原料的发放记录和存货记录，确保仓库中的实物与账目中一致、仓库的账目与食品成本控制员或成本会计手中的账目一致。

2. 定时发料

为使仓库保管员有充分的时间整理库房，检查各种原料的库存情况，不至于忙于发料而耽误其他工作，应规定每天的领料时间。如规定每天早上两个小时（如8:00—10:00）和下午两个小时（14:00—16:00）为仓库发料时间，其他时间除紧急情况外一般不予发料；也可规定领料部门提前一天送交领料单。提前送交领料单有以下优点：可以使仓库保管员有充分的时间整理库房，检查各种原料的库存情况。

3. 凭单领料

为记录每一次领用原料的数量及其价值，以正确计算食品成本，仓库原料发放必须坚持凭领料单发料的原则。

领料单应由领料部门主管人员核准签字，然后送仓库领料。仓库凭单发料后，收料人员和发料人员都应在领料单上签字。领料单上如有空白处，发料人员应当着收料人员的面划掉，以免仓库保管人员私自填写。领料单必须一式三份：一联随发出的原料交回领料部门，一联库房留底，一联由仓库转交财务部。

业务链接——食品原料领料单（见表9-9）

表9-9　食品原料领料单

领料部门：酒吧　　　　日期：2022.04.18

仓库：干藏库□　冷藏库□　冷冻库□						
品名	货号	请领数量	实发数量	单价（元）	食品金额	饮料金额
3#番茄酱	1305	20听	20听	7.50	150.00	
355ml雪碧	4021	48听	48听	2.00		96.00
1.25L可口可乐	4112	12瓶	12瓶	5.00		60.00
领料人： 部门主管： 发料人：				小计	150.00	156.00
				本单领料金额		306.00

4. 正确计价

原料从库房发出后，仓库保管人员应在领料单上列出各种原料的单价，小计每种原料的金额并汇总每份单据上的总金额。因为原料的进价常有波动，所以在价值计算中，可以根据餐厅的财务制度，选择实际进价法、先进先出法、后进先出法、最后进价法、平均价格法等计价方法中的一种。

五、原料库存控制

（一）库存盘点

餐饮原料的流动性大，为了及时掌握原料库存流动变化的情况，避免物品的短缺丢失和超储积压给邮轮带来损失，邮轮管理人员必须对物品流动变化的情况进行控制和检查。通过库存盘点，管理人员可以掌握原料的使用情况，分析原料管理过程中各环节的现状。

盘点时间应以制度的形式确定下来。一般而言，邮轮可选择以下时间进行盘点：

（1）财务核算周期末（每年、季、月末）；

（2）新邮轮营业前；

（3）关、停、并、转企业的结算时期；

（4）仓库管理人员更换交接之际；

（5）定期检查之时；

（6）不定期检查之时。

（二）盘点的内容与程序

1. 盘点的内容

盘点工作主要由仓库管理人员和财务人员联合进行。盘点的内容包括：实地清点库房内的物品，检查原料的实物数与账面结存数是否相符，找出不相符的原因；计算和核实每月末的库存额和餐饮成本消耗，为编制每月的资金平衡表和经营情况表提供依据。

2. 盘点的程序

（1）盘点清单制作。这是指分不同类别的仓库，按照原料的编号大小，在清单上填好货号、品名、单位、单价等基本数据。

（2）库存卡结算。这是指在库存卡上的结存栏内，根据历次进货和发货数量，计算出应有的结存量和库存金额。

（3）库存实物盘点。这是指实地点数，并将实物数量填入盘点清单。

（4）将库存卡结算结果与库存实物盘点结果进行核对。

（5）计算盘点清单上的库存品价值。该价值为实际库存金额，其如与账面库存额有出入，要复查并查明原因。实际库存金额在月末作为月末库存额记入成本账，并自然结转为下月的月初库存额。

（三）库存原料的计价方法

在盘点结束后，财务人员要计算出原料的价值。理论上讲，某种原料的库存总值应该等于实物数量乘以原料的单价。但是，由于原料在不同时间购入的价格存在差异，因此，原料的单价确定就没有那么简单了。

在财务处理中，财务人员往往选择以下方法之一来确定原料的库存价值：

1. 实际进价法

实际进价法，即按照原料货物标牌上写着的进货价格计算库存原料的价值，较为容易，也最为客观。

2. 先进先出法

先进先出法的思路是：原料发放是以先进先出为原则，即先购进的价格，在发料时先计价发出，而剩余的原料都是最近进货，以最近价格计算。

3. 后进先出法

一般而言，市场价格呈上升趋势，采用后进先出法可使计入成本的原料价格较高，而计入库存的价值较低，企业可以在未来的经营中减少压力。

需要说明的是，后进先出法只是原料价值计算的一种财务处理方法，在实际发料过程中，还是应坚持原料实物的先进先出，即先购进的原料先发出，以避免原料的积压。

4. 最后进价法

对进货记录不全的情况，可采用最后进价法来估计期末原料的库存价值。当然，该方法计算的月末库存额不太精确。

5. 平均价格法

平均价格法中的单价是以全月可动用原料的总价值除以总数量而得出的。

（四）厨房储存物品的价值计算

邮轮的厨房内仍有相当多的原料、半成品和成品的储存。如果对这些物品不加清点，会使它们处于失控状态，同时会使财务报表上的数据失真。

由于厨房一般没有库存记录统计制度，没有库存卡，原料的单价难以掌握，而且这些原料品种多、数量少、耗用频繁，客观上盘点计算比较困难，因此，对这些原料价值的计算方法有别于库房原料。

厨房储存物品的价值计算原则是：对主要原料进行盘点核算；对辅料、调味品等单位价值较低的原料做出估算。

知识拓展：库存指标控制

任务实施

1. 根据课前自主学习及教师的课堂讲解，讨论并归纳邮轮餐饮原料储存管理的相关标准和要求。

2. 按照课前成立的 4 个学习小组，分别选取四种库存方法中的一种，对实训室的物品进行准确存放训练。

3. 根据餐饮原料发放管理的要求，能够掌握原料发放的原则和要求，掌握发料控制的方法。具体步骤如下：

（1）以小组为单位，5～6 人为一组，按照部门负责人、领料员、库房管理员等进行角色分配。

（2）按照库房发料要求，完成领料单填写、签字审批、领料、发放、记录等一系列工作。

（3）手续完整、遵循原则、记录正确的小组获胜。

4. 指导教师穿插指导，纠正错误。

任务评价

根据各组实训情况，教师和学生共同讨论、评分。不同邮轮公司餐饮原料储存管理调查分析评价表如表 9-10 所示。

表 9-10

表 9-10　不同邮轮公司餐饮原料储存管理调查分析评价表

评价内容	评价标准	分值	组内自评（20%）	小组互评（30%）	教师评价（50%）	综合得分
完整性	内容翔实、材料丰富	10				
专业性	材料真实、无专业术语错误	30				
时效性	材料数据具有时效性、有现实意义	10				
图文并茂	配以合适图片	10				
分析制作	资料翔实、报告完整、逻辑清楚、图文清晰	30				
团队精神	分工明确、团结协作	10				
合计得分：						
评分标准（100 分制）：81～100 分优秀；71～80 分良好；60～70 分合格；60 分以下不合格						

思考练习

【客观题（多选题）】

1. 下面哪些是需要冷藏库储存的原料？（　　）

A. 新鲜的鱼、肉、禽类食品　　　　B. 蛋类、乳制品

C. 饮料、啤酒等　　D. 已加工的成品和半成品食物

2.（单选题）牛肉冷冻的库存时间为（　　）。

A. 3 个月　　B. 4 个月

C. 6 个月　　D. 9 个月

【综合题（简答题）】

1. 什么是四号定位法？

2. 什么是先进先出法？

知识拓展：酒水的发放

项目十 邮轮餐饮服务质量管理

项目描述

服务质量是服务业的灵魂，餐饮服务质量不高已成为制约邮轮餐厅发展的瓶颈。餐饮服务质量的控制是餐饮管理工作的重要内容。餐饮产品质量包括有形产品质量和无形产品质量两大部分。对大多数邮轮餐厅而言，在有形餐饮产品高度同质化的今天，提高餐饮服务无形产品质量成为在激烈的市场竞争中获胜的一个法宝。餐饮服务质量内容涵盖较广，需要在餐饮服务的全过程进行跟踪和监控。本项目通过学习服务质量的构成内容和控制方法，进而有效提高餐饮服务质量，提升邮轮客人满意度。

项目目标

知识目标

1. 了解餐饮服务质量的含义；
2. 了解餐饮服务质量控制的基础；
3. 理解餐饮服务的特点；
4. 掌握餐饮服务质量的内容；
5. 掌握餐饮服务质量管理的方法；
6. 掌握餐饮服务质量分析的方法。

能力目标

1. 能够运用质量分析的方法来进行服务质量管理；
2. 能够运用适当的方法有效提升服务质量。

素养目标

1. 培养团队协作意识、服务意识和全员管理意识；
2. 培养分析问题和解决问题的能力；
3. 培养沟通能力和管理能力。

任务一　认识餐饮服务质量

案例引入

在“公主号”邮轮主餐厅，一桌客人点菜时点了一只龙虾。龙虾做好上桌后，客人发现龙虾颜色不对，就问服务员：“小姐，前两天我在这儿吃的龙虾是白色的。为什么今天的龙虾肉颜色是粉色的？是不是不新鲜呀？”

服务小姐回答：“不是的，先生。龙虾肉颜色不同主要是因为品种不同。”

客人又问：“你们这供应的不都是澳洲龙虾吗？”

服务小姐不耐烦地回答：“人还有黑白呢，何况龙虾！”

结果客人被噎得瞠目结舌。

思考：

1. 本案例中服务人员暴露了什么问题？

2. 提升餐饮服务质量需要关注哪些内容？

任务描述

通过对邮轮餐饮服务质量案例的分析，学生应理解餐饮服务质量的概念和内容，进而为后续提升餐饮服务质量奠定基础。本任务中，学生要理解餐饮服务的含义与特点，掌握餐饮服务质量的内容。

任务准备

1. 收集不同邮轮公司餐饮部门服务质量的案例，包括文字、视频、新闻报道等。

2. 成立学习小组，每组 5～8 人。小组成员观看相关视频、案例，完成课前思考任务。每组选出一名组长，由其负责工作任务的实施。

知识储备

一、餐饮服务的含义与特点

（一）餐饮服务的含义

服务的概念很宽泛，餐饮服务是这一宽泛概念中的一种特殊形式。一般而言，狭义的餐饮服务是指餐饮工作人员帮助客人用餐等一系列的活动；广义的餐饮服务是指餐厅为客人提供的有关餐饮服务的设施、餐具、菜肴、酒水和帮助客人用餐的一系列活动。

（二）餐饮服务的特点

1. 无形性

餐饮服务是餐饮产品的重要组成部分之一，其是特殊的部分，即它在服务效用上的无形性，使它不同于水果、蔬菜等有形产品，从色泽、大小、形状等就能判别质量好坏。餐饮服务只能通过就餐客人购买、消费、享受服务之后所得到的亲身感受来评价其好坏。因此，餐饮服务效用上的无形性加大了餐饮产品的销售困难。餐饮部门要增加销售额，就要不断追求高标准的服务质量，特别是提高厨师和餐厅服务人员的制作水平和服务水平，使邮轮客人愿意购买有形产品和享受无形服务。

2. 一次性

餐饮服务只能一次使用，当场享受，也就是说，只有当客人进入餐厅后服务才能进行，当客人离店时，服务也就自然终止。餐饮服务的一次性特点要求餐饮部门接待好每一位客人。当在精神和物质方面的需求得到满足后，客人就会多次光临，并能起到宣传作用。

3. 直接性

一般而言，工农业产品生产出来后，大都要经过多个流通环节，才能到达消费者手中。如果产品在出厂前质量检验不合格，可以返工；对于商店中的商品，如果消费者不满意，可以不购买。餐饮产品则不同。它的生产、销售、消费几乎是同步进行的，因而生产者与消费者之间是当面服务，当面消费。服务的好坏会立即受到客人的当面检验。这种面对面的直接服务和消费特点，对餐饮部门的物质条件、设备、工艺技术、人员的素质及服务质量等提出了直接的要求。

4. 差异性

餐饮服务的差异性一方面是指餐饮服务是由餐饮服务人员通过手工劳动来完成的。每位工作人员由于年龄、性别、性格、素质和文化程度等方面的不同，为客人提供的餐饮服务也不尽相同。另一方面，同一服务员在不同的场合、不同的时间，或面对不同的客人，其服务态度和服务方式也会有一定的差异。为了缩小这种差异，餐饮部门一定要制定餐饮服务质量标准，经常对员工进行职业道德教育和业务培训，使他们做到服务方式的规范化、服务质量的标准化、服务过程的程序化。

二、餐饮服务质量的含义

现代餐饮服务质量是建立在客人满意的基础上的。餐饮服务质量不仅代表餐厅的经营水平，而且反映了餐厅的信誉和形象。因此，餐饮服务质量是邮轮餐厅经营管理的关键和中心。

具体而言，餐饮服务质量是指服务能满足客人需求的特性的总和。这里所指的“服务”，包含由餐厅为客人所提供的有形产品和无形产品；“服务需求”是指被服务者——客人的需求。餐厅客人的需求既有物质方面的，也有精神方面的，具体反映在食品饮料的价格、质量、卫生和服务是否及时、周到、热情、礼貌等方面。

三、餐饮服务质量的内容

餐饮服务质量包含 4 个方面的内容，即餐厅的设施条件、服务水平、菜肴质量及餐饮价格。

（一）餐厅的设施条件

餐厅的设备设施须齐全、先进、方便、舒适，能够满足客人物质享受和精神享受的需要，这是提高餐饮服务质量的物质基础和硬件要求，也是其基础条件。

1. 容量

邮轮须配有各种类型的餐厅，提供各种风味服务，以满足客人多类型、多层次的消费需求。为满足客人的消费需求，邮轮餐厅总座位数不少于客房数 ×2×80%。若餐厅经营状况好、流动客人多，则可减少一定的餐位数。此外，餐厅应空间宽敞、色调柔和、家具舒适、功能齐全、温度适宜、空气清新。

2. 餐饮环境布局

邮轮餐厅的设备配置要齐全、舒适、安全、方便，各种设备的摆放地点和通道尺寸要适当，运用对称和自由、分散和集中、对比和映衬、高低错落以及借景、延伸、渗透等装饰布置手法，形成美好的空间构图形象。同时，餐厅要做好环境美化，主要包括装饰布局和色彩选择，窗帘、天花板、墙壁的装饰，盆栽、盆景的选择和运用。

3. 照明

邮轮餐厅应光线柔和、分布均匀。照明装置和控制器要符合国家质量要求，灯光亮度要能适应工作需要，适合客人阅读菜单。高档餐厅灯光照明度应可以调节。

4. 音响

邮轮餐厅应音量适中、曲目合适。餐厅内噪声不应超过 50 分贝，最好控制在 45 分贝以内。

5. 家具

邮轮餐厅家具的选用应考虑客人舒适、服务方便、空间合理。餐厅家具摆放要合理，便于客人进餐行走和服务员操作服务。家具选择和室内装饰要协调，桌椅必须牢固、光滑，式样、高度和色彩、质地必须协调一致，桌椅配套，同时应备有儿童座椅。

6. 餐具、用品

各种餐具要配套齐全，种类、规格、型号须统一，质地优良，与餐厅营业性质、等级规格和接待对象相适应，新配餐具和原配餐具规格、型号一致，无拼凑现象。

（二）服务水平

服务水平主要体现在服务人员的仪容仪表、礼节礼貌、服务态度、清洁卫生、服务技能、服务效率等方面。

1. 仪容仪表

优秀的餐饮服务人员必须着装整洁、规范，举止优雅大方且面带笑容。同时，餐饮服务人员还要注意自己的体态语言和形体动作，举止合乎规范，要时时、事事、处处表现出彬彬有礼、和蔼可亲和友善好客的态度，为客人营造一种宾至如归的亲切感。

2. 礼节礼貌

礼节礼貌在服务工作中十分重要。礼貌是人与人之间在接触交往中相互表示敬重和友好的行为规范，它体现了时代风格和人的道德品质。礼节是人们在日常生活和交际场合中，相互问候、致意、祝愿、慰问以及给予必要协助与照料的惯用形式，是礼貌的具体表现。

餐饮服务中的礼节礼貌是通过餐饮服务人员的语言、行动或仪表来表示对客人的尊重、欢迎和感谢的。礼节礼貌还可用来表达谦逊、和气与崇敬的态度和意愿。

对客人的礼节礼貌主要表现在语言和行为上。语言，特别是服务用语，标志着一个餐饮企业的服务水平。掌握服务用语是提供优质服务（特别是提供感情服务）不可缺少的媒介。服务动作快速敏捷、准确无误，举手投足训练有素也是对客人的敬重和有礼貌的具体体现。餐饮服务人员要将对客人的礼貌服务贯穿在服务过程的始终。

3. 服务态度

整个餐饮销售过程，从迎宾、开餐到送走客人，自始至终一直伴随着服务员的服务性劳动。餐饮服务人员不仅要从事出售食品饮料的技术性劳动，还应将供餐的服务性劳动作为自身的职责。

餐饮服务人员为客人服务的过程是从接待开始的。通常而言，客人对餐饮服务人员的印象首先来自餐饮服务人员的外表，其次是餐饮服务人员的语言、手势、举止动作等。餐饮服务人员要用良好的服务态度赢得客人的信任与好感，从双方一开始接触就建立友善的关系。因此，良好的服务态度是进一步做好服务工作的基础，是贯彻顾客第一和工作有无服务意识的具体体现。

知识拓展：体现良好的服务态度应做到以下几点

4. 清洁卫生

餐厅的清洁卫生工作也是服务质量的重要内容，餐饮服务人员必须认真对待，餐饮卫生水平同时也体现了餐饮业务的管理水平。

要做好餐饮清洁卫生工作，首先，餐厅必须制定严格的清洁卫生标准。清洁卫生标准应包括以下内容：

（1）厨房作业流程的卫生标准；

（2）餐厅及整个就餐环境的卫生标准；

（3）各个工作岗位的卫生标准；

（4）餐饮服务人员的个人卫生标准。

上述卫生标准中的第（2）项是最复杂的，也是最不容易坚持的工作。餐厅、厨房及环境的卫生标准应落实到餐厅和厨房的下列区域，即标志、门窗、窗帘、天花板、墙壁、柱子、楼梯、灯具、地毯、地面、地板、花木、家具、艺术装饰品、餐厅设备、厨房设备、餐厅厨房的通道、空调通风口及周围的环境。

其次，餐厅要制定明确的清洁卫生规程和检查保证制度。清洁卫生规程要具体地规定设施、用品、服务员、膳食饮料等在整个生产、服务操作程序各个环节上的清洁卫生标准以及为达到这些标准而应采取的方法及时间限制。

在检查清洁卫生方面，餐厅要坚持经常性检查和突击性检查相结合的原则，做到清洁卫生工作制度化、标准化与经常化。

5. 服务技能

餐饮服务人员的服务技能和服务技巧是服务水平的基本保证和重要标志。如果服务人员没有过硬的基本功、服务技能水平不高，那么即使服务态度再好、微笑再甜美，客人也只会礼貌地加以拒绝，因为客人对这种没有服务质量和实际内容的服务是根本不需要的。服务技能的掌握是一个由简单到复杂，经过长期磨炼、逐步完善的过程。

6. 服务效率

服务效率是服务工作的时间概念，是餐饮服务人员为客人提供某种服务的时限。它不但反映了服务水平，而且反映了管理水平和服务员的素质。服务效率是服务技能的体现和必然结果。

消费心理学研究表明，对就餐客人来说，等待是最令人头痛的事情，过长时间的等待会抵消餐厅在其他服务方面所做出的努力。因此，餐饮服务人员在服务中一定要讲究效率，尽量缩短就餐客人的等待时间，从而有效地提高餐厅的翻台率，进而增加餐厅的收入。

餐厅有必要对菜肴的烹饪时间及规程、翻台作业时间、客人候餐时间做出明确的规定并将其纳入服务规程之中，在全体服务员都达到时限标准后，再确定新的、更合理的时限要求并更新效率标准。邮轮公司应将尽量减少甚至消除客人的等待现象作为服务质量的一个目标来实现。

（三）菜肴质量

（1）合理安排菜肴品种，适合客人多类型、多层次的消费需求。

（2）根据餐厅的营业性质、档次高低、接待对象的消费需求，选择产品风味和花色品种。花色品种应与厨房烹调技术、原料供应、生产能力相适应。

（3）通常情况下，零点餐厅花色品种应不少于50种，自助餐厅应不少于30种，咖啡厅应不少于35种，套餐服务应不少于10种。

（4）产品类型多样，冷菜、热菜、面点、汤类、甜食齐全，各产品结构高中低档应做到比例合理，餐厅产品数量要适应多方面的消费需求。

（四）餐饮价格

价格合理包括两层含义：一是按照市场价值规律制定相应的产品或服务的价格；二是客人有一定数量的花费，就应该享受与其相称的一定数量和质量的产品或服务。如果使客人感到物有所值，邮轮餐厅就能实现良好的经济效益和社会效益。

邮轮餐厅制定合理的价格时需要考虑以下因素：

（1）餐厅各种类型的产品毛利有明显的区别，产品的价格要充分体现质价相符的原则，能够调节市场供求关系。

（2）产品定价以毛利为基础。

（3）中西餐、食品、饮料等分类测算毛利率。

（4）服务等级与服务价格相吻合。

（5）客人的接受和反应程度。

知识拓展：餐饮服务质量的特点

任务实施

通过对邮轮餐饮服务质量案例的搜集和讨论，了解餐饮服务质量的概念，掌握餐饮服务质量的内容。具体步骤如下：

1. 通过课前预习掌握的内容，设计表格并罗列不同邮轮上的餐厅服务质量案例涉及的问题。

2. 每组分别选取 5 个案例进行讨论和分析。

3. 整理、分析和汇总不同案例涉及的问题。

4. 分工制作汇报材料，包括汇报 PPT、图片、表格和视频等。

5. 以小组为单位，课堂汇报和展示汇总问题。

任务评价

根据汇报情况，教师和学生共同讨论、评分。餐饮服务质量案例涉及问题分析评价表如表 10–1 所示。

表 10–1

表 10–1　餐饮服务质量案例涉及问题分析评价表

评价内容	评价标准	分值	组内自评（20%）	小组互评（30%）	教师评价（50%）	综合得分
完整性	内容翔实、材料丰富	10				
专业性	案例真实、提出问题专业并正确	30				
时效性	材料数据具有时效性、有现实意义	10				
图文并茂	配以合适图片	10				
分析制作	资料翔实、报告完整、逻辑清楚、图文清晰	30				
团队精神	分工明确、团结协作	10				
合计得分：						
评分标准（100 分制）：81～100 分优秀；71～80 分良好；60～70 分合格；60 分以下不合格						

思考练习

【客观题】

1.（多选题）餐饮服务的特点包括（　　）。

A. 无形性　　B. 一次性　　C. 差异性　　D. 直接性

2.（填空题）餐饮服务质量的内容包含餐厅的设施条件、__________、__________和餐饮价格 4 个方面。

【综合题（简答题）】

请谈谈餐饮服务质量的特点。

知识拓展：歌诗达赛琳娜号

任务二　餐饮服务质量控制

案例引入

正值晚餐时间，皇家加勒比国际游轮的某餐厅里宾朋满座，几位琴师在现场演奏一曲曲优美动人的乐曲。这时，一个服务员在服务期间听到一桌客人正在交谈，其中一位小姐的话语传到服务员的耳朵里："我现在特别想听用钢琴和小提琴演奏的《爱相随》。"服务员马上走到琴师跟前，说明了情况。一首乐曲终了，一曲悠扬的《爱相随》紧随响起，让那位小姐吃惊极了。当看到服务员微笑的面孔时，她十分感动。

思考：餐饮服务中如何提升客人满意度？

任务描述

通过运用餐饮质量分析的方法对餐饮服务质量进行管理，学生应掌握餐饮服务质量管理的方法和质量分析的方法，提升餐厅服务质量。本任务中，学生要掌握餐饮服务管理的方法和质量分析的方法，并能灵活运用。

任务准备

1. 通过翻转课堂学习餐饮服务质量分析的方法和餐饮服务管理的方法。

2. 成立学习小组，每组 5～6 人。每组选出一名组长，由其负责工作任务的实施。

3. 每组通过学习完成布置的餐饮服务质量案例解析，包含服务质量分析方法和服务质量管理方法。

知识储备

一、餐饮服务质量控制的基础

（一）制定明确的服务规程和严格的管理制度

1. 服务规程

服务规程即餐饮服务所应达到的规格、程序和标准。为了保证和提高服务质量，邮轮餐厅应该将服务规程视作服务人员应当遵守的准则和服务工作的内部法规。

2. 管理制度

管理制度包含两种：一种是直接为客人服务的各项规章制度，如餐饮产品质检制度、餐具补充与更新制度等；另一种是间接为客人服务的各项规章制度，如餐饮工作记录制度、交接班制度、考勤制度、客史档案制度等。

（二）建立质量信息反馈系统

质量信息反馈系统由内部系统和外部系统两部分构成。内部系统的信息来自餐厅内部，即来自服务员、厨师和管理人员等；外部系统的信息来自客人。

通过这个系统，邮轮餐厅一方面可以及时了解客人的个性需求，作为提供个性化服务的依据，同时了解客人对餐饮服务是否满意、有何意见或建议等，从而采取改进和提高服务质量的措施；另一方面可以了解员工满意度、思想动态，征集金点子计划等。

（三）抓好全员培训

邮轮公司之间的竞争归根到底主要是人才的竞争、员工素质的竞争。员工素质的高低对服务质量影响很大，只有经过良好训练的员工，才能为客人提供优质服务。因此，新员工上岗前必须进行严格的基本功训练，接受职业意识和相关知识等培训。在职员工也必须利用服务淡季或空闲时间进行再培训，以进一步提高综合素质和业务水平，使邮轮公司更具竞争优势。员工培训的内容主要包括上岗前教育、服务技能培训、质量意识教育、质量标准教育、质量方法教育、投诉处理教育等。

二、餐饮服务质量管理的方法

根据现代全面质量管理的基本原理，结合餐饮服务的三个阶段（准备阶段、执行阶段和结果阶段），餐饮服务质量控制可相应地分为预先控制、现场控制和反馈控制。

（一）餐饮服务质量的预先控制

预先控制是指为使服务结果达到预定的目标，在开餐前所做的一切管理上的努力。预先控制的目的是防止开餐服务中所使用的各种资源在质和量上产生偏差。

1. 人力资源的预先控制

邮轮餐厅应根据自己的特点，灵活安排人员班次，以保证人力资源的充足和有效利用。那种“闲时无事干，忙时疲劳战”，或餐厅中客人多而服务员少、客人少而服务员多的现象，都是人力资源使用不当的结果。餐厅要进行有效的人员配备，首先需要对餐厅的用餐高峰进行预测和评估，如预测一周中每天的用餐客人人数，同时进一步预测每天的用餐高峰时段；然后根据这些数据灵活地安排临时工或小时工，可有效缓解餐厅营业高峰期人手紧张的问题。

2. 物资用品的预先控制

开餐前服务员必须按规格摆好餐台，准备好餐车、托盘、菜单、点菜单、订单、开瓶工具及工作台小物件等。另外，服务员还必须备足相当数量的翻台用品，如桌布、口布、餐巾纸、餐具等。餐厅主管须到现场进行检查，对于摆台不规范、餐具破损、污染等问题要及时提出并采取纠正措施，特别是破损和受污染的餐具，在客人到来之前必须撤换，以防止对客人造成伤害而导致严重投诉。

3. 卫生质量的预先控制

卫生质量控制是餐饮服务质量控制的重要一环。目前，客人关于邮轮公司卫生质量方面的投诉占了总投诉量的很大一部分，因此，进行卫生质量的预先控制尤为重要。首先，在餐具和其他设备清洗和消毒过程中，相关人员要严格按照有关规程操作。服务员对消毒后的餐具应正确摆放、使用，尤其要注意防止习惯性地用抹布对尚待干燥的餐具进行擦拭，造成餐具的二次污染。此外，在开餐前半小时，餐厅主管须对餐厅卫生从墙、天花板、灯具、通风口、地毯到餐具、转台、台布、餐椅等做最后一遍检查，一旦发现不符合要求的，要迅速安排返工。

4. 事故的预先控制

餐厅主管在开餐前的巡视工作中，除了检查物资配备和环境卫生外，还要注意餐厅中、餐厅与厨房之间的通道是否顺畅，地面是否有油污或水渍，对于不能及时清除的路面障碍或潜在危险因素，应要求餐饮服务人员在工作时提醒客人注意，防止出现客人滑倒、踩踏等事件。餐厅主管必须与厨师长联系，核对前后台所接到的客情预报是否一致，以避免因信息传递失误而引起事故。另外，餐厅主管还要了解当天的菜肴供应情况，如个别菜肴缺货，应让全体服务人员知道，这样，一旦客人点到该菜，服务人员就可以及时向客人道歉，避免事后引起客人的不满。

（二）餐饮服务质量的现场控制

现场控制是指现场监督正在进行的餐饮服务，使其规范化、程序化，并迅速妥善地处理意外事件。餐饮服务质量的现场控制是餐饮服务人员的主要职责之一。餐饮部经理也应将现场控制作为管理工作的重要内容。

1. 服务程序的现场控制

开餐期间，餐厅主管应始终站在第一线，亲身观察、判断、监督与指挥服务员按标准服务程序服务，发现偏差，及时纠正。同时，各位餐厅主管之间应有较明确的职责分工，分别对传菜、厅面和酒水等服务岗位进行具体的监管，从而保证现场控制的全面性。在营业的顶峰期，如果出现人手不够的问题，餐厅主管应及时查补漏缺，在监管的同时，灵活机动地参与到服务工作中去，不能只说不做，造成甚至激化服务人员的逆反情绪，影响其为客人提供服务的质量。

2. 上菜时机的控制

服务人员要根据客人用餐的速度、菜肴的烹制时间等因素决定上菜时机，做到恰到好处，既不要让客人等太久，也不应将所有的菜肴一下全部都端上餐台。餐厅主管应时常注意并提醒服务人员掌握好上菜时机，尤其是大型宴会，上菜时机应由餐厅主管和餐饮部经理掌握。

3. 意外事件的控制

餐饮服务是面对面的直接服务，容易引起客人的投诉。一旦引起投诉，餐厅主管一定要迅速采取弥补措施，以防事态扩大，影响其他客人的用餐情绪。如果是由服务态度引起的投诉，餐厅主管除向客人道歉外，还应替客人换一道菜。发现有醉酒或将要醉酒的客人，餐厅主管应告诫服务人员停止添加酒精性饮料。对已醉酒的客人，餐厅主管要设法不激化其情绪，并尽量让其早点离开，以免破坏餐厅气氛。

4. 人员控制

开餐期间，服务人员虽然实行分区看台负责制，在固定区域服务，但是，餐厅主管应根据客情变化，进行第二次分工、第三次分工……从而进行各区域的协调调动。当用餐高峰期结束后，餐厅主管应让一部分员工先去休息一下，留下一部分人工作，到了一定时间再更换，以提高工作效率。这种方法对于营业时间长的餐厅特别必要。

（三）餐饮服务质量的反馈控制

反馈控制是指通过质量信息的反馈，找出服务工作在准备阶段和执行阶段的不足，采取措施加强预先控制和现场控制，提高服务质量，使客人更加满意。每餐结束后，应召开简短的总结会，以不断改进服务质量。为了及时得到客人的意见，餐桌上可放置顾客意见表，在客人用餐后，服务人员也可主动征求客人意见。客人反馈的投诉属于强反馈，餐厅主管应予以高度重视，保证以后不再发生类似的质量偏差。只有建立和健全内、外信息反馈系统，餐厅服务质量才能不断提高，更好地满足客人的需求。

三、餐饮服务质量分析的方法

通过科学的餐饮服务质量分析方法，邮轮公司可以找出餐饮服务存在的质量问题及其产生的原因，从而采取有针对性的解决问题的措施与方法，以保证同类质量问题不再发生。邮轮公司通常采取排列分析图法、圆形分析图法、因果分析图法和 PDCA 循环法来进行服务质量分析。

（一）排列分析图法

排列分析图法，又称 ABC 分析法，由意大利经济学家帕累托所创。排列分析图以图表形式将许多餐饮质量问题或形成质量问题的因素一一排列出来，并标示出各项问题的累计百分比。该方法能直观地反映存在哪些质量问题、主要质量问题是什么，从而找准解决质量问题的主攻方向。其分析步骤为：

1. 收集服务质量问题信息

服务质量问题信息来源于顾客调查与员工调查结果、顾客投诉记录、质量管理例会的回忆记录、服务操作提供情况记录、质量检查及评比所形成的各种资料等。

2. 分类、统计、制作服务质量问题统计表

将收集到的质量信息进行合理分类是应用排列分析图的关键步骤。接下来的步骤是分别计算出各类问题的频数、累计频数、频率、累计频率，将各类问题按频率从大到小排列，制作服务质量问题统计表。

3. 绘制排列分析图

根据统计数据，按一定的比例画出两个纵坐标和一个横坐标（见图 10–1）。两个纵坐标分别表示频数与累计频率，横坐标表示影响服务质量的各类问题。在横坐标上按各类问题的频率值，从大到小、由左到右排列好，然后按累计频率的坐标点绘出一条曲线。

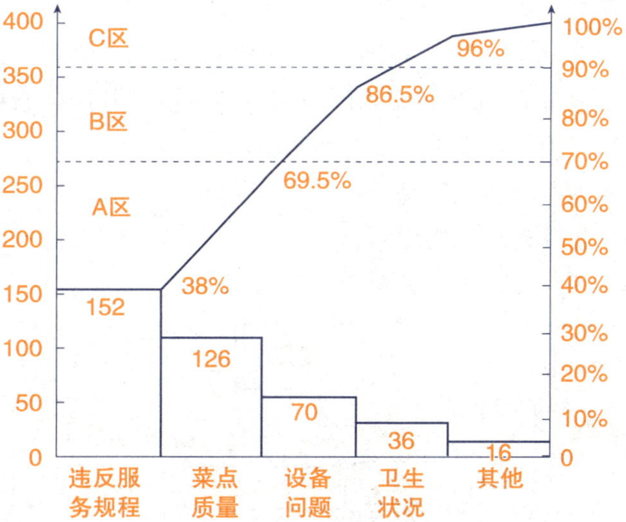

图 10–1　餐饮服务质量排列分析图

4. 分析排列分析图，找出主要问题

排列分析图上累计频率在 0～70%（不含）的问题为 A 类为题，即主要问题；在 70%～90%（不含）的问题为 B 类问题，即次要问题；在 90%～100% 的问题为 C 类问题，即一般问题。

（二）圆形分析图法

图形分析图法是指通过计算服务质量信息中有关数据的构成比例，以图示的方法表示存在的质量问题。其具体分析步骤为：

（1）收集质量问题信息。通过质量记录收集质量问题信息。

（2）信息的汇总、分类和计算。将收集到的质量问题信息进行汇总、分类，并计算每类质量问题的构成比例。

（3）绘制圆形分析图。圆形分析图示例如图 10-2 所示。

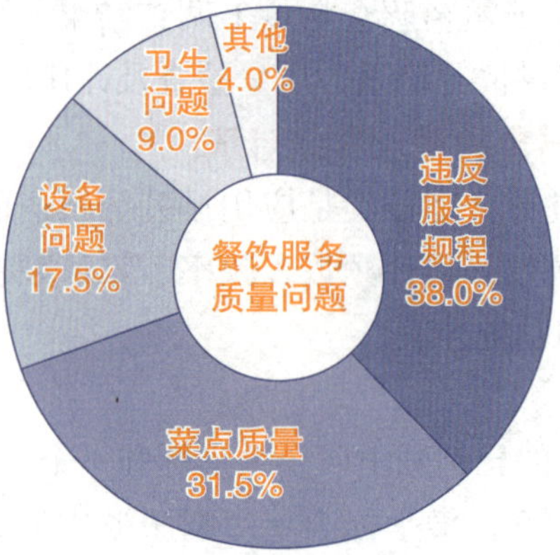

图 10-2　服务质量问题圆形分析图

（三）因果分析图法

因果分析图，又称鱼刺图或树枝图，是日本质量管理专家石川馨提出的。因果分析图适用于对存在的质量问题及其产生的原因进行分析，并用带箭头的线明确地表示两者之间的因果关系。因果分析图法的分析步骤为：

（1）找出要分析的主要质量问题；

（2）寻找主要质量问题产生的原因；

（3）根据整理结果，画出因果分析图（见图 10-3）。

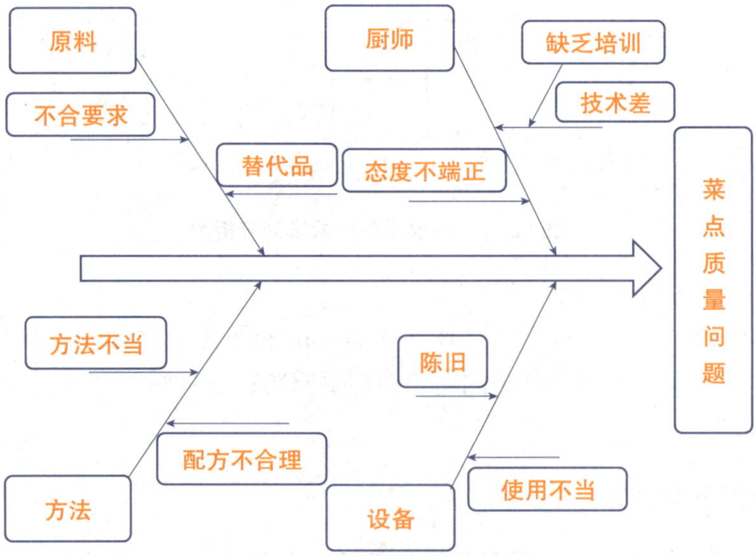

图 10-3　菜点质量问题因果分析图

（四）PDCA 循环法

PDCA 循环法是指按照计划（Plan）、实施（Do）、检查（Check）、处理（Act）四个阶段开展管理工作，并循环不止地进行下去的一种科学管理方法。

PDCA 循环法包括以下四个阶段：

1. 计划阶段

计划阶段的内容包括分析服务质量现状，运用排列分析图或圆形分析图找出存在的质量问题，并确定需要解决的主要服务质量问题；运用因果分析图分析产生质量问题的原因，找出影响质量问题的主要原因；运用头脑风暴法制定解决质量问题的具体措施和跟进计划，计划要明确具体、切实可行。

2. 实施阶段

餐饮管理者组织有关部门或班组及员工认真执行计划内容，同时做好各种原始记录，及时反馈实施计划过程中出现的各种情况。

3. 检查阶段

餐饮管理者检查计划的实施情况，并与计划目标进行对比分析，从中发现存在的质量偏差。

4. 处理阶段

餐饮管理者应总结成功的管理经验，使之标准化，或编入服务规程、形成管理制度，使质量改进的成果得到巩固和扩大。同时，餐饮管理者应吸取失败的教训，提出本轮 PDCA 循环悬而未决的问题，并把它作为制定新的质量改进方法的依据，转到下一循环的第一阶段，并开始新一轮的 PDCA 循环管理。

PDCA 循环的四个阶段缺一不可，且不断地循环下去。每完成一个循环，管理水平就提高一步。只有每次循环都有新目标和新内容，质量问题才能不断得到解决，最终趋于零缺点。

任务实施

1. 根据课前自主学习及教师的课堂讲解，各小组了解餐饮服务质量管理的方法和质量分析的方法。

2. 教师播放餐饮服务质量案例视频。

3. 各小组分工运用不同的质量分析方法找出案例中服务质量的问题。

4. 各小组根据分析的结果提出服务质量管理的方法。

任务评价

根据实训情况，教师和学生共同讨论、评分。服务质量管理方法评价表如表 10–2 所示。

表 10–2

表 10-2　服务质量管理方法评价表

评价内容	评价标准	分值	组内自评（20%）	小组互评（30%）	教师评价（50%）	综合得分
服务质量管理方法	使用排列分析图分析	15				
	使用圆形分析图分析	15				
	使用因果分析图分析	15				
	使用 PDCA 循环分析	15				
	灵活运用质量管理方法	40				
合计得分：						
评分标准（100 分制）：81～100 分优秀；71～80 分良好；60～70 分合格；60 分以下不合格						

思考练习

【综合题（简答题）】

1. 餐饮服务质量控制的基础是什么？
2. 餐饮服务质量分析的常用方法有哪些？
3. 餐饮服务质量管理的方法有哪些？

知识拓展：PDCA 循环的四个特点

主要参考书目与网站

[1] 李勇平．餐饮服务与管理 [M]. 6 版．大连：东北财经大学出版社，2021.

[2] 郭贵荣，方敏，王昭．餐饮服务：双语 [M]. 北京：中国人民大学出版社，2019.

[3] 吕瑞敏，王文英，孙爱华．餐饮服务技能 [M]. 武汉：华中科技大学出版社，2020.

[4] 汪京强．餐饮服务与管理 [M]. 3 版．北京：科学出版社，2019.

[5] 汪珊珊．西餐与服务 [M]. 2 版．北京：清华大学出版社，2019.

[6] 饶雪梅，鞠红霞．餐饮服务与管理 [M]. 北京：高等教育出版社，2018.

[7] 曾海霞，汪蓓静．西餐服务 [M]. 北京：旅游教育出版社，2011.

[8] 丁陈娟．邮轮餐饮服务管理 [M]. 大连：大连海事大学出版社，2015.

[9] 中国饭店协会网．

[10] 职业餐饮网．

[11] 歌诗达邮轮官网．

[12] 皇家加勒比国际游轮官网．

[13] 嘉年华邮轮官网．

[14] 最邮轮旅行网．

[15] 公主邮轮官网．